미국 주식으로
살아남기

지금껏 한번도
경험해보지 못한
**고금리
고물가
저성장 시대**

미국 주식으로
살아남기

문남중 지음

공부하는 투자자만 살아남는 스태그플레이션 시대
무조건 수익 내는 사이클 투자의 법칙

청림출판

스태그플레이션 시대,
그래도 길은 있다

'한 치 앞도 내다볼 수 없다.'

2022년, 증시라는 전쟁터에서 싸우고 있는 우리 투자자들의 머릿속을 맴돌고 있는 말 아닐까요? 팬데믹이 끝나가나 싶었는데, 저 멀리 우크라이나에서 들려오는 포성이 전 세계 증시를 송두리째 뒤흔들 줄 누가 알았겠습니까? 이렇듯 주식 투자라는 게 어렵습니다.

팬데믹 이후, 세계 각국 증시는 위기를 극복하는 과정에서 약속이나 한 듯 오를 때 같이 오르고 떨어질 때는 같이 떨어졌습니다. 언제나 함께할 줄 알았죠. 그런데 2021년 하반기부터 상황이 변했습니다. 미국 증시를 포함한 선진국 증시가 오르는 동안 한국, 중국 등 일부 증시는 엇박자가 나기 시작해 줄곧 떨어졌습니다. 2022년부터는 고물가, 연준 통화 긴축 행보에 따른 경기침체 우려로 전 세계 증시가 동반 하락하기 시작합니다. 팬데믹 이후 상승장만 경험해온 마음 여린 초보 투자자들은 허탈하기 짝이 없었을 겁니다.

위기는 겪을 때는 힘들지만, 모든 이가 동일한 출발선에 설 수 있도록 기회를 나눠주기도 합니다. 우리는 2020년 팬데믹 발발 후 동일한 출발선에서 출발했지만 2년이 채 되지 않아, 누구는 앞서나가고 누구는 뒤처지는 투자의 여정을 경험하게 된 거지요. 그래서 저는 작은 용기를 냈습니다. 이 책을 읽는 여러분이 누구보다 앞서갈 수 있도록, 빛을 비춰주는 등대 역할을 하고 싶었습니다.

주식 투자의 첫걸음을 한국 주식에 투자하는 것으로 시작했다면, 이제는 시야를 넓혀 미국 주식으로 발빠르게 옮겨타야 합니다. 지금 당장, 미국 증시S&P500와 한국 증시KOSPI 차트를 열어, 2010년 이후 양국 증시 흐름을 비교해볼까요? 미국 증시는 꾸준히 올랐지만, 한국 증시는 2012년부터 2016년까지 5년 동안 박스권에 갇혀 있었습니다. 시간이 지날수록 증시가 오를 가능성이 높은 투자처가 미국이라는 것을 알 수 있는 대목입니다.

미국은 경제 규모도 시가총액도 세계 1위 국가입니다. 지금 우리가 경험하는 경제, 사회, 문화, 정치 등 모든 영역에서 미국의 손길이 닿지 않는 곳이 없습니다. 그만큼 영향력이 막강한 거지요. 단적으로 여러분이 손에 들고 있는 스마트폰도 미국 회사 애플에서 탄생해, 지금의 모바일 생태계를 만들어준 선구자였습니다.

2008년 세계 금융 위기 이후 디지털 경제 육성을 통해 전 세계에서 가장 빠르게 위기를 극복한 국가도 미국이었고, 2020년 팬데믹 발발

후 코로나19 백신 개발에 앞장서며 일상의 삶으로 가장 먼저 돌아가고 있는 국가도 미국입니다.

잠깐 창가로 가서 밖을 내다볼까요? 도로 위를 달리는 전기차 가운데, 가장 자주 보이는 차는 미국 회사 테슬라의 전기차입니다. 2021년 민간인의 우주 관광 여행을 가능케하며 세상을 떠들썩하게 했던 회사를 살펴봐도 블루 오리진, 스페이스엑스 등 미국 회사였습니다. 팬데믹 이후 '메타버스'라는 새로운 가상세계 생태계를 만들어가는 회사도 마이크로소프트, 구글, 메타 플랫폼스 등 미국 회사입니다.

지금까지 없던 길을 만들어간다는 것은 대단한 용기와 결단이 필요한 일입니다. 전기차, 우주항공, 메타버스 등 당장 수익이 되진 않더라도 지속적인 투자를 통해 미래를 현실화하는 일을 미국 회사들이 주도하고 있습니다. 왜 미국이라는 국가가 계속 성장할 것인지 인정할 수밖에 없는 대목이지요. 미국 주식에 대해 무관심한 태도로 일관해서는 안 되겠지요?

이 책은 총 7장으로 구성되어 있습니다. 1장에서는 미국 주식에 관심을 가져야 하는 이유와 미국 주식을 선택한 투자자들이 어느 기업에 투자하고 있는지 살펴봅니다. 2장에서는 미국 주식의 개념과 역사, 미국 주식 투자시 꼭 알아야 하는 세금 등에 대해 알아봅니다. 3장은 미국 주식에 대한 투자 정보를 찾는 방법과 미국의 블루칩 주식에 대해 살펴봅니다. 4장은 세계 금융위기와 코로나19 엄습을 비교해보고 팬데믹 발발 후 나타난 새로운 변화 속에서 투자 기회를 찾아봅니다. 5장은 미국 주식의 4가지 유망 테마의 성장성을 살펴보고, 밸류체인을 통해 테마별 미국 기업을 분석해봅니다. 6장은 대가들의 투자 포트폴리오를 분석해보고, 나만의 투자 목표를 설정해 실제로 미국 주식을 사볼 수 있도록 안내합니다. 7장은 어떤 상황에서도 투자 밸런스를 맞출 수 있는 사이클 투자의 중요성과 나만의 투자 마인드를 확립해, 앞으로의 10년을 대비하는 2가지 미국 주식 투자 전략을 살펴봅니다.

많은 정보가 넘쳐나는 시대입니다. 이럴 때 가장 어려운 것은 내게 필요한 지식만 꼭꼭 집어내는 일입니다. 이 책은 미국 주식 투자라는 여정을 시작할 때 이러한 고민에 빠지지 않도록, 여러분이 꼭 알아야 하는 알맹이만 담았습니다.

이 책이 단지 미국 주식에 투자하는 방법을 전달하는 것에 그치는 게 아니라, 불확실한 미래를 과감한 도전으로 돌파하며 성장해가는 미국과 미국 기업의 투자 가치를 안내하길 바랍니다. 그리고 그 속에서 우리의 미래를 배웠으면 합니다.

투자를 통해 경제적 자유를 이루는 일은 누구나 꿈꾸는 것입니다. 그러나 더 중요한 게 있습니다. 투자는 단순히 물질적인 풍요를 얻기 위해서가 아니라, 의미 있고 가치 있는 삶을 살기 위해서 하는 게 아닐까요? 지금 시작하는 미국 주식 투자가 여러분이 가장 소중하게 생각하는 삶을 이루는 디딤돌이 되기를 바랍니다.

2022년 6월
문남중

차례

머리말 · 스태그플레이션 시대, 그래도 길은 있다   005

1장 동학개미들이여, 지금은 미국 주식이다

미국 주식이 답이다   016
바로 지금 미국 주식 해야 하는 이유 019 · 핵심자산의 No.1 투자처, 미국 021

미국 주식은 선택이 아니라 필수!   028
앞서나가는 사람들이 선택한 미국 주식 029 · 돈 버는 서학개미들은 무슨 주식을 살까? 030

2장 내 돈을 지키는 미국 주식 기본기

미국 주식의 개념 이해하기   036
미국 주식시장의 특징과 구성 039 · 미국 주식의 역사 속으로 043

미국 주식 사용설명서   048
미국 주식 투자를 위한 필수 상식 049 · 미국 주식 세금은 어떻게 다를까? 054

부록 미국 주식 세금 정리   057

3장 투자하고 싶은 미국 주식 고르기

투자 종목 찾기 전 이것부터 체크하자   060

미국 투자 정보, 어디서 찾을까? 061 · PER, ROE가 뭐지? 기업 분석 지표 보는 법 068

부록 기타 유용한 사이트   082

투자할 주식의 수익 목표 정하기   086

밸류에이션의 필요성 087 · 적정가치 구하기 089

미국 주식 블루칩 찾기   092

블루칩이란? 093 · 미국 1등 기업, 무엇이 있을까? 094

4장 위기에서 찾을 수 있는 새로운 기회

우리에게 찾아온 나쁜 손님, 위기   118

세계 금융위기와 코로나19 비교 119 · 코로나19 이전의 삶, 되찾을 수 있을까? 121

변화에 대처하는 미국 주식 투자 생활   124

새로운 세계의 신인류 125 · 디지털 경제를 선도하는 미국 128 · 미래를 알고 싶다면 MAGAT를 만나자 131

미래의 답은 과거에 있다   135

초기 금융의 역사를 이끈 J. P. 모건 137 · 석유 산업을 독점한 스탠더드오일 트러스트 139 · 전기 발명을 시작으로 GE를 설립한 에디슨 140 · 통신업, 정보화 시대의 시작 142 · 포드, 자동차 대중화로 미국의 지형을 바꾸다 144 · 애플의 모바일 혁신 147 · 마이크로소프트, 클라우드에 집중하다 148 · 알파벳의 인공지능 지배하기 150 · 아마존, 자율주행에 관여하다 151

5장   오늘날을 살아남는 미국 주식 유망 테마

테마1 전기차

드디어 전기차의 시대가 왔다   156

전기차 대표 기업, 테슬라 157 · 전기차 시장의 현황과 전망 162

전기차 테마 핵심 포인트   165

전기차 밸류체인과 주요 기업 166 · 전기차 관련 ETF 소개 174

테마2 디지털 헬스케어

디지털 헬스케어에 눈을 떠라   177

텔라닥 헬스, 원격의료 선두 업체 178 · 디지털 헬스케어 시장의 현황과 전망 180

디지털 헬스케어 핵심 포인트   185

디지털 헬스케어 밸류체인과 주요 기업 186 · 디지털 헬스케어 관련 ETF 소개 205

테마3 **우주항공**

전기차 이후를 주도할 우주항공 **208**

버진 갤럭틱, 우주여행을 현실로 만들고 있는 기업 209 · 우주항공 시장의 현황과 전망 212

우주항공 핵심 포인트 **218**

우주항공 대표 종목 223 · 우주항공 관련 ETF 소개 240

테마4 **메타버스**

제2의 테슬라를 찾는다면, 메타버스 **243**

로블록스, 메타버스를 대중화시킨 선두 업체 244 · 메타버스가 생소하다면? 246 · 메타버스 시장의 현황과 전망 248

메타버스 핵심 포인트 **251**

메타버스 밸류체인과 주요 기업 252 · 메타버스 관련 ETF 소개 264 · NFT는 무엇일까? 265

6장 나의 성향에 맞는 투자법은 무엇일까?

대가들의 투자 포트폴리오는? **270**

워런 버핏의 포트폴리오 272 · 조지 소로스의 포트폴리오 273 · 빌 애크먼의 포트폴리오 274 · 레이 달리오의 포트폴리오 274

나의 성향에 맞는 투자 목표 설정하기 **277**

성장주에 투자할까, 가치주에 투자할까? 279 · 공모주 청약, 해외는 어떻게 할까? 281

미국 주식, 직접 따라해보자　　　　　　　　　　284

HTS 샅샅이 파헤치기 285 · 내가 투자할 미국 주식 고르기 289 · 이제 실제 로 사보기 291

7장 앞으로 10년 동안 돈 버는 사이클 투자

어떤 상황에서도 살아남는 사이클 투자　　　298

사이클 투자, 왜 해야 할까? 300 · 미국 경기 사이클을 주도하는 것들 301

미국의 금리가 오르면 증시도 상승한다　　　304

과거 금리 인상기를 돌아보자 305 · 교훈: 성장주 투자는 유효하다 307 · 결 국 물가는 잡는다 309

미국 주식 투자의 필승 마인드　　　　　　311

나만의 투자 원칙과 철학 세우기 312 · 투자시 이것을 경계하라! 314

10년이 든든한 미국 주식 투자 전략　　　　316

일상을 지배하는 미국 주식에 투자하기 318 · 미래를 대비하는 미국 주식에 투자하기 320

부록 미국 주식 유니버스　　　　　　　　　　323
부록 미국 주식 이슈·테마존　　　　　　　　325

1장

동학개미들이여,
지금은 미국 주식이다

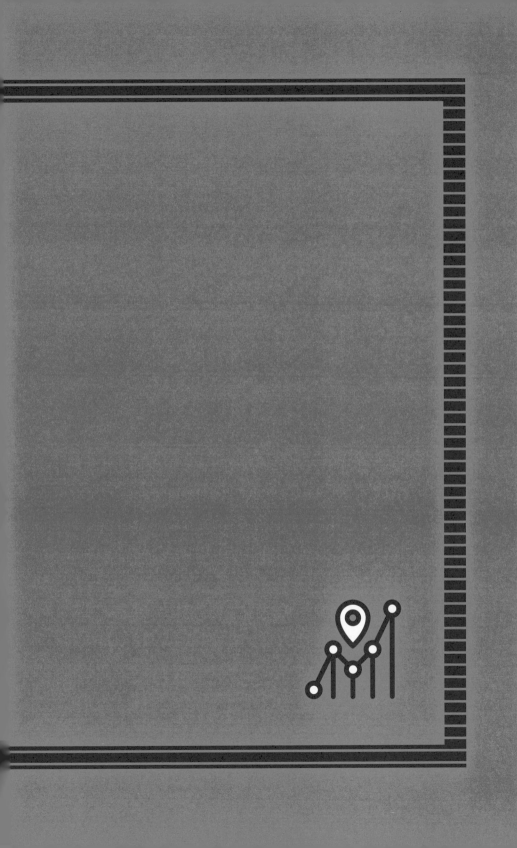

미국 주식이
답이다

한국 증시라는 전쟁터를 코로나로부터 지켜낸 동학 전사들이여, 여러분이 이 시대의 진정한 어벤져스입니다. 그렇기에 더 넓은 세상으로 나아가 우리가 지켜낸 한국 금융시장을 발판으로 새로운 기회를 찾아 광활한 도전을 할 시점이 도래했습니다. 바로 기회의 땅! 미국으로 진격할 시점인거죠.

우리는 못 느끼고 있지만 지금 당장 주변을 둘러보세요. 눈에 보이는 물건들 가운데, 많은 물건이 미국 기업 제품입니다. 애플, 스타벅스, 맥도널드의 상품들은 이미 우리 일상에서 없어서는 안 될 익숙한 것들이 되어버린 지 오래입니다. 가끔은 한국 기업으로 착각할 만큼 입에

착착 달라붙기도 하지요.

그렇다면 우리 주변 곳곳에 어떤 미국 기업 제품이 있는지 한번 살펴볼까요? 우리 주변에서 흔하게 찾아볼 수 있는 30대 직장인 김철수 군에게 하루 일과가 어떠한지 물어봤습니다.

안녕하세요. 저는 청림출판에 다니고 있는 30대 직장인 김철수입니다. 새해 들어 결심한 여러 가지 다짐 중에는 아침에 30분 조깅하기가 있습니다. 저는 아침마다 나이키NIKE 운동화를 신고, 애플AAPL의 아이폰과 에어팟을 챙겨 밖으로 나갑니다. 집 주변을 30분 정도 뛰고 집으로 돌아와서는 본격적으로 출근 준비를 합니다. 샤워를 하고 거울을 보니 밤사이 수염이 거뭇거뭇 자랐네요. P&GPG 면도기로 면도를 하고, 피부 보습을 위해 존슨앤존슨JNJ 에센스를 얼굴에 발라줍니다. 내 피부는 소중하니까요. 벌써 나가야 할 시간이 되었네요. 재빨리 정장을 입고 서류 가방과 아이패드를 챙겨 집 밖으로 나갑니다.

출근해서 일을 하려면 카페인 섭취는 필수인 만큼, 스타벅스SBUX에 들러 아이스 아메리카노 한 잔을 사들고 회사 사무실로 향합니다. 자리에 앉아 델DELL 컴퓨터를 켜면 마이크로소프트MSFT의 윈도우가 구동되고 업무 중 간단한 연산을 위해 엑셀 프로그램을 열어서 작업을 시작합니다. 오늘은 오후에 팀원들 앞에서 프레젠테이션을 해야 합니다. 중간에 사용할 이미지를 편집하기 위해 어도비ADBE 포토샵을 열어 이미지를 편집합니다. 이미지는 구글GOOGL에서 검색하면 쉽게 찾을 수 있지요.

정신없이 일을 했더니 어느덧 퇴근 시간이 되었네요. 집까지 가는 지하철에서는 습관적으로 아이폰을 꺼내 인터넷 서핑을 합니다. 구글의 유튜브, 메타 플랫폼스META(구 페이스북)의 인스타그램 등 이런저런 것들을 돌아다니다가 오늘 나온 넷플릭스NFLX 신작을 발견합니다. 30분 정도 재미있게 보았더니 벌써 지하철에서 내릴 시간이 되었습니다.

하루종일 열심히 일했더니 맥주 한 잔이 생각나네요. 다 먹고 살자고 하는 일인데, 집으로 가는 길에 편의점에 들러서 버드와이저 맥주(안호이저부시 인베브BUD) 한 캔이랑 소시지 하나를 사들고 집으로 갑니다. 세상에서 제일 편한 자세로 쉬면서 내가 좋아하는 월트 디즈니DIS의 영화를 한 편 보는 것으로 오늘 하루를 마무리합니다.

김철수군의 일과처럼, 우리도 아침에 일어나서 저녁에 잠들기까지 미국 기업과 대부분의 시간을 보내고 있습니다. 이 얘기는 우리가 미국 주식에 투자할 준비가 되어 있다는 거죠. 이미 일상에서 여러분은 충분히 좋은 주식을 접하고 있었습니다. 그래서 여러분이 이해할 수 없고 어려운 말로 설명되는 기업의 주식은 사지 말아야 합니다. 여러분이 산 주식을 초등학생에게도 이해시킬 수 있을 정도로 잘 알아야 하는데, 그러기 위해서는 이미 잘 알고 있는 기업에 투자하는 게 좋겠지요?

바로 지금 미국 주식 해야 하는 이유

'과거는 미래의 거울이다'라는 말이 있습니다. 앞으로 일어날 일을 가늠하려면 과거 행적을 살펴볼 필요가 있습니다. 10년 전후로 반복되는 글로벌 위기도 마찬가지지요. 2020년 글로벌 경제와 증시에 큰 타격을 준 코로나19 엄습도 2008년 세계 금융위기 패턴에서 크게 벗어나지 않았습니다.

2008년 세계 금융위기 이후 미국 경제는 유럽, 일본 등 여타 선진국과 비교해볼 때 빠른 회복세를 보여왔습니다. 2011년 이전까지 경제 회복 속도는 미국, 유럽, 일본이 크게 차이가 나지 않았습니다. 독일이나 프랑스 등 유럽 선진국은 미국과 비슷하거나 오히려 더 빠른 회복세를 보였지요. 그러나 2011년 이후 유럽, 일본의 경제 회복 속도가 현저하게 둔화된 반면에 미국 경제는 꾸준한 회복세를 보여왔습니다. 위기 발생 이후 또 다른 위기가 찾아오기 전까지 미국 경제는 꾸준히 성장을 했고 미국이 세계 경제를 견인하는 유일한 국가라는 점에 우리는 주목해야 합니다.

미국 경제가 유럽, 일본과 같은 여타 다른 선진국과 달리 빠른 회복세를 보인 주된 요인은 '생산성'이었습니다. 생산성은 생산의 효율을 나타내는 지표입니다. 노동생산성, 자본생산성, 원재료생산성 등이 있는데, 노동이 모든 생산에 공통으로 포함되고 측정이 쉽기 때문에 지표로 가장 많이 사용됩니다.

미국 정부는 대규모로 시행한 국가 R&D 투자로 추세 성장을 지속

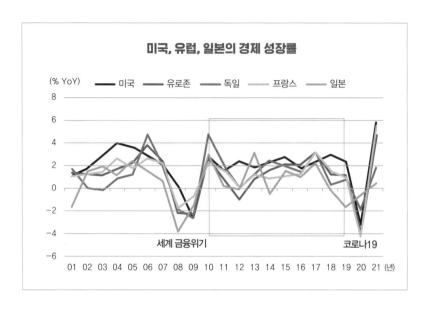

미국, 유럽, 일본의 경제 성장률

(% YoY)　━ 미국　━ 유로존　━ 독일　프랑스　일본

세계 금융위기　　　　코로나19

01 02 03 04 05 06 07 08 09 10 11 12 13 14 15 16 17 18 19 20 21 (년)

적으로 관리했습니다. 여기서 R&D는 연구개발을 말합니다. OECD는 R&D를 '인간, 문화, 사회를 망라하는 지식의 축적분을 늘리고 그것을 새롭게 응용함으로써 활용성을 높이기 위해 체계적으로 이루어지는 창조적인 모든 활동'이라고 정의합니다. 그리고 돈을 푸는 일반적인 재정지출을 통한 대규모 총수요 진작 정책도 미국의 생산성을 높이는 데 기여했습니다. 재정 정책은 정부가 지출을 조절해서 경제의 총수요를 조율하는 정책인데요. 보통 경기가 침체되었을 때 조세 수입보다 더 많은 지출을 해서 총수요를 진작합니다.

이러한 점을 고려할 때 향후 미국의 중장기 성장 경로는 일본과 유럽 대비 투자처로서의 상대 우위가 지속될 것입니다. 실질적인 성장률 증가를 위한 총공급 면에서 생산에 직접 영향을 미치는 노동, 자본 등

의 생산요소 증가와 생산성 향상 가능성이 높기 때문이죠. 지금부터 말씀드릴 4가지 요인이 계속 축적되면서 미국의 중장기 성장 경로가 잘 구축되어가는 데 기인합니다. 더불어 4차 산업혁명을 통한 생산성의 급격한 향상과 성공적인 이민 정책, 양질의 교육을 통한 노동의 질 향상 등으로 인구 고령화의 영향이 감소할 경우 미국은 더 높은 성장률을 달성할 가능성이 큽니다.

핵심자산의 No.1 투자처, 미국

지금부터는 미국이 핵심 자산의 투자처로 부각될 수밖에 없는 4가지 성장 동인을 살펴보겠습니다.

첫째, 생산성을 높이는 꾸준한 R&D 투자입니다. 잠깐 언급했지만

R&D 투자는 중장기 성장뿐만 아니라 단기 경기회복 속도에도 영향을 미칠 수 있습니다. 국제통화기금IMF도 중장기 성장을 위한 R&D 투자 같은 기술혁신에 재정을 투입해야 한다고 주장합니다. 미국의 전체 R&D 규모는 6,641억 달러(2020년 기준)로 세계 최대 수준입니다. 게다가 R&D 투자의 전년 대비 증감율의 변동폭이 작습니다. 변동성이 낮다는 말은 일반 연구자나 프로젝트 진행자가 미래에 안정적인 펀드를 확보하여 연구를 진행할 가능성이 높다는 것을 시사합니다. 즉 자금 제공의 연속성이 미국 R&D 투자의 효율성을 높이는 요인으로 작용하는 것입니다. 정부 R&D 보조가 지속적이지 않을 경우 R&D 투자 보조의 효과가 크게 제한되기 때문에 지속적인 R&D 투자와 지원은 생산성 향상을 위한 효율성 제고 면에서 가장 중요합니다.

둘째, 노동 공급이 지속될 수 있는 인구 구조입니다. 의외의 얘기지

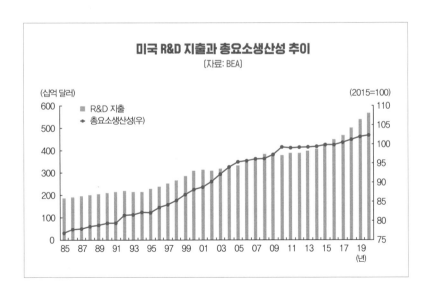

요? 일반적으로 선진국 하면 고령화로 인해 노동력을 제공할 젊은 인력이 모자라고 고령화 문제로 골머리를 앓는다고 생각하기 쉽습니다. 미국의 중장기적 성장 경로를 공급 측면에서 분석할 때 노동은 장기 성장 분석의 중요 요소입니다. 미국 인구조사국의 전망에 따르면 2060년 미국의 예상인구는 약 4억448만 명 정도이고 연 인구성장률은 2017년 0.74%에서 2060년 0.4%까지 줄어들 전망입니다. 줄어든다는 말이 안 좋게 들릴 수 있습니다. 그러나 미국 내부의 인구구조 변화에 따른 단일 분석을 다른 나라와 비교해보면 얘기는 달라집니다. 미국 밖으로 확장할 경우 미국의 장기 성장 분석에 노동이 당장 부정적인 요인으로 작용할 가능성은 낮습니다.

미국 인구조사국에 따르면 2050년 전체 인구에서 65세 이상의 고령층이 차지하는 상위 25개 국가에는 미국이 포함되지 않습니다. 의외

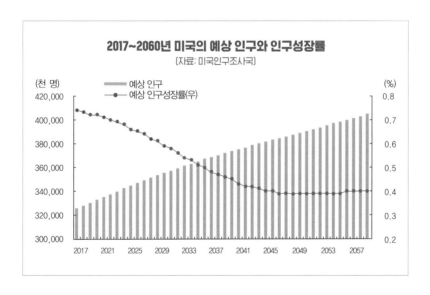

2017~2060년 미국의 예상 인구와 인구성장률
[자료: 미국인구조사국]

의 결과이지요? 더 의외의 사실은 2015년 상위 25위권에도 미국이 없다는 겁니다. 이를 감안하면 미국의 고령화 속도가 타 국가보다 심각하지 않음을 짐작할 수 있습니다. 교육 연수로 측정된 노동의 질을 살펴볼 경우 미국의 평균 교육 연수 전망치는 증가 추세를 보이고 있어 향후 전망도 어둡지 않다고 말할 수 있습니다. 이를 감안하면 향후 미국은 노동의 질 제고로 고령화로 인한 노동공급의 부정적인 영향을 어느 정도 상쇄할 수 있을 것으로 보입니다.

셋째, 수출을 통해 국부를 증가시키는 셰일오일입니다. 일반적으로 한 국가가 선도적으로 대규모 투자를 시행하고 민간의 투자를 이끌어내기 위해서는 재정이 건실해야 합니다. 주요 선진국을 포함한 일부 G20 국가들은 이미 성숙된 경제에 접어들어 자본의 수익률이 체감하면서 기업의 투자 감소가 불가피했죠. 그래서 국가 입장에서 자본 축적 감소가 필연적으로 발생할 가능성을 배제할 수 없습니다.

풀어서 말하면, 기업이 투자를 하면 투자를 넘어서는 돈벌이가 되어야 하는데, 그게 안 되니 새로 투자하려는 기업은 점점 없어지고 기존 기업마저도 돈 버는 게 없으니 투자를 줄이게 된다는 겁니다. 정부로 들어오는 세금마저 넉넉하지 못하니, 정부도 돈을 꿔야 하는 상황에서 2020년 엄습한 코로나19 같은 위기마저 발생하게 될 경우에는 더욱 난처한 상황이 돼버리는 거죠. 정부도 위기 극복을 위한 돈이 필요한데 넉넉한 곳간을 가진 국가라면 문제가 안 되겠지만, 곳간이 텅 빈 국가는 국가부도 위기에 몰릴 수 있습니다. 즉 정부도 돈이 있어야 한다는 겁니다.

적극적인 정부 지출은 생산성 하락을 방지하는 동시에 추세적인 성장 하락을 방지해 경기회복을 가속화할 수 있습니다. 결국 적극적 재정 정책을 실시할 수 있도록 정부의 넉넉한 재정 여력이 뒷받침되어야 합니다. 2018년 9월 미국은 45년 만에 세계 최대 산유국 지위에 올랐습니다. 미국의 원유 수출은 2010년대 초반부터 완만하게 늘어나다가 2017년 이후 본격화되었습니다. 미국의 셰일오일 수출 증가는 국가 재정 여력을 높이는 주요 산업으로 위상을 강화하면서 R&D 투자와 같은 목적성 재정지출을 증가시키는 재원이 될 것입니다.

세계적인 미래 예측 컨설팅 그룹인 IHS 글로벌 인사이트에 따르면 셰일가스 산업 활성화에 따라 연방정부 및 주정부 조세 수입도 급증할 것으로 보여 2010년 약 186억 달러에서 시작하여 2035년까지 총 9,330억 달러의 조세 수입이 예상됩니다. 2011년 미국 재정적자였던

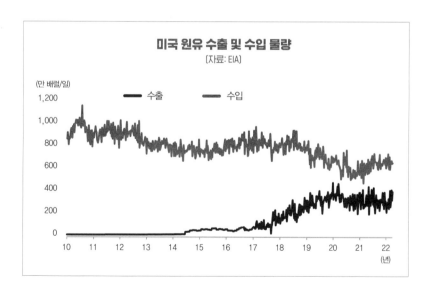

미국 원유 수출 및 수입 물량

[자료: EIA]

1조3,000억 달러의 71.7%에 해당하는 규모입니다. 셰일가스 산업은 2010년에 60만 명의 신규 고용을 창출했는데 전체 고용자 1억1,316만 명의 0.53%에 해당하는 규모입니다. 2035년까지는 166만 명 이상의 신규 일자리를 만들어낼 것으로 전망됩니다.

넷째, 리쇼어링입니다. 우리말로 '제조업의 본국 회귀'라고 해석할 수 있죠. 2009년 오바마 정권이 일자리 창출과 소비 확대의 기반이 되었다면 2017년 들어선 트럼프 정권의 경제성장 초점은 새로운 일자리 창출에 맞추어졌습니다. 오바마 정부는 해외에 생산기지를 두고 아웃소싱을 하던 미국 기업들의 본국 이전을 강조해왔죠. 미국으로 이전하는 기업의 이전 비용 20% 보조, 해외 이전 기업의 이전비용 세제 혜택 폐지, 해외 아웃소싱 자회사에 대한 중과세 부과 등을 추진하였습니다. 2011년에는 최초의 연방정부 단위의 투자유치기관인 셀렉트 USA를 설치하여 자국 기업의 리쇼어링뿐만 아니라 외국 기업들이 미국 내 공장 설립과 투자를 용이하게 할 수 있도록 각종 편의를 제공했습니다.

2014년부터 리쇼어링으로 새로운 일자리가 생겨났고, 리쇼어링 현상은 미국의 특정 지역만이 아닌 미국 전역에 걸쳐 나타나고 있습니다. 향후 리쇼어링으로 더욱 많은 기업이 본국으로 생산기지를 이전할 경우 미국 경제성장의 잠재력으로 작용할 것입니다. 미국의 전반적인 경제성장률이 낮아지는 경우 반덤핑이나 상계관세부과 등의 보호무역조치 기조가 대두될 가능성도 있습니다. 과거 사례를 보면 대공황 당시 미국은 '스무트 홀리 관세법

"
셀렉트 USA
미국 내 투자 인센티브 프로그램을 총괄하며, 전 세계 80여 개 국가에 사무소를 개설함
"

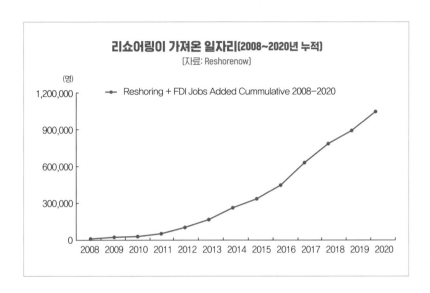

리쇼어링이 가져온 일자리(2008~2020년 누적)

(자료: Reshorenow)

Reshoring + FDI Jobs Added Cummulative 2008–2020

Smoot Hawley Tariff bill'을 통해 2만여 개의 품목에 대해 평균 59%의 관세를 부과했습니다. 보호무역주의 경향은 2020년 선출된 제46대 대통령인 바이든에게도 이어지고 있어 리쇼어링 현상은 더욱 가속화될 가능성이 큽니다.

미국 주식은
선택이 아니라 필수!

예전에는 '주식 투자 한다'고 하면 주변에서의 시선이 따뜻하지는 않았지요. 그래서 숨기기도 했지만 요즘에는 주식을 한다고 하면 "어떤 주식 가지고 있냐"고 물어보는 경우가 많을 거에요. 그때 미국 주식에 투자한다고 하면 "국내 주식도 어려운데 미국 주식에 어떻게 투자하냐, 대단하다"고 추켜세워주는 경우가 더 많을 겁니다.

　이제는 미국 주식을 안 하는 것이 더 위험한 세상이 되었습니다. 미국에는 다국적 기업이 많은 만큼 전 세계에서 돈을 벌어들이는 기회가 많고, 벌어들이는 수익이 많은 만큼 실적을 추종하는 주가라는 유기체의 특성상 주가가 계속 올라갈 가능성이 크기 때문이지요.

앞서나가는 사람들이 선택한 미국 주식

'트렌드 세터'라는 말, 들어보셨죠? '시대의 풍조나 유행 등을 조사하는 사람, 선동하는 사람'이라는 뜻을 가졌죠. 주식 투자에도 트렌드 세터가 있습니다. 선견지명을 가지고 미국 주식에 투자를 해오고 있는 사람들이죠. 우리 주변에서도 알게 모르게 미국 주식 투자를 시작한 투자자가 많습니다. 다음 그림은 한국 투자자들이 해외 주식에 투자한 금액을 연도별로 나타난 그림인데요. 미국, 유럽, 일본, 홍콩, 중국 이렇게 5개 국가와 기타로 구분해 연도별 금액을 살펴봅시다.

그래프의 숫자를 보면 2014년 이전까지 미국 주식 잔액은 10억 달

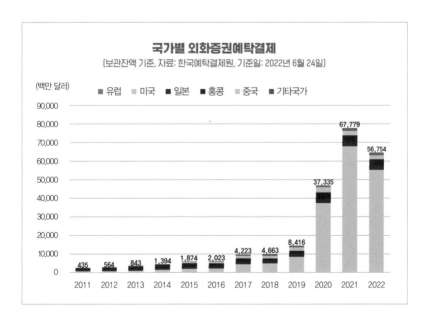

러가 안 되었지만 2년이 지난 2016년에 20억 달러가 넘어가면서 투자 금액 증가에 속도가 붙기 시작했습니다. 불과 1년 만인 2017년에 2배인 40억 달러를, 다시 2년 뒤인 2019년에는 80억 달러를 상회하더니 1년이 지난 2020년에는 4.4배 증가한 373억 달러가 되었습니다. 코로나19 엄습이 가져온 증시 폭락을 기회삼아 저가로 미국 주식을 미리 사둔 서학개미들의 활약이 커졌던 시기였습니다. 1년 뒤인 2021년에는 677억 달러, 2022년에는 석 달 만에 이미 지난해 투자 금액을 넘어서고 있어, 미국 주식을 매수하는 국내 투자자들이 빠르게 증가하고 있습니다. 위기는 기회입니다. 글로벌 1위 기업들의 주주가 되어 매매차익과 함께 배당을 얻고자 하는 글로벌 투자자로 거듭나고 있는 국내 투자자가 많아지고 있습니다.

돈 버는 서학개미들은 무슨 주식을 살까?

해외 주식에 투자하는 국내 투자자들이 많아지고 있다는 사실은 확인하셨죠? 특히 코로나19 엄습이 나타난 2020년 이후 해외 주식 중에서도 미국 주식에 대한 관심은 광속으로 커지고 있습니다. 그렇다면 국내 투자자들이 많이 사모으는 미국 주식은 무엇일까요? 이 책을 읽는 여러분이 미국 주식에 관심이 생겼다면 '잘 모르는 종목 천지이겠지?'라고 생각하실 수도 있습니다. 그러나 전혀 그렇지 않습니다.

다음 표는 2018년부터 한국 투자자들이 매해마다 많이 매수한 해외 주식을 1위부터 10위까지 나타낸 표입니다. 2018년을 살펴볼까요? 1위는 아마존AMZN이 차지했습니다. 2위부터 10위까지 살펴보면 알파 벳GOOGL(클래스A), 애플AAPL, 엔비디아NVDA, 마이크로소프트MSFT, 테 슬라TSLA, 넷플릭스NFLX로 상위 10개 종목 가운데 7개가 미국 주식입 니다. 2019년에도 아마존이 1위를 차지했고 넷플릭스는 순위에서 사 라졌지만 나머지 미국 주식은 전년도인 2018년과 동일합니다. 달라진 게 있다면 전년도 7위였던 마이크로소프트가 2위로 급부상했다는 겁

연도별 한국 투자자가 매수한 해외 주식 순위

[보관잔액 기준, 자료: 한국예탁결제원, 기준일: 2022년 6월 24일, 단위: 백만 달러, 미국 주식 바탕색 표시]

순위	2018		2019		2020		2021		2022.6.24	
	종목	금액	종목	금액	종목	금액	종목	금액	종목	금액
1	아마존	704	아마존	655	테슬라	7,835	테슬라	15,460	테슬라	12,771
2	알파벳A	223	마이크로소프트	355	애플	2,998	애플	5,032	애플	4,653
3	알리바바	221	알파벳A	282	아마존	2,066	엔비디아	3,120	엔비디아	2,403
4	애플	132	애플	226	엔비디아	1,150	마이크로소프트	2,271	알파벳A	2,304
5	엔비디아	105	엔비디아	202	마이크로소프트	1,065	알파벳A	2,253	마이크로소프트	2,123
6	Vangrd TTL Bond Mkt	105	알리바바	200	알파벳A	881	아마존	1,857	PROSHARES ULTRAPRO QQQ	1,795
7	마이크로소프트	104	Global X Cloud	197	INVSC QQQ S1	588	INVESCO QQQ	1,385	아마존	1,298
8	화웨이	96	테슬라	145	해즈브로	524	PROSHARES ULTRAPRO QQQ	1,332	INVESCO QQQ	1,263
9	테슬라	92	Vangrd TTL Bond Mkt	141	보잉	373	SPDR S&P500	973	SPDR S&P500	1,083
10	넷플릭스	71	화웨이	125	니오	337	루시드 그룹	919	DIREXION 반도체 BULL 3X	794

니다. 한때 잊혀지기도 했던 마이크로소프트가 늙은 공룡에서 혁신의 아이콘으로 거듭난 배경에는 2014년 이후 클라우드 사업에 모든 역량을 집중하면서 점유율 2위까지 단숨에 올라가는 저력을 보임에 따라 재평가되면서부터입니다.

2020년부터는 새로운 강자가 등장합니다. 바로 전기차 업체 테슬라입니다. 2019년에는 8위였지만 2020년 애플을 넘어서는 절대적인 러브콜을 한국 투자자로부터 받았습니다. 코로나19 엄습 후 위기 타개를 위한 바이든 행정부의 그린 뉴딜 정책이 세계 각국의 성장 로드맵이 됨에 따라 가장 빠르고 현실적인 대안이 될 수 있는 전기차 산업이 수혜를 받았기 때문이죠. 테슬라에 대한 한국 투자자의 러브콜은 2022년 현재도 진행되고 있습니다.

2020년 새롭게 상위에 올라온 미국 주식은 장난감 회사인 해즈브로HAS와 항공회사 보잉BA입니다. 코로나19라는 팬데믹이 가져온 사회적 격리의 수혜주와, 팬데믹 완화의 피해주에 대한 저가 매수의 결과입니다. 2021년은 테슬라가 부동의 1위를 지키는 가운데, 2위부터 10위까지 살펴보면 애플, 엔비디아, 마이크로소프트, 알파벳A, 아마존, 루시드 그룹이 차지했습니다. 루시드 그룹이라는 새로운 기업이 눈에 띄는데요. 루시드 그룹은 테슬라와 어깨를 견줄 수 있다고 거론되는 미국의 전기차 회사입니다. 내연기관 중심의 자동차 산업이 친환경적 연료 중심의 전동화 모델로 빠르게 전환되고 있는 만큼, 트렌드 세터인 국내 투자자들이 관심을 보일 수밖에 없겠죠?

2장

내 돈을 지키는
미국 주식 기본기

미국 주식의
개념 이해하기

'정석'의 뜻을 찾아보면 '사물의 처리에 정하여져 있는 일정한 방식'을 얘기하지만, 우리 머릿속에는 《수학의 정석》이 제일 먼저 떠오릅니다. 우리가 학창시절 '수학'이라는 과목의 개념을 쌓았듯이, 사회생활을 시작하면서 재테크의 한 과목으로 '미국 주식' 개념을 꼭 쌓아야 합니다. 지금부터 미국 주식의 개념을 낱낱이 파헤쳐봅시다.

미국 주식을 하기 위해서는 우선 미국이 어떤 나라인지를 파악해야 겠지요? 미국의 국내총생산GDP은 22조9,396억 달러(2021년 기준)로 세계 1위입니다. 2008년 금융위기 이후 그리고 2020년 코로나19 이후에도 변함없이 세계 경제를 리드하는 중심국가입니다. 미국은 50개의 자

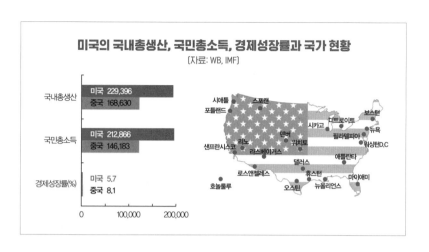

미국의 국내총생산, 국민총소득, 경제성장률과 국가 현황
(자료: WB, IMF)

구분	주요 내용	세계 순위	출처
면적	9억8,315만1,000ha	3위	국제연합식량농업기구, 2017
인구	3억3,480만5,268명	3위	국제연합, 2021
국내총생산	22조9,396억 달러	1위	국제통화기금, 2021
국민총소득	21조2,866억 달러	1위	국제통화기금, 2020
경제성장률	5.7%		국제통화기금, 2021
1인당 국내총생산	6만3,543달러	5위	세계은행, 2020
종교	개신교 42%, 천주교 21%, 모르몬교 2%, 유태교 1%, 이슬람교 1%, 무교/기타 33%		2020

치구와 한 개의 수도구(워싱턴 D.C.)로 이루어진 연방국가입니다. 인구
는 원주민을 제외하고 타 국가에서 옮겨온 이주민으로 구성(백인 61%,
중남미계 18%, 흑인 13%, 아시아계 6%, 원주민 2%)된 다민족으로 세계 최대
의 이민 국가입니다. 다른 국가의 정치, 경제, 사회 또는 문화적 영향력
을 행사할 수 있는 리더일 수밖에 없는 이유이기도 하지요. 뉴욕의 월
스트리트Wall Street에는 세계 최대의 증권거래소와 증권회사, 은행 등이
밀집해 있습니다. 그리고 미국을 대표하는 기관으로 2차 세계대전의

승전국이 중심이 되어 만든 국제연합UN이 있습니다.

　뉴욕에 세계 최대의 증권거래소가 있다고 얘기했죠? 2010년 이후 대략 11년이 넘어가는 기간 동안 미국과 한국 주식시장의 흐름을 살펴보겠습니다. 다음 그림을 보면 미국 증시를 대표하는 S&P500 지수는 306.3% 상승했고, 한국 증시를 대표하는 코스피 지수는 63.9% 상승했습니다(2022년 3월 기준). 미국 주식시장은 꾸준히 상승했지만 한국 주식시장은 2021년을 제외하고 박스피에 갇혀 있었음을 알 수 있습니다. 이 결과를 놓고 봤을 때 '미국 주식 해야겠다'는 생각이 들 겁니다. 그러나 한편으로는 '이미 너무 많이 오른 거 같은데' 하는 걱정도 될 거고요. 그러나 시간이 지나고 나면 '그때라도 미국 주식에 투자할걸' 하고 후회하는 경우가 적지 않습니다. 우리는 적어도 이런 후회는 하지 않아

야겠죠? 여전히 투자 기회는 열려 있습니다. 지금부터는 미국 증시를 대표하는 3개 지수와 함께 어떤 업종으로 구성되어 있는지 살펴보겠습니다.

미국 주식시장의 특징과 구성

미국 주식시장은 시가총액이 42조5,068억 달러(2022년 6월 24일 기준)로 세계에서 가장 큰 시장입니다. 전 세계 시가총액의 약 55.9%를 차지합니다. 한국 주식시장은 전 세계 시가총액의 약 1.8%로 2%가 채 안 됩니다. 미국 주식시장에는 약 2만여 개의 세계적인 기업들, 예를 들면 애플, 구글, 아마존과 같은 개별 종목과 다양한 ETF/ETP 투자가 가능하고 전 세계 36개국을 대표하는 ADR(미국에서 발행한 증권) 투자를 통해 글로벌 투자도 가능하죠.

    미국 주식시장은 합리적인 시장이기도 합니다. 한국보다 2배 이상 높은 기관투자자 비중은 시장의 안전판 역할을 해주고, 상/하한가 제도가 없는 시장임에도 불구하고 평균적으로 일평균 ±2~3%의 비교적 안정적인 흐름을 보입니다. 또한 안전자산을 확보할 수 있다는 점 또한 미국 주식시장에 투자해야 할 이유입니다. 달러는 기축통화이기 때문에 2020년 코로나19 발생으로 세계 경제의 변동성과 불안이 강해질수록 달러를 보유해야 할 이

> **시가총액**
> 지수에 편입된 모든 종목의 주가에 해당 주식의 상장주식 수를 곱해 얻은 금액을 합한 것

유가 커집니다. 미국 주식에 투자한다는 것은 곧 달러를 보유하는 것과 같은 의미라는 점에서, 안전자산에 동시에 투자하는 '꿩 먹고 알 먹기' 투자법인 거죠.

미국 주식시장의 주요 지수는 크게 3개입니다. 다우존스 산업평균지수, 나스닥 종합지수, 스탠더드앤드푸어스500S&P500 지수입니다. 하나씩 살펴봅시다.

다우존스 산업평균지수Dow Jones Industrial Average는 역사가 가장 오래되었습니다. 1884년 미국 〈월스트리트저널〉의 편집장인 찰스 다우가 처음 창안한 것으로 뉴욕증권시장에 상장되어 있는 주식 가운데 가장 신용 있고 안정된 30개 대형 기업들의 주식들로 구성되어 있고 30개 종목을 시장가격으로 평균하여 산출하는 주가가중방식을 사용합니다.

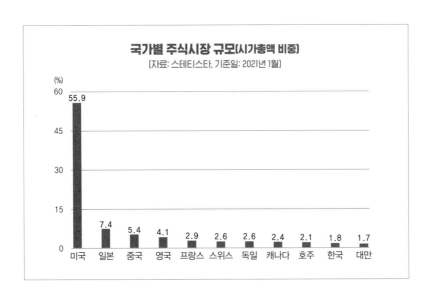

국가별 주식시장 규모(시가총액 비중)
[자료: 스테티스타, 기준일: 2021년 1월]

'DJIA'또는 'Dow'라고 불립니다. 3,500개가 넘는 상장 기업 중 단지 30개 회사의 주가를 토대로 만들어져 있어 전체 미국 주식시장을 대변하기에 적합하지 않다는 한계가 있습니다. 또한 주당 가격을 가중치로 하여 산출하기 때문에 주가가 높은 주식이 주가가 낮은 주식에 비해 지수계산에서 비중이 높습니다. 즉 어떤 주식의 가격이 높을 때는 그 주식의 가격변화가 지수의 변화에 많은 영향을 미치지만, 이 기업의 성장률이 높아져서 주식분할, 주식배당을 하게 되어 주가가 낮아지면 전과는 달리 지수계산에서 비중이 줄어들게 됩니다.

나스닥NASDAQ은 뉴욕증권거래소NYSE에 이어 두 번째로 큰 거래소를 의미합니다. 1971년 2월 8일 첫 거래가 시작된 미국의 장외주식시장으로 세계 각국의 장외주식시장의 모델이 되고 있습니다. 나스닥은 뉴욕증권거래소와 같이 특정 장소에서 거래가 이뤄지는 증권시장이 아니라 컴퓨터 통신망을 통해 거래 당사자에게 장외시장의 호가를 자동적으로 제공해 거래가 이뤄지도록 하는 일종의 자동 시세 통보 시스템이라는 점에서 차이가 있습니다. 우리가 일반적으로 말하는 나스닥 종합지수의 정확한 표현은 '나스닥 컴퍼지티브'로 3,761개가량의 보통주를 가중평균하여 나타낸 지수입니다. 나스닥 종합지수의 특징은 대부분이 기술주라는 겁니다. 아마존, 알파벳, 애플, 시스코SYY, 이베이EBAY, 메타 플랫폼스, 넷플릭스, 엔비디아, 페이팔PYPL, 퀄컴QCOM 같은 선도적인 IT 기업을 비롯하여, 코로나19 발생 이후 직장 및 가정에서 비대면 화상 회의로 인기를 끌고 있는 줌비디오커뮤니케이션ZM도 포함되어 있습니다.

S&P500 지수는 1957년에 도입돼 미국 증시에서 가장 많이 활용되는 대표적인 지수입니다. 기업 규모, 유동성, 산업 대표성을 감안하여 선정한 보통주 500종목을 대상으로 작성해 발표하는 주가지수로, 다우존스 산업평균지수(이하 다우 지수)의 확장판이라고 할 수 있고 시장 전체의 동향 파악이 다우 지수보다 용이하다는 장점이 있습니다. 시가총액 방식을 사용하지만 단순히 시가총액만 고려하지 않고 재무 건정성 등을 고려하여 미국 경제를 다양한 방면에서 보여주는 기업이 포함되어 있습니다. 예를 들면 스냅챗, 비트모지로 유명한 스냅SNAP은 시가총액이 241억 달러에 이르지만 S&P500 지수에 포함되어 있지 않습니다. 워런 버핏을 비롯한 투자 대가들은 장기적인 관점에서 다우 지수보다

미국 주식시장의 주요 지수

(기준일: 2022년 6월 24일)

분류	주요 지수					
	S&P500		나스닥		다우존스 산업평균지수	
스타일	대형주		중소형주		대형주	
비중 산정 방식	시가총액		가중평균		단순가격평균	
시가총액(십억 달러)	34,385		19,817		9,905	
종목수(개)	503		3,761		30	
PER(배)	18.58		38.81		16.97	
배당수익률(%)	1.64		0.87		2.10	
상위 업종 비중(%)	IT	27.3	IT	50.6	IT	21.5
	헬스케어	14.8	산업재	29.4	헬스케어	21.3
	경기소비재	10.9	헬스케어	8.5	금융	15.3
	금융	10.8	커뮤니케이션	3.9	경기소비재	13.5
	커뮤니케이션	9.1	금융	3.5	산업재	13.4

S&P500 지수를 추종하는 인덱스 펀드를 추천합니다.

주가가중방식
주식이 증시에서 차지하는 비중은 전혀 고려하지 않고 주가만 고려해 산출한다. 기업 규모와 상관없이 주가만 고려하면 되기 때문에 지수를 산출하기는 편리하다. 다만 규모가 큰 회사나 작은 회사나 같은 비중으로 주가에 영향을 미치는 모순이 있다

동일가중방식
시가총액이나 주가와 무관하게 지수 내 편입된 종목에 같은 금액을 투자하는 방식으로 지수를 산출한다. 시가총액이 큰 대형주와 높은 주가를 가진 종목의 영향을 줄일 수 있다

시가총액방식
지수에 편입된 모든 종목의 주가에 해당 주식의 상장주식 수를 곱해 얻은 금액을 합한 것이다. 기준 시점의 시가총액을 100으로 해서 비교 시점의 시가총액 배율을 구해 지수를 산출한다

미국 주식의 역사 속으로

미국 주식시장의 기원인 뉴욕증권거래소는 월스트리트 69번지 플라타너스 나무 밑에서 시작되었습니다. 1792년 5월 17일 채권과 주식을 중개하던 24명의 브로커들이 모여 그들만의 거래와 커미션을 확보하기 위해 시장을 형성하게 되었습니다. 이 역사적인 합의를 버튼우드 협약 Buttonwood Agreement이라고 합니다. 협의 내용은 주식을 공동사무실에서만 매매하고 중계 수수료는 0.25% 이상 받지 않는다는 내용으로 간단했죠. 지금으로 따지면 브로커들의 담합이었습니다.

1817년 3월 뉴욕증권거래위원회라는 이름으로 정식 출범한 거래소는 공식화된 거래 규칙과 규정을 채택하였고 1863년에는 뉴욕증권거

래소로 이름을 개명한 후 뉴욕시 월스트리트 11번가에 거래소를 열었습니다. 1800년대 후반 금광 개발과 함께 광산과 철도 주식이 발행되었고 시장이 점차 커가면서 아메리칸증권거래소AMEX, 장외거래 등이 형성되었습니다.

1929년 발생한 대공황으로 주가 대폭락, 실업자 증가, 경제활동 마비 등 미국에 격동기가 찾아옵니다. 미국은 물론이고 유럽 전체에 큰 경제적 타격을 주게 되죠. 이러한 시련을 벗어나게 해준 것은 전쟁이었습니다. 2차 세계대전으로 미국은 장기적인 불황에서 벗어났고 뉴욕증권거래소는 전쟁과 1960년대 미국 경제의 호황을 바탕으로 세계 최대 주식시장으로 발돋움할 수 있었습니다.

뉴욕증권거래소가 또 한 번 도약할 수 있는 발판이 마련됩니다. 2007년 4월 4일 프랑스 파리, 네덜란드 암스테르담, 벨기에 브뤼셀, 포르투갈 리스본 유럽 4개국의 통합 증권거래소인 유로넥스트를 인수합병하게 됩니다. 이로서 뉴욕증권거래소는 명실상부 세계 최대 규모의 거래소로 글로벌 금융시장에 새로운 이정표를 세우게 되었습니다. 2022년 6월 24일 기준 뉴욕증권거래소에서 거래되는 주식의 시가총액은 30조 달러가량으로 전체 미국 내 주식가치의 약 80% 정도 됩니다.

아메리칸 증권거래소의 탄생은 1858~1875년의 골드러시 시기 뉴욕증권거래소의 맴버십과 관련이 깊습니다. 당시 증권을 거래할 수 있었던 곳은 뉴욕증권거래소뿐으로 맴버십이 있어야 가능했습니다. 맴버십이 없는 사람들은 뉴욕증권거래소 앞에 좌판을 만들어 주식을 거래하기 시작했는데 '장외거래Over the Counter'라는 말은 이런 형태의 주식 거래를 가리키는 말이었습니다. 장외거래자들은 1911년 뉴욕장외거래소NYCE를 설립하여 뉴욕증권거래소에 이어 제2의 증권거래소를 조직했습니다. 1921년에는 트리니티 거리 뒤편의 빌딩에 입주해 마침내 길거리 생활을 청산하게 되었고 당시 '뉴욕커브마켓'이라는 이름으로 운영

되던 거래소는 1929년 뉴욕커브거래소로 이름을 개명하게 됩니다. 시간이 지나 1953년에는 현 이름인 아메리칸증권거래소로 변경하게 됩니다.

아메리칸증권거래소는 미국 3대 증권거래소로 나스닥보다 상장 기준이 완화되어 있어 소규모 회사, 파생상품, ADR(미국 주식 예탁증서), ETF(상장 지수 펀드) 및 기타 금융상품을 취급하며 성장하고 있습니다.

뉴욕증권거래소는 2007년 4월 4일 유로넥스트 인수합병에 이어 2008년 10월 1일에는 아메리칸증권거래소를 인수하게 됩니다. 합병 이후 2009년 3월 'NYSE Amex Equities', 2012년 5월 'NYE MKT LLC'로 이름을 변경한 데 이어, 2017년 7월 현재의 'NYSE American'으로 사명을 변경하게 되었습니다. 또한 AMEX는 1993년 전 세계에서 처음으로 ETF 상품을 출시해 성장을 거듭한 인덱스 펀드의 선봉처입니다.

나스닥NASDAQ, National Association of Securities Automated Quotation의 약어를 자세히 살펴보면 '자동 매매 체결 시스템'이라는 용어가 눈에 띕니다. 말 그대로 나스닥은 장외거래시장이 발전한 것으로 1971년 2월

5일 미국의 장외거래에서 거래되던 2,500개 이상의 종목을 자동가격 형성시스템으로 운영하면서 탄생했습니다. 1971년 당시는 증권거래소에서 브로커를 통해 거래를 하는 것이 당연시되던 시절로, 주식 거래를 컴퓨터로 한다는 것 자체가 혁신적이었습니다. 최초의 상업용 컴퓨터가 보급되던 시기가 1974년이었던 것만큼, 나스닥은 앞서가도 너무 앞서간 거죠.

1985년 1월 나스닥은 나스닥100 지수를 공개했습니다. 나스닥에 상장된 시가총액이 크고 거래량이 많은 업종 대표 기업 100개로 이루어진 주가지수인데요. 금융은 제외해 기술주 중심의 지수로 차별화시켰습니다. 1986년에는 애플이 나스닥에 상장을 했고 1986년 마이크로소프트, 인텔 등을 유치하게 되었습니다. 1997년에는 아마존, 2004년에는 구글이 상장하게 됩니다. 오늘날 IT 공룡으로 성장한 소위 '잘 나가는' 기업들이 나스닥을 선택했던 이유는 현재와 동일합니다. 뉴욕증권거래소와 달리 회사 설립 초기라 적자를 보는 기업들에게도 상장 문턱을 낮춰준 나스닥을 택했던 것이고, 지금도 나스닥의 하이테크 기업 이미지가 마케팅에 도움이 되기 때문에 많은 IT 기업이 나스닥을 선택하고 있습니다.

2008년에는 나스닥이 스웨덴의 OMX를 인수해 나스닥OMX그룹을 탄생시키며 글로벌 거래소로 발돋움하게 됩니다. OMX는 스톡홀름, 헬싱키, 코펜하겐, 레이캬비크, 에스토니아, 라트비아, 리투아니아 증시를 운영하고 있고 오슬로 증권거래소의 지분 10%를 보유하고 있습니다. 2020년 코로나19라는 위기가 엄습하면서 감염병과 일상이 공존하는 시간이 지속됨에 따라 'MAGA(마이크로소프트, 아마존, 구글, 애플)'라고 불리는 언택트 주식들이 고공행진을 하면서 나스닥 지수는 1만 포인트를 넘어섰고 2021년 11월에는 1만6,000 포인트를 넘기기도 해 상승세가 무서울 정도입니다. 코로나19가 완전히 종식되더라도 이미 바뀌고 있는 새로운 일상을 감안한다면 나스닥 지수는 더 성장할 여지가 남았다고 생각합니다.

미국 주식
사용설명서

첫 스마트폰을 가진 순간부터 애플의 아이폰만 고집하며 사용해온 김철수군. 온갖 신기술이 다 들어가 있는 최신형 폰이었지만, 손으로 몇 번 조작하면 쉽게 사용할 수 있어서 제품 구매시 동봉된 사용설명서는 보지 않는 게 다반사였죠. 항상 새로운 아이폰이 출시될 때를 맞춰 바꾸기를 여러 번, 이번에는 2020년 10월 출시된 아이폰 12 Pro를 '나를 위한 선물'로 구매하고 개봉했는데, 어댑터가 없어서 처음으로 사용 설명서를 읽어보았습니다. 어댑터가 별도로 제공되지 않는다고 쓰인 페이지를 훑어보다가, '이런 기능도 있었나' 하는 내용을 읽기 시작했습니다. 그렇게 한 번 보니 그 이후로는 예전보다 아이폰을 일상에서 더 유용하게 활용할 수 있었죠.

사용설명서의 장점은 한 번만 보면 된다는 겁니다. 미국 주식을 매매한다는 것은 아이폰을 통해 전화를 걸고 받고, 문자를 주고받는 것과 같은 거죠. 그러나 이왕이면 미국 주식 매매를 스마트하게 하고 또 쓸데없이 지출할 돈을 아끼기 위해서 용어와 세금이 정리된 사용설명서를 읽어보는 시간을 갖는 것은 유익합니다. 지금부터 미국 주식 사용설명서를 함께 읽어볼까요?

미국 주식 투자를 위한 필수 상식

'주식, 매매만 잘하면 된다'라고 생각했다면 이제부터는 생각을 바꿔서 주식 매매를 스마트하게 해볼까요? 그러려면 먼저 미국 주식시장의 특징을 알아둬야 합니다. 한국의 유가증권시장과 코스닥시장도 투자를 공정하게 처리하고 투명한 거래를 위해 규정과 제도를 만들어놓았듯이, 한국보다 더 오래된 역사를 가진 미국 주식시장은 다른 국가의 거래소 규정과 제도를 만들 때 가장 먼저 참고하는 벤치마크 사례가 될 수밖에 없겠죠. 특히 규제가 없을 경우 무질서해질 가능성이 높은 신흥 국가의 증시가 가고자 하는 종착역은 규제가 없어도 질서 있게 움직이는 선진국가의 증시가 될 수밖에 없고 그 대표적 증시가 미국입니다. 미국 증시의 특징을 바탕으로 향후 국내 증시가 가야 할 방향성을 엿볼 수 있기를 바랍니다.

1. 상하한가 제도가 없다.

한국 주식시장은 ±30%의 상하한가 제도를 운용합니다. 한국과 지리적으로 가까운 일본과 홍콩 주식시장만 봐도 이런 제도는 없는데요. 상하한가 제도는 일시적 가격 왜곡을 막기 위해서 만든 것이지만, 실제로는 일시적인 가격 왜곡을 오히려 다음 날까지 연장시키는 병폐가 크다는 게 선진 주식시장의 이야기입니다.

2. 동시호가가 없다.

한국 주식시장의 경우 매일 아침, 오후 동시호가 때 터무니없는 가격으로 주문을 내면서 호가를 왜곡시키는 모습을 쉽게 볼 수 있습니다.

> **허수주문**
> 매매체결 가능성이 희박한 호가를 대량으로 냈다가 정정·취소함으로써 주가를 조작하는 행위

이런 경우는 허수주문이라고 해서 대부분 장난입니다. 게다가 장 마감 전 10분의 동시호가로 종가가 결정된다는 것도 합리적이지 않습니다. 동시호가 역시 대부분의 선진 주식시장에서는 볼 수 없는 제도입니다.

3. 프리마켓과 애프터마켓이 있다.

정규장(한국 시간으로 23:30부터 익일 06:00, 서머타임 적용시 22:30부터 익일 05:00) 외 프리마켓(정규장 시작 전 5시간 30분간 진행)과 애프터마켓(정규장 마감 후 4시간 진행)이 존재합니다. 프리마켓과 애프터마켓은 정규장과 동일한 방식으로 운영됩니다. 정규장과 프리마켓, 애프터마켓을 합치면 총 거래시간은 16시간입니다. 거래시간이 상당히 길지요? 그 이유

는 상하한가 제도가 없는 대신 충분한 거래시간을 보장함으로써 일시적인 가격왜곡을 시장 자율로 완화하려는 목적입니다. 다만 프리마켓과 애프터마켓은 정규장의 시가/고가/저가처럼 기록되지 않고 정규장이 시작하면 소멸됩니다.

4. 주식을 나타내는 기호가 숫자가 아니라 심볼이다.

한국 주식시장은 6자리 숫자로 종목을 구별합니다. 예를 들면 동학 영웅들이 '십만전자'를 고대하고 있는 삼성전자의 코드번호는 '005930'입니다. 미국은 한국과 달리 심볼(티커)로 종목을 구별하는데, 예를 들면 애플의 심볼은 'AAPL'입니다.

5. 주가 상승시에는 초록색으로 표기하고 주가 하락시에는 빨간색으로 표기한다.

'한국 주식시장은 오르면 빨간색, 내리면 파란색인데 미국 주식시장도 똑같은 거 아니예요?'

미국 주식을 처음 접할 때 가장 혼란스러운 부문인데요. 색상 구분이 한국과 반대입니다. 그래서 국내 증권사의 미국 주식 HTS(홈 트레이딩 시스템)의 경우 한국내 투자자들을 위해서 한국과 동일하게 표기했는데요. 오히려 이것이 투자자들을 더 혼란스럽게 만들었습니다.

6. 실시간 시세에 대한 사용료가 있다.

미국 주식을 사려고 HTS를 설치하고 해외주식 현재가 화면을 보니,

주가 옆에 '20분 지연'이란 문구가 눈에 확 들어올 겁니다. 기본적으로 무료로 15~20분 지연 시세가 제공되고 실시간 시세를 이용하려면 월 사용료가 존재하는데 보통 10달러 내외입니다. 호가창은 국내와 달리 5호가, 10호가가 없고 최우선 매수, 최우선 매도 1호가만 제공하는 것도 다른 부문입니다.

7. 미국 달러로 거래해야 한다.

미국 주식은 원화로 거래가 불가능합니다. 그래서 거래 시작 전, 반드시 미국 달러로 환전을 해야 하는데요. 환전 방법은 증권사 HTS 또는 MTS(모바일 트레이딩 시스템)에서 실시간으로 서비스하고 있으니 매우 쉬운 편입니다. 최근에는 '원화 주문 신청'이라고 해서, 미리 달러로 환전을 하지 못했더라도 원화로 미국 주식을 매수한 후 다음 달 매수했던 금액만큼 자동으로 환전하는 서비스도 있습니다. 이 서비스를 이용하기 위해서는 먼저 사용 신청을 해야 한다는 점을 기억하세요.

8. 미국에서는 주문시 소수점 넷째 자리까지 입력이 가능하다.

미국 현지에서는 소수점 넷째 자리까지 주문 입력이 가능합니다. 체결 상황을 확인하다 보면 $10.0917같이 소수점 넷째 자리에 이르는 숫자를 확인할 수 있습니다. 한국에서도 금융위원회가 소수점 매매를 혁신금융 서비스로 지정하면서, 주식을 1주 단위가 아닌 소수점 단위로 쪼개 매매할 수 있게 되었습니다. 2018년 10월 신한금융투자가 첫 거래 서비스를 실시한 후, 2022년 6월 기준으로 9개 증권사(신한금융투자,

한국투자증권, 삼성증권, NH투자증권, KB증권, 키움증권, 카카오페이증권, 토스증권, 한화투자증권)가 서비스를 제공하고 있습니다.

9. 개인의 공매도가 허용되고 액면가Par Value가 없다.

미국 현지의 개인투자자는 공매도 주문이 가능하나, 국내에서 미국 주식을 거래하는 투자자는 국내 주식과의 형평성 문제로 주문이 불가합니다. 액면가 역시 대부분의 선진시장에는 없는 제도입니다. 그러나 이 역시 나라마다 차이일 뿐 우리가 미국 주식을 매매하는 데 크게 상관은 없습니다.

10. 개인, 외국인, 기관의 실시간 수급 데이터를 제공하지 않는다.

공매도 현황은 보름 간격으로 제공되고, 대주주의 지분 변동은 1~3개월 만에 공표합니다. 경제신문의 머릿기사에 '전일 미국시장은 외국인의 집중적인 매수로 상승마감했습니다'라고 나온 걸 본 적이 있나요? 없을 겁니다. 절대적으로 필요하지 않으니까요.

11. 거래 시간이 단축되는 날과 휴장에 규칙이 있다.

크리스마스 이브와 블랙프라이데이 전날에 한해서 3시간 30분 동안 거래 시간이 단축되어 운영됩니다. 이를 국내 투자자들은 '반장'이라고 칭하지요. 그리고 미국의 휴장은 대부분 월요일 혹은 금요일로, 토요일과 일요일에 연결됩니다.

미국 주식시장과 한국 주식시장의 특징 비교

구분	미국 주식시장	한국 주식시장
거래 통화	달러	원화
표기 색상	상승: 초록색 하락: 빨간색	상승: 빨간색 하락: 파란색
상하한가	제한 없음	상·하 각각 ±30%
종목 표시	심볼(티커)	숫자(종목코드 6자리)
정규장 거래시간	23:30부터 익일 06:00 22:30부터 익일 05:00(서머타임)	09:00~15:30
시간외 거래시간	정규장 시작 전 5시간 30분 (17:00~22:30) 정규장 종료 후 4시간 (익일 5:00~9:00)	정규장 시작 전 30분 (08:30~09:00) 정규장 종료 후 2시간 30분 (15:30~18:00)
	위 거래시간에 대한 표기는 한국 시각 기준, 국내 증권사를 통한 미국시장의 시간외 거래는 제한적	
시간외 거래방식	정규장과 동일한 방식	동시호가, 종가거래, 시간외 단일가

미국 주식 세금은 어떻게 다를까?

한국 주식시장의 세금제도를 살펴보면 국내 주식을 매도할 경우 거래금액의 0.3%를 거래세로 차감합니다. 미국 주식은 양도소득세를 적용받아 매년 1월 1일부터 12월 31일까지의 실현된 거래수익과 손실을 계산하는데요. 수익이 250만 원을 초과하면 초과수익의 22%를 이듬해 5월 종합소득세 신고시 자진납부하도록 규정하고 있습니다. 여기서 250만 원은 매년 적용받는 기본 공제액이고 22%라는 세율은 양도소득세 20%와 주민세 2%를 합친 겁니다.

언뜻 생각하면 한국의 거래세보다 더 많은 세금을 납부하는 것 같지만 사실은 그렇지 않습니다. 한국의 거래세 제도는 선진 시장에서는 이미 없어진 지 오래된 낡은 세금 제도인데요. 현재 거래세를 적용하는 나라는 한국, 멕시코, 그리스뿐입니다. 양도소득세의 경우 분리과세로 금융소득종합과세와 다르게 기존의 다른 소득과 합산하지 않고 독립적으로 세액이 결정됩니다. 쉽게 말해서 얼마를 벌더라도 250만 원을 초과한 수익의 22%만 납부하면 됩니다. 더구나 대부분의 증권사가 양도소득세 대행신고 서비스를 시행 중이므로 편리하게 세금 납부가 가능합니다.

미국 주식을 거래하려고 달러로 환전해놨지만 깜빡하고 주식 거래를 안 했는데, 수익이 나는 경우가 있습니다. 아무것도 사지 않았는데 돈을 번다? 주식 거래를 하지 않았지만 달러를 원화로 환전할 때 내가 달러로 환전했을 때보다 원화가 약세(원/달러 환율이 오르는 경우)를 보이게 될 경우는 환차익이 생기는 거지요. 다행히 환차익으로 수익이 발생하면 세금이 면제됩니다.

국내 주식이든 해외 주식이든 처음 주식 투자를 할 때 꼭 알고 있어야 하는 것은 체결 기준과 결제 기준의 차이입니다. 미국 주식의 양도소득세 계산을 위한 산정 기한인 1월 1일부터 12월 31일까지의 거래라는 것은 체결 기준이 아니고 결제 기준입니다. 예를 들면 내가 가지고 있는 애플 주식을 팔고 세금 납부를 하려면 적어도 한 해의 마지막 날인 12월 31일(T)을 기준으로 T+3 영업일 전이라고 할 수 있는 12월 28일에는 매도를 해야 한다는 것이죠. 다만 매년 평일과 공휴일 간의 변화로 T+3 영업일 전의 일자가 달라질 수 있다는 점은 챙기셔야 합니다.

　세금을 줄이기 위한 방법 중 하나는 손실을 보고 있는 주식은 12월 31일 전에 매도 후 재매수하여 손실을 확정하고, 수익을 내고 있는 종목은 최대한 오래 보유하는 것이 유리합니다. 이런 점은 소위 주식을 잘하는 방법과도 같은 거죠. 손실을 보고 있는 종목과 수익을 내고 있는 종목 중 어느 종목을 매도해야 할지 물어본다면 여러분은 어떻게 하시겠어요? 정답은 아니지만 수익을 내고 있는 종목은 보유하고 손실을 보고 있는 종목을 매도해 다른 종목을 사거나 기존에 보유한 종목을 더 추가하면 좋습니다.

　미국 주식을 한다면 낼 수밖에 없는 양도소득세는 가장 보편적인 매매차익에 대해 내는 세금입니다. 22%라는 세율이 크다는 생각에 미국 주식 투자를 꺼린다면 이렇게 생각해보세요.

　'22%의 세금이 아닌 78%의 수익을 더 염두에 둔다면 그 까짓것 기분 좋게 내고 다음에 투자해서 더 많이 벌어야지.'

　세금에 당당히 맞설수 있고 사회에 나눔을 할 수 있는 좋은 기회도 얻게 될 겁니다.

미국 주식 세금 정리

미국 주식과 한국 주식 투자시 세금 체계

구분	미국 주식	한국 주식
배당 지급 주기	분기 배당	연간 배당
배당에 대한 세금	배당소득세 15.4%	배당소득세 15.4%
매매차익에 대한 세금	양도소득세 22%(주민세 포함)	비과세
	연간 250만 원 기본공제, 손익 통산 제도	대주주인 종목의 상장 주식이거나 비상장 주식이거나 상장 주식의 장외거래일 경우 과세

미국 주식 투자시 세금 정리

구분	보유	매도
세금	배당소득세	양도소득세
세율	15.4%	22%(주민세 포함)
징수 방식	원천징수	다음해 5월 자진신고 및 납부
기간	연간(1월 1일~12월 31일)	
공제 여부	X	연간 250만 원(매년 공제)
금융소득 종합과세 여부	O	X
	연간 금융소득 2,000만 원 이상	분류과세(종합소득과 별개)
특징	소득월액 보험료 납부 (급여 외 소득 3,400만 원 이상)	해외주식 간 손익통산 방식
	건강보험 피부양자 자격 상실 (급여 외 소득 3,400만 원 이상)	연말정산 피부양자 자격 상실 (양도소득 포함 연간 소득 100만 원 이상)

3장

투자하고 싶은
미국 주식 고르기

투자 종목 찾기 전
이것부터 체크하자

미국은 다민족 국가라고 얘기한 바 있는 것처럼, 미국 주식시장은 미국을 떠나 전 세계 수억 명의 투자자가 투자를 하기 위해 몰려드는 곳입니다. '눈 뜨고 코 베인다'라는 속담처럼, 정신 차리지 않으면 쉽게 당할 수 있는 곳이 미국 주식시장인 거죠. 주식에 투자할 때 사람마다 분석하는 방법은 각기 다릅니다. 호재를 바탕으로 투자하는 사람, 차트만보고 투자하는 사람, 실적이 좋아지는 기업만 투자하는 사람, 저평가된 주식을 찾아 가치투자를 하는 사람 등 여러 가지 접근 방법을 이용합니다. 어떤 게 맞고 어떤 게 틀리고는 없습니다. 각자 자기 성향에 맞는 접근 방법을 선택해 투자하는 겁니다.

미국 주식시장이 상하한가 제도가 없음에도 불구하고 안정적인 흐름을 보이는 것은 투자를 할 때 실적을 바탕으로 투자하는 기관투자자들이 많기 때문입니다. 보통 개인투자자가 기관투자자가 많이 사고파는 종목을 참고삼아 투자 종목을 선택하는 것도 그 이면에는 '실적'이 자리잡고 있기 때문이죠. 그래서 여러분이 미국 주식을 선택할 때 우선적으로 봐야 하는 핵심은 실적입니다. 그러려면 여러 공개 자료를 통해 해당 기업이 하고 있는 사업을 먼저 이해한 후, 여러 지표를 통해 사업이 잘 운영되고 있는지 확인하고 투자 시기를 결정하는 것이 가장 안전한 방법입니다. 지금부터 미국 종목 투자를 위해 필요한 기본 정보를 확인하는 방법을 알아봅시다.

미국 투자 정보, 어디서 찾을까?

국내에서는 투자하기로 마음만 먹는다면 지금 당장 유튜브 검색을 통해 미국 주식에 대한 정보를 쉽게 알 수 있습니다. 최근에는 유튜버들이 증권회사에서 제공하는 리포트를 읽어주면서 개인 투자자들에게 투자 전략을 전달하기도 합니다. 증권회사에는 리서치센터가 있습니다. 여러분이 투자하고자 하는 미국 증시가 앞으로 어떻게 될지, 앞으로 주가가 크게 오를 만한 종목은 무엇인지 등을 정량적 데이터를 바탕으로 분석하고 리포트를 통해 의견을 전달해주는 부서이지요. 리서치센터에서 발행하는 리포트는 쉽게 구할 수 없는 질 높은 내용이 담겨 있어서 투자자라면 당연히 봐야 하는 자료입니다.

하지만 앞으로 시간이 지나면 무료로 볼 수 없는 날이 다가올 수 있습니다. 유럽에서는 리서치 서비스와 영업 수수료를 분리하라는 금융 상품 투자 지침(미피드2)을 적용하고 있어 증권사들이 유료화를 바쁘게 준비하고 있는 상황이기 때문이죠. 전 세계 증권사들이 유료화를 검토하거나 적용하는 시일이 점차 다가옵니다. 그러나 아직은 먼 얘기이죠. 그래서 우리는 무료로 양질의 정보를 제공해주는 채널을 찾아야 하고, 최대한 많이 활용해야 합니다.

미국 주식 투자를 위해 실전 투자에 바로 활용할 수 있도록 양질의 데이터를 제공해주는 대표적인 채널이 바로 '야후 파이낸스(https://finance.yahoo.com/)'입니다. 야후 파이낸스의 화면을 중심으로 미국 주식 투자 정보를 살펴보겠습니다. 다음 그림은 야후 파이낸스의 첫 화면입니다. 상단에 있는 검색창에 미국 기업 이름이나 기업의 알파벳 심볼

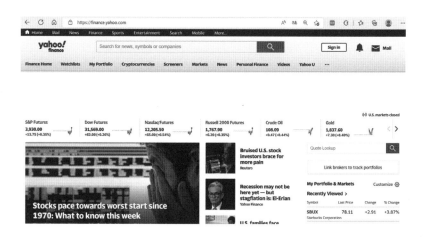

(티커)을 입력합니다.

검색창에 스타벅스의 티커인 'SBUX'를 입력하고 엔터키를 누르면 위 그림과 같은 메뉴가 있는 페이지가 열립니다. 빨간색 네모 박스로 별도 표기한 하단을 보면 'Summary'부터 시작해 'Sustainability'까지 11개의 메뉴가 있는데 기업을 이해하는 데 아주 중요한 정보가 담겨 있습니다. 지금부터 각 메뉴가 어떤 기능과 의미를 가지는지 설명하겠습니다. 우선 기본 메뉴라고 할 수 있는 써머리, 차트, 컨버세이션(종목 토론방)을 알아보겠습니다.

써머리 Summary

써머리는 미국 주식 종목에 투자할 때 꼭 확인해야 하는 기본적인 정보와 핵심적인 지표만 모아 놓은 파트입니다. 다른 지표들은 안 보더라도

써머리 파트에서 제공하는 정보는 확인해야 합니다. 그러면 써머리를
구성하고 있는 항목을 하나하나 살펴봅시다.

Summary	Chart	Conversations	Statistics	Historical Data

Previous Close	75.20	Market Cap	89.584B
Open	75.66	Beta (5Y Monthly)	0.97
Bid	77.91 x 900	PE Ratio (TTM)	20.83
Ask	78.09 x 1000	EPS (TTM)	3.75
Day's Range	75.55 - 78.15	Earnings Date	Aug 02, 2022
52 Week Range	68.39 - 126.32	Forward Dividend & Yield	1.96 (2.69%)
Volume	18,011,956	Ex-Dividend Date	May 12, 2022
Avg. Volume	10,856,756	1y Target Est	94.40

- Previous Close 전일 거래 종가
- Open 당일 거래 시작가
- Bid 매수 호가
- Ask 매도 호가
- Day's Range 당일 최고가와 최저가의 범위
- 52 Week Range 1년간 최고가와 최저가의 범위
- Volume 당일 거래량
- Avg. Volume 평균 거래량
- Market Cap 시가총액. 'B'는 'Billion'의 약어로 10억 달러를 나타냄
- Beta 전체 주식시장의 변동성과 해당 종목의 변동성을 비교. '5Y
  Monthly'는 5년 기준 월별 변동을 의미. 수치가 1보다 크면 시장보

다 주가가 더 크게 변동한다는 뜻이고 1보다 작으면 시장보다 주가가 더 작게 변동한다는 뜻

- **PE Ratio** 주가수익비율. 'Price Earning Ratio'의 약자. PER, P/E로 표기. 주가수익비율이 높을수록 회사의 주식이 과대평가 상태이거나 투자자들이 기업의 미래가치를 높게 평가하고 있음을 나타냄. 회사에 손실이 발생하면 'not applicable' 또는 'N/A'로 표시. 'TTM'은 최근 월 대비 과거 12개월을 의미. 따라서 12개월이 반드시 회계연도 종료 기간과 일치하지 않음

- **EPS** 최근 월 대비 과거 12개월의 1주당 수익. 'Earnig Per Share'의 약자로 '(당기순이익-우선주에 대한 배당금)/총 주식수'로 계산

- **Earnigs Date** 회사의 재무 보고서 등을 포함한 다음 분기 실적 발표일

- **Forward Dividend & Yield** 기대 배당금과 수익률. 기대 배당금은 최근에 지급된 배당금을 기준으로 1년간 받을 누적 배당금을 지칭. 보통 1년에 분기별로 4번 배당하는 회사가 많음. 사례로 설명하는 스타벅스의 경우 최근 1년간 주주들에게 1.96달러를 배당금으로 지급. 배당수익률은 배당금을 현재의 주가로 나눠 100을 곱해 백분율로 산출. 화면의 배당수익률은 하루 전 주가(75.20달러)가 반영된 수치임

- **Ex-Dividend Date** 배당락일(배당을 받을 수 있는 권리가 없어지는 날). 배당을 받기 위해서는 반드시 배당락일 전에 주식을 매수해야 함. 배당락 당일이나 이후에 매수하면 배당금을 받을 수 없음. 다른 예로 기존 주주가 배당락일 당일에 매도했다면 배당락 주주로 있었기 때문에 배당을 받을 수 있음

- 1Y Target Est 해당 종목 애널리스트들의 1년 후 예상 주가를 평균한 주가

차트Chart

차트 파트에서는 스타벅스의 그동안의 주가 추이를 확인할 수 있습니다. 기술적 분석에 의존하는 투자자들의 경우 추세선, 보조지표를 활용해서 언제 매수해야 하는지, 언제 매도해야 하는지에 대한 매매시점을 주로 포착하는 데 심혈을 기울입니다. 다음 화면의 빨간색 네모 박스를 살펴보겠습니다.

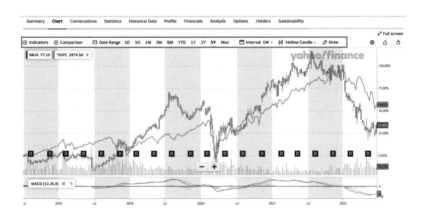

- Indicators 주식의 변동을 나타내는 주가 지표
- Comparison 기업의 주가가 다우존스 지수, 나스닥 지수, S&P500 지수와 연동하여 어떻게 변동했는지 비교할 수 있음

- Date Range 1일, 5일, 1개월, 3개월, 6개월, 연초 이후, 1년, 2년, 5년, 최대 등 기간별 주가 변동을 확인할 수 있음
- YTD 올해의 시작일부터 현재까지의 주가 변동을 확인
- Max 상장된 이후 모든 기간의 주가 변동을 확인
- Interval 기간(1분, 2분, 5분, 15분, 30분, 1시간, 4시간, 1일, 1주, 1달, 1년)
- Hollow Candle 속이 빈 캔들차트를 볼 때 선택
- Draw 투자자 자신이 그래프를 이동시키면서 자유롭게 확인

컨버세이션Conversation

'네이버 금융'에 들어가서 '삼성전자'를 조회하면 [종합정보], [시세], [차트] 등 여러 메뉴가 있는데 [종목토론실]이라는 메뉴가 보일 거예요. '종목토론실'을 클릭해서 들어가 볼까요? 삼성전자에 대한 생각을 자유롭게 올리고 여러 의견에 공감하기도 하고 반박하기도 하는 글이 무수히 보일 겁니다. 야후 파이낸스에도 '컨버세이션'이라는 종목 토론실이 있습니다. 네이버 금융과 동일합니다. 스타벅스에 대한 투자자들의 다양하고 자유로운 의견을 만나볼 수 있습니다.

PER, ROE가 뭐지? 기업 분석 지표 보는 법

지금까지는 미국 주식 투자를 위한 워밍업 정도였다면 지금부터는 본
격적으로 스타벅스를 '투자해? 말아야 해?'라고 의사결정을 하기 위한
중요한 분석 지표를 알아봅시다. 크게 6가지 파트를 중심으로 말씀드
리겠습니다.

스태티스틱Statistics

스태티스틱 파트에서 스타벅스의 가치 평가, 재무 핵심, 주식 거래 정
보를 확인해볼 수 있습니다. 스태티스틱을 구성하고 있는 하위 부문 가
운데 'Valuation Measures(가치평가방법)', 'Financial Highlights(재무
하이라이트)', 'Income Statement(손익계산서)', 'Balance Sheet(재무상
태표)', 'Dividends & Splits(배당과 주식분할)'을 중심으로 살펴보고자
합니다.

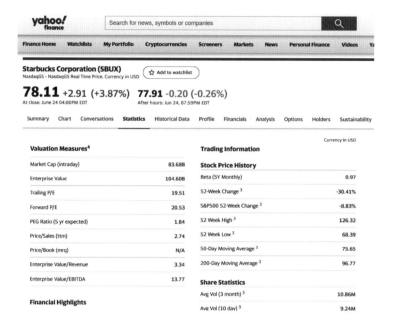

가치평가방법 Valuation Measures

- Market Cap 시가총액

- Enterprise Value 기업가치

- Trailing P/E 직전 4분기 12개월간의 주당순이익을 사용하여 계산한 후행 주가수익비율. 과거 수치로 계산하기 때문에 누가 계산해도 똑같음

- Forward P/E 향후 12개월 동안의 주당순이익을 예측하여 계산한 예상 주가수익비율. 예측하는 애널리스트마다 분석 기준이 달라 수치가 각기 다르게 나옴

재무 하이라이트 Financial Highlights

Financial Highlights

Fiscal Year

Fiscal Year Ends	Oct 02, 2021
Most Recent Quarter (mrq)	Apr 02, 2022

Profitability

Profit Margin	14.07%
Operating Margin (ttm)	15.64%

Management Effectiveness

Return on Assets (ttm)	10.67%
Return on Equity (ttm)	N/A

— Fiscal Year 회계연도

• Fiscal Year Ends 회계연도 말일

• Most Recent Quarter(mrq) 최근 분기

— Profitability 수익성

• Profit Margin 당기순이익률

• Operating Margin(ttm) 영업이익률

— Management Effectiveness 경영 효과

• Return on Assets(ttm) 최근 12개월 총자산이익률. 총자산에서 당기
순이익이 차지하는 비중. 계산 방식은 (당기순이익/총자산)×100.

자산을 얼마나 효율적으로 운용했는지를 판단할 수 있는 지표. 다만 이 지표는 부채가 포함되어 계산된 것이므로 투자시에는 부채 비율을 확인해야 함

- Return on Equity(ttm) 최근 12개월 자기자본이익률. 자기자본에서 당기순이익이 차지하는 비중. 계산 방식은 (당기순이익/자기자본)×100. 경영을 얼마나 효율적으로 했는지를 알 수 있는 수익성 지표. 이 지표의 문제는 영업과 관련 없는 특별 이익이 발생해도 수치가 높게 나온다는 점. 따라서 과거의 ROE를 같이 비교하면서 일정한 ROE가 나오는지 확인 필요

손익계산서 Income Statement

Income Statement

Revenue (ttm)	31.33B
Revenue Per Share (ttm)	26.80
Quarterly Revenue Growth (yoy)	14.50%
Gross Profit (ttm)	8.44B
EBITDA	6.43B
Net Income Avi to Common (ttm)	4.41B
Diluted EPS (ttm)	3.75
Quarterly Earnings Growth (yoy)	2.30%

- Revenue(ttm) 최근 12개월 매출액
- Revenue Per Share(ttm) 최근 12개월 주당 매출액

- **Quarterly Revenue Growth(yoy)** 작년 동 분기 대비 매출 성장률
- **Gross Profit(ttm)** 최근 12개월 총매출이익
- **EBITDA** 이자비용, 법인세, 감가삼각비와 무형자산상각비를 차감 하기 전 이익. 회사가 영업활동을 통해 벌어들일 수 있는 현금 창출 능력을 나타냄
- **Net Income Avi to Common(ttm)** 최근 12개월 기준 보통주 주주에 게 분배 가능한 당기순이익
- **Diluted EPS(ttm)** 최근 12개월 기준 희석된 주당순이익
- **Quarterly Earnings Growth(yoy)** 작년 동 분기 대비 수익성장률

재무상태표 Balance Sheet

Balance Sheet	
Total Cash (mrq)	4B
Total Cash Per Share (mrq)	3.48
Total Debt (mrq)	24.93B
Total Debt/Equity (mrq)	N/A
Current Ratio (mrq)	0.83
Book Value Per Share (mrq)	-7.64

- **Total Cash(mrq)** 최근 분기 총현금
- **Total Cash Per Share(mrq)** 최근 분기 1주당 보유현금
- **Total Debt(mrq)** 최근 분기 총부채
- **Total Debt/Equity(mrq)** 최근 분기 부채비율

배당과 주식분할 Dividends & Splits

Dividends & Splits

Forward Annual Dividend Rate [4]	1.96
Forward Annual Dividend Yield [4]	2.69%
Trailing Annual Dividend Rate [3]	1.92
Trailing Annual Dividend Yield [3]	2.55%
5 Year Average Dividend Yield [4]	1.86
Payout Ratio [4]	50.27%
Dividend Date [3]	May 26, 2022
Ex-Dividend Date [4]	May 11, 2022
Last Split Factor [2]	2:1
Last Split Date [3]	Apr 08, 2015

- Forward Annual Dividend Rate 예상 연간 배당률

- Forward Annual Dividend Yield 예상 연간 배당수익률

- Trailing Annual Dividend Rate 과거 연간 배당률

- Trailing Annual Dividend Yield 과거 연간 배당수익률

- 5 Year Average Dividend Yield 5년 평균 배당수익률

- Payout Ratio 배당 성향

- Dividend Date 배당일

- Ex-Dividend Date 배당락일

- Last Split Factor 마지막 주식분할 방식

- Last Split Date 마지막 주식분할일

파이낸셜Financial

파이낸셜 파트는 'Income Statement(손익계산서)', 'Balance Sheet(재무상태표)', 'Cash Flow(현금흐름표)' 3가지를 중심으로 상세한 내용을 살필 수 있습니다. 다음 그림은 손익계산서를 구성하고 있는 항목에 해당되는 수치를 최근 12개월, 2020년, 2019년 순으로 일목정연하게 보여주고 있습니다.

Starbucks Corporation (SBUX)
NasdaqGS - NasdaqGS Real Time Price. Currency in USD

☆ Add to watchlist

78.11 +2.91 (+3.87%)   **77.91** -0.20 (-0.26%)
At close: June 24 04:00PM EDT   After hours: Jun 24, 07:59PM EDT

Summary   Chart   Conversations   Statistics   Historical Data   Profile   **Financials**   Analysis   Options   Ho

Show: **Income Statement** | Balance Sheet | Cash Flow

Income Statement   All numbers in thousands

Breakdown	TTM	9/29/2021	9/29/2020	9/29/2019	9/29/2018
› Total Revenue	31,329,100	29,060,600	23,518,000	26,508,600	24,719,500
Cost of Revenue	22,644,700	20,669,600	18,458,900	19,020,500	17,367,700
Gross Profit	8,684,400	8,391,000	5,059,100	7,488,100	7,351,800
› Operating Expense	3,829,700	3,733,800	3,541,200	3,572,400	3,545,300
Operating Income	4,854,700	4,657,200	1,517,900	3,915,700	3,806,500
› Net Non Operating Interest Inc...	-364,800	-379,700	-397,300	-234,500	21,100
› Other Income Expense	1,107,400	1,079,400	43,800	785,000	1,952,400

• Income Statement 손익계산서

• Balance Sheet 재무상태표

• Cash Flow 현금흐름표

- **All numbers in thousands** 단위는 1,000달러
- **Annual** 연간 기준
- **Quarterly** 분기 기준
- **TTM** 'Trailing Twelve Months'의 약어. 최근 12개월 실적을 합친 숫자

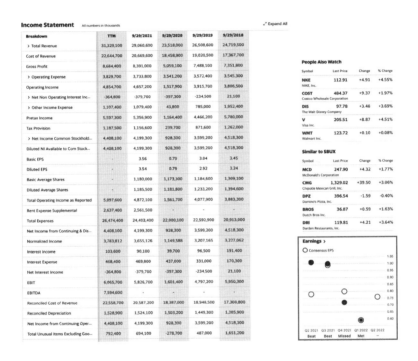

'Income Statement'를 나타내는 화면에서 키보드나 마우스의 스크롤을 통해 아래로 내리면 중간 정도 위치에서 위의 그림을 만나게 됩니다. 보는 것과 같이 빨간색 네모로 별도 표기된 영역은 'Earnings(이익)'를 나타내는 차트로 화면 오른쪽 중간에 위치하고 있습니다.

'Earnings' 차트를 확대해서 살펴볼까요? 분기별 EPS(주당순이익)를 나타내고 있습니다. 각 원은 전문가들의 컨센서스를 나타내는 평균 예상치로 실제 발표된 EPS가 시장에서 예상한 수치보다 높으면 녹색으로 표시해 'Beat', 즉 이겼다고 나타냅니다. 반대로 시장 예상치보다 낮았으면 빨간색으로 표시해 'Missed', 즉 못 미쳤다고 나타냅니다.

애널리시스Analysis

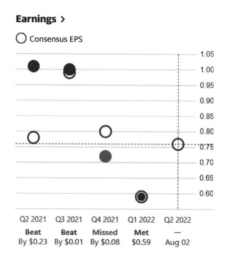

애널리시스 파트는 전문가들이 분석한 스타벅스에 대한 투자 의견과 목표 주가를 보여줍니다. 'Recommendation Trends(종목 추천 추세)', 'Recommendation Rating(추천 점수)', 'Analyst Price Targets(애널리스트 평균 목표 주가)'로 구분되며, 투자 의견의 경우 월별로 변화 추이를 나타내는 만큼 동 기업에 대한 전문가들의 생각이 어떤 방향성을 가지

고 움직이는지를 확인할 수 있습니다. 'Strong Buy(적극매수)', 'Buy(매수)', 'Hold(중립)', 'Underperform(시장하회)', 'Sell(매도)'로 나타낼 수 있으며 2022년 6월 기준으로 스타벅스에 대한 전문가들은 매수 의견을 많이 내고 있는 것을 확인할 수 있습니다. 투자 의견과 함께 실적 예측을 바탕으로 스타벅스 목표 주가를 94.40달러로 제시하고 있어 현재 주가(78.11달러)에서 얼마나 더 올라갈 수 있는지도 가늠할 수 있습니다.

• **Recommendation Trends** 종목 추천 추세. 3월부터 6월까지 매달 종목의 의견을 표시한 애널리스트의 숫자가 적혀 있는 표

- Recommendation Rating 최종적인 추천 점수
- Analyst Price Targets 애널리스트들의 평균 목표 주가

홀더Holders

홀더 파트는 스타벅스의 주주 구성, 내부자의 매매 현황을 확인할 수 있습니다. 'Major Holders(주요 주주)'를 보면 스타벅스 주식을 가장 많이 보유한 주체는 기관으로, 70.18%를 가지고 있습니다. 'Top Institutional Holders'에 따르면 주요 상위 5개 기관은 뱅가드그룹, 블랙락, 스테이트 스트리트, 제오드 캐피탈 운용, 뱅크오브아메리카로 약 23.14%의 지분을 보유하고 있습니다. 대주주 현황과 함께 내부자 매매 현황도 'Insider Transactions'를 통해 꼭 살펴봐야 합니다. 중요 정보를 많이 알고 있는 내부자들이 대량 매도 또는 매수를 한다면 가까운 시일 내 스타벅스 주가에 큰 변동이 발생할 수도 있어, 미국 주식 투자를 한다면 정기적으로 확인해야 하는 부문입니다.

Major Holders
Breakdown

0.18%	% of Shares Held by All Insider
70.18%	% of Shares Held by Institutions
70.30%	% of Float Held by Institutions
2,892	Number of Institutions Holding Shares

Top Institutional Holders

Holder	Shares	Date Reported	% Out	Value
Vanguard Group, Inc. (The)	101,414,654	Mar 30, 2022	8.84%	9,225,691,074
Blackrock Inc.	76,603,120	Mar 30, 2022	6.68%	6,968,585,826
State Street Corporation	46,174,904	Mar 30, 2022	4.03%	4,200,531,016
Geode Capital Management, LLC	20,809,400	Mar 30, 2022	1.81%	1,893,031,118
Bank of America Corporation	20,395,457	Mar 30, 2022	1.78%	1,855,374,723
Northern Trust Corporation	16,047,337	Mar 30, 2022	1.40%	1,459,826,246
Royal Bank of Canada	13,520,862	Mar 30, 2022	1.18%	1,229,992,816
Wellington Management Group, LLP	13,174,745	Mar 30, 2022	1.15%	1,198,506,552
Morgan Stanley	12,150,963	Mar 30, 2022	1.06%	1,105,373,104
Loomis Sayles & Company, LP	12,086,483	Mar 30, 2022	1.05%	1,099,507,358

Insider Transactions

Currency in USD

Insider Purchases Last 6 Months	Shares	Trans
Purchases	260,883	13
Sales	N/A	0
Net Shares Purchased (Sold)	260,883	13
Total Insider Shares Held	2.05M	N/A
% Net Shares Purchased (Sold)	14.60%	N/A

서스테이너빌리티Sustainability

서스테이너빌리티 파트는 요즘 운용업계에서 화두가 되고 있는 ESG 와 같은 개념으로 현 비즈니스의 지속 가능성과 관련해 영향을 줄 수 있는 변수를 검토하는 파트입니다. ESG가 앞으로 미국 주식을 선택할 때 하나의 잣대로 삼을 필요성이 점점 높아지고 있기 때문에 관심을 가져야 합니다.

ESG는 환경Environmental, 사회Social, 지배구조Governance를 뜻하는 용어로, 오늘날에는 투자에 대한 의사결정시 기업의 재무적 성과뿐만 아니라 이산화탄소 배출량과 같은 환경적인 요소, 기업의 사회적 책임과 같은 사회적인 요소, 지배구조 개선과 같은 비재무적 요소를 반영하는 방식을 채택하는 기관들이 많아지고 있습니다. 술, 담배, 무기, 모피, 유전자변형 농수산물GMO 등과 같은 제품을 생산하고 서비스하는 회사들은 대체로 ESG 점수가 좋지 않기 때문에, ESG가 기업 투자의 절대적인 잣대로 부상할 경우 이런 기업들의 주가 역시 부진할 가능성이 높아질 겁니다. 아래 그림은 스타벅스의 'ESG Risk Ratings(ESG 위험 등급)'입니다. 스타벅스의 'Total ESG Risk score(ESG 위험 점수, 범위: 1~100)'는 25로 매우 낮은 편입니다. 반면 ESG 영역 내에서 해당 회사가 얼마나 논란, 논쟁의 여지를 불러일으키는지를 보여주는 지수인

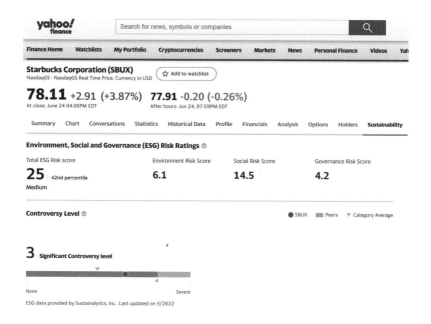

'Controversy Level(논쟁 여지 레벨)'은 3으로, 업계 평균 대비 논쟁 여지가 높은 편이라고 할 수 있습니다.

종목 탐색기Equity Screener

종목 탐색기 파트는 국가, 시가총액 규모(소형주, 중형주, 대형주, 초대형주), 주가 수준, 소속 섹터 등과 같은 필터를 통해 종목을 찾는 부문입니다. 지금까지 배웠던 기업 분석 지표들을 바탕으로 여러 미국 주식 가운데 내가 원하는 종목을 선택적으로 찾을 수 있는 만큼 활용해보는 것도 좋습니다.

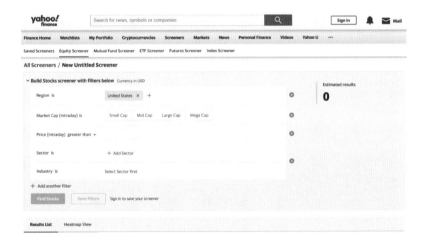

기타 유용한 사이트

1. 인베스팅닷컴 Investing.com

실시간 데이터를 무료로 제공해주는, 미국 주식 투자시 꼭 활용해야 하는 필수 사이트입니다. 시장, 뉴스, 캘린더(경제, 실적, 배당, IPO, 휴일) 등의 정보를 카테고리별로 제공해줍니다. 실시간으로 S&P500, 다우존스, 나스닥100, 러셀2000선물의 지수 선물을 한국 거래시간 동안 확인할 수 있고 S&P500 VIX 지수도 제공해주는 만큼, 미국 증시의 변동성 확대 여부를 간편하게 확인할 수 있습니다. 특히 미국 주식 검색시 해당 주식의 프로필, 과거 데이터, 재정 상황, 실적, 배당, 의견, 차트를 손쉽게 검색할 수 있는 유용한 사이트입니다.

2. 매크로트렌드 Macrotrends.net

종목에 따라 과거 20년에서 최대 40년까지의 데이터를 제공해주는 장점이 있습니다. 'Stock

Screener'를 클릭하면 시가총액, PER, 배당률, PBR, 장기부채비율, ROE 등을 통해 내가
설정한 기준에 맞춰 종목을 검색할 수 있습니다.

3. 시킹알파 Seekingalpha.com

배당 정보가 쉽게 정리되어 있어 초보 투자자들도 투자 종목의 배당금 정보를 쉽게 파악할 수 있습
니다. 'Earnings' 탭을 통해 당해년도와 그 다음해 2년에 해당하는 예상 매출액을 제공합니다.

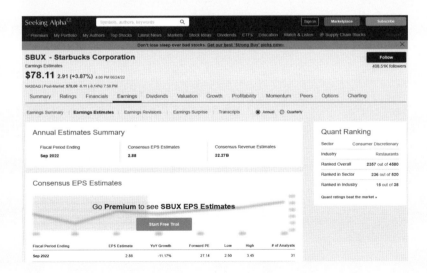

4. 마켓비트 Marketbeat.com

현재로부터 과거 180일 이전까지, 애널리스트의 투자 의견과 목표 주가의 변화를 살펴볼 수 있도록 정리가 잘 되어 있습니다. 실적발표 시기에 투자 의견의 변동을 확인할 수 있습니다.

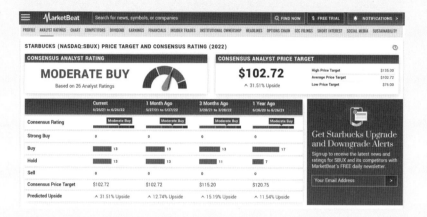

5. 핀비즈 Finviz.com

미국 주식의 주가 변화를 지도 형태로 제공해주는 사이트로, S&P500에 속해 있는 개별 종목의 주가 변동을 한눈에 확인할 수 있는 장점이 있습니다. 사각형의 크기는 시가총액의 크기를 의미하고 초록색은 주가 상승, 빨간색은 주가 하락을 의미합니다.

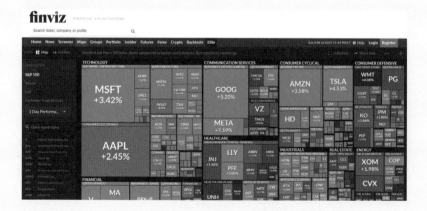

6. 팁랭스 Tipranks.com

검색창에 심볼 또는 회사명을 입력하고 검색하면 종목에 대한 전문가 평균 의견과 목표 주가를 알 수 있습니다. 전문가들의 조언에 어느 정도 의존할 수밖에 없는 초보 투자자들에게 적합한 사이트입니다.

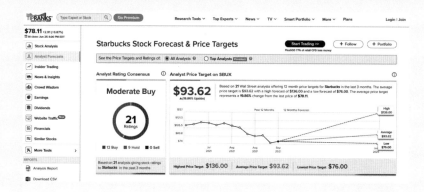

투자할 주식의
수익 목표 정하기

미국 주식 투자를 왜 해야 하는지에 대해서 어느 정도 갈피를 잡았고 필요한 정보는 어느 곳에서 찾는지에 대해 배웠습니다. 그렇다면 내가 투자하게 될 미국 주식을 적정한 가격에 싸게 살 수 있는 기준점을 찾아야겠다는 생각이 불현듯 들겁니다. 그래서 우리는 밸류에이션이 무엇인지에 대해 궁금할 수밖에 없는 거죠? 밸류에이션은 애널리스트가 현재의 기업가치를 판단해 적정 주가를 산정해내는 기업가치평가를 말합니다. 가치를 평가하는 기법이 다양한 만큼 절대적이라고 할 수는 없지만 실적 대비 주가 수준을 가늠한다는 측면에서 내가 사려는 종목의 주가 수준을 애널리스트들은 어떻게 생각하고 있는지 확인하는 것은 매우 중요합니다.

밸류에이션의 필요성

개인 투자자들이 애널리스트만큼 알 필요는 없지만 애널리스트가 무슨 말을 하는지 이해는 해야겠지요? 그리고 그들의 다양한 의견을 제대로 평가할 수 있을 정도의 선구안은 필요합니다. 애널리스트가 제시하는 투자 의견과 목표 주가를 참고하더라도 최종적인 투자 결정은 우리 스스로 해야 하기 때문이죠. 투자 결정을 위한 핵심 지식은 주식의 적정 가치를 파악하는 것인데 이를 위한 방법론이 '밸류에이션'입니다.

　기업의 가치를 평가하려면 현 수익과 미래 수익의 전망, 기업이 보유한 자산들의 시장가치, 자본 구조의 구성, 경영진 마인드 등 다양한 요인을 고려해야 합니다. 밸류에이션 지표에는 PER, PBR, ROE, EV/EBITDA 등이 있고 이를 알아두면 주식의 적정가치를 파악하는 데 도움이 됩니다.

　가장 쉽게 접할 수 있는 밸류에이션 지표는 PER(주가수익비율)입니다. PER은 주가를 기업이 벌어들일 주당순이익으로 나눠서 계산하는데, PER이 높으면 주당순이익에 비해 주가가 높다는 의미입니다. 비교적 쉽게 기업의 수익성과 주가를 직관적으로 비교할 수 있는 점이 장점이지만 예상 실적이 반영되는 만큼 예측 오차도 커진다는 점도 고려해야 합니다.

PBR(주가순자산비율)은 재무상태표에 나오는 순자산가치와 주가를 비교해 주가가 해당 기업의 순자산에 비해 몇 배로 거래되고 있는지를 측정합니다. PBR이 1 미만이면 회사를 청산해서 남는 금액이 현재 시가총액보다 높다는 의미로 저평가된 상태입니다.

ROE(자기자본이익률)는 당기순이익을 자본총액으로 나눈 값입니다. 당기순이익은 손익계산서상 매출에서 매출원가와 채권자들에게 돌아갈 이자, 정부에 내는 세금 등을 모두 제하고 주주에게 귀속되는 이익을 말합니다. 낮은 ROE는 자기자본을 활용한 기업가치의 증식이 여의치 않다는 점을 보여주기 때문에 자기자본 대비 주가의 낮은 평가로 이어집니다.

EV/EBITDA는 기업의 시장가치(EV)를 세전영업이익(EBITDA)으로 나눠서 계산합니다. EV는 상장회사를 100% 인수하는 데 들어가는

기본 비용입니다. EVITDA는 이자비용과 세금, 감가상각을 차감하기 전 이익으로 기업의 실질적인 현금흐름을 파악하기 위해 사용합니다. EV/EBITDA가 낮을수록 저평가되었다고 해석합니다.

적정가치 구하기

투자 잘하는 방법이라고 하면 단연코 '싸게 사서, 비싸게 팔아라'라고 누군가에게 한 번쯤은 들어본 경험 있으시지요? 쉬운 것 같은데 막상 실전에서 투자를 해보면 정말로 어려운 얘기라는 것을 이미 실감했을 수도 있을 거고요. '싸게 사서, 비싸게 팔아라'라는 투자 격언 속에는 가치와 가격의 관계를 통해 가치보다 가격이 낮으면 사고, 가격이 가치보다 높으면 파는 투자 의사결정에 영향을 미치는 원리가 포함되어 있는 거죠.

어떤 주식이 싸고 어떤 주식이 비싼지 살펴볼까요? 가격은 주식시장에서 매수자와 매도자가 거래하면서 형성됩니다. 양측의 합의에 의해 형성되므로 실시간 확인이 가능하고 논란의 여지가 없는 액수입니다. 그러나 가치는 분석하는 사람에 따라서 평가가 다르기 때문에 절대적으로 맞는 것도 아니고 가격처럼 매수자와 매도자 간 합의가 이뤄지기도 쉽지 않습니다. 따라서 적정 가치에 대한 본인만의 개념을 정립하지 않으면 매수 시점에 내가 싸게 사는지 아니면 비싸게 사는지를 알 수가 없고 그 순간의 감정에 치우쳐 결정하게 될 겁니다. 가격과 가치

간의 관계를 정기적으로 산정할 수 있다면 좋겠지만 그 과정이 번거로울 수 있는 만큼 애널리스트들의 컨센서스를 참고하면서 적정가치를 추산하는 것도 좋은 방법입니다. 물론 애널리스트들의 투자 의견과 목표 주가가 맞지 않을 때도 있고 애널리스트가 추산한 기업의 가치도 절대적이지 않습니다. 다만 무작정 투자에 뛰어 드는 것보다는 투자의 실패 가능성을 낮춰준다는 점에서 종목을 고르는 안목을 기르는 데 큰 도움이 될 것입니다.

다음 표에 나온 A, B, C, D 총 4개의 기업 중 가장 비싼 주식은 무엇일까요? 주가가 가장 높은 C기업 주식일까요? 아니면 현재 시가총액이 가장 높은 A기업 주식일까요? 그러면 가장 싼 주식은 주가가 가장 낮은 B기업일까요? 아니면 기업가치가 가장 낮은 D기업일까요?

정답은 '아무도 모른다'입니다. 현재 주가, 시가총액, 현재 시장에서 평가되는 기업가치는 싼 주식과 비싼 주식을 구별하는 잣대가 아닙니다. 언급한 지표에는 기업마다 다를 수밖에 없는 실적, 부채 등과 같은 항목을 반영해 비교할 수 있는 상대적인 배율로 나타내지 않았기 때문이죠.

가치에 기반한 기업의 상대적인 가치

주식	A	B	C	D
현재 주가	500	50	1,000	100
시가총액	26,000	8,000	25,000	7,000
순부채	22,000	6,000	17,000	4,000
기업가치(시가총액+순부채)	48,000	14,000	42,000	11,000
선행 EBITDA	3,000	800	2,700	1,000
EV/EBITDA	16.0	17.5	15.6	11.0

현재 주가를 반영한 기업가치(EV)를 기업의 영업이익과 현금흐름 지표인 EBITDA로 나누면 EBITDA 배수를 산정할 수 있습니다. 이렇게 계산한 배수를 '트레이딩 멀티플'이라고 합니다. 이 배수를 산정하기 위해 사용한 기업가치는 적정가치를 평가한 결괏값이 아니라 단지 현재 시장에서 거래되는 주가를 기반으로 산정한 것입니다. 즉 트레이딩 멀티플은 곧 시장 매매가격을 기반으로 한 각 기업의 주가 배수인 것입니다.

트레이딩 멀티플을 구했으니 처음에 던졌던 질문에 대한 답을 쉽게 할 수 있습니다. A, B, C, D 4개 기업 가운데 가장 비싼 주식은 현재 주가 배수가 가장 높은 B이고, 가장 싼 주식은 배수가 가장 낮은 D기업입니다. 이처럼 각 기업의 적정 주가를 알지 못해도 비교우위를 정할 수 있는 유사 기업군을 정의하고 주가 배수를 비교하면 싼 주식과 비싼 주식을 비교할 수 있습니다.

미국 주식
블루칩 찾기

투자의 대가 워런 버핏은 "투자자는 좋은 회사를 찾고 그들과 함께하는 것"이라고 줄곧 말해왔습니다. 장기투자를 하라는 말로 들릴 수도 있지만 좋은 회사가 존재해야 투자도 오래할 수 있는 만큼 '좋은 회사', 즉 실적이 꾸준히 증가할 수 있는 수익성과 건강한 먹거리를 가지고 재무구조가 건전한 회사를 발굴하라는 숙제를 던져주는 말이기도 합니다. 그런 회사가 존재할까요? 여기 '블루칩'이란 이름으로 여러분을 맞이하기 위해 준비하고 있는 기업들이 있습니다.

블루칩이란?

블루칩blue Chip은 오랜기간 안정적인 이익을 창출하고 배당을 지급해 온 건전한 기업의 주식입니다. 쉽게 말해 '대형 우량주'이지요. 주가 수준에 따라 고가우량주, 중견우량주, 품귀우량주 등으로 표현합니다. 블루칩이라는 말은 카지노에서 포커게임을 할 때 돈 대신 쓰이는 흰색, 빨간색, 파란색 세 종류의 칩 가운데 가장 가치가 높은 파란색 칩에서 유래된 것입니다. 다른 유래로는 미국에서 황소 품평회를 할 때 우량 등급으로 판정된 소에게 파란 천을 둘러주는 관습에서 비롯되었다는 설도 있지요. 월스트리트에서 강세장을 상징하는 심벌이 황소이기 때문입니다.

우량주의 기준이 명확히 정해진 것은 아니지만 일반적으로 시가총액이 크고 성장성과 수익성 그리고 안정성이 뛰어날 뿐 아니라 각종 업종을 대표하는 회사의 주식을 말합니다. AT&T, GM, IBM 등이 대표적인 블루칩이라 할 수 있습니다. 블루칩은 기관투자자들이 선호하는 종목으로 대부분 주가도 높습니다. 시장에 유통되는 주식 수가 많고 경기가 회복될 때엔 시장 지배력을 바탕으로 수익 개선 폭이 크기 때문에, 기관투자가들의 집중 매수 대상이 되지요. 우량주는 대체로 자본금이 크기 때문에 투자수익률은 높지 않은 경우가 많습니다. 상대적으로 우량주이면서 성장성이 높아 투자에 매력적인 소형주는 '글래머 주식'이라고 합니다.

미국 1등 기업, 무엇이 있을까?

미국 1등 기업들은 블루칩에 해당하기도 하지만 혁신과도 밀접합니다. 그 이유는 미국의 과거 위기들에서 찾을 수 있습니다. 미국 경제는 1929년 대공황을 시작으로 2008년 서브프라임 모기지 부실로 인한 금융위기, 2020년 코로나19까지 총 6번의 위기를 겪었습니다. 이러한 6번의 위기 국면에서 경기가 다시 살아날 수 있었던 요인은 크게 3가지였습니다.

1. 부실 부문의 구조조정
2. 재정 지출 확대
3. 신산업의 등장

다만 부실 부문의 구조조정, 재정 지출 확대는 미국 경제의 마찰적 요인을 감소시키는 정도로 영향력이 제한될 뿐, 미국 경제가 다시 본격적인 회복 국면에 진입하는 요인으로는 매번 한계를 보였습니다. 즉 위기를 겪고 나서 경기호황에 들어서기 이전인 경기회복 국면에서는 모르핀 주사와 같은 효과는 있었다는 거지요. 그래서 경기호황으로 진입해 미국 경제가 본격적인 회복을 보이기 위해서는 신산업의 등장과 같은 '혁신'이라는 구조적 변화가 필요합니다. 혁신은 신성장 동력 발굴 및 투자 확충, 사회적 자본 강화, 인적자원 활용도 제고, 기업투자 활성화 촉진 등 성장 잠재력을 높이는 요인이기 때문입니다.

이러한 미국의 잠재 성장성을 높이기 위한 생산성 향상과 경제회복의 촉매제라고 할 수 있는 혁신에 투자할 수 있는 방법은 미국 1등 기업에 투자하는 것입니다. 미국 1등 기업들은 차세대 성장 동력과 미래 경쟁력을 갖추기 위해 첨단기술 개발 등 기업 경쟁력 제고에 적극적으로 나서고 있습니다. 이를 통해 우리는 혁신이라는 변화의 흐름 속에서 긴 안목과 균형 잡힌 시각으로 미국 1등 기업에 투자해야 합니다. 미국 산업을 대표할 수 있는 1등 기업 13곳을 살펴보고 투자 포인트를 간략하게 짚어보겠습니다.

미국 산업별 1등 기업

업종	티커	기업	투자 포인트
IT	AAPL	애플	· 포트폴리오 변화로 차별화된 성장 실현 · 차별적 생태계가 플랫폼 분야에서 경쟁력으로 평가
인터넷	GOOGL	알파벳	· 유튜브 광고, 효율성 높은 지면으로 지속 성장 전망 · 클라우드 서비스로 시장 점유율 2위 달성 목표 · 클라우드 게임 플랫폼 구글 스타디아 수익화
금융	JPM	JP모건체이스	· 다변화된 수익구조를 통한 안정적 이익창출력 · 우수한 핵심지표(ROE, 자본비율)
통신/ 미디어	T	AT&T	· 프리미엄 콘텐츠 수요 증가 및 워너미디어 합병 시너지 · 탄탄한 무선 서비스 및 5G 상용화를 통한 단말기 판매 수익 증가
정유	XOM	엑슨모빌	· 적극적인 체질 개선을 통한 중장기 성장성 확보 · 주주 환원 정책을 자사주에서 배당으로 전환
제약	MRK	머크	· 키트루다의 견조한 성장 · 백신 등 안정적 포트폴리오로 지속 성장 가능 · 선택과 집중으로 가치 상승 기대
의류	NKE	나이키	· 전 세계 시장 점유율 1위 스포츠 브랜드 기업 · DTC(직접판매) 채널 직접 운영으로 브랜드 파워 재증명 · 코로나19 사태 진정 후 신제품 매출 증가 기대감
기계	LMT	록히드 마틴	· 험난한 기술 확보 과정과 승자독식 체계 · 우주로 가는 무기 체계 · 배당과 성장의 조화

반도체	QCOM	퀄컴	· 5G 스마트폰 기기당 ASP(평균판매가격) 상승 · 라이선스 비즈니스 5G 증가 · 아이폰 5G 모뎀칩 공급, 추가로 RF 모듈 공급
화장품	EL	에스티 로더	· 아시아태평양 화장품 시장 성장의 직접적 수혜 · 럭셔리 스킨케어 시장 지배력 확대 · 미주 스킨케어 턴어라운드 기대
헬스케어	ILMN	일루미나	· 유전체 시퀀싱 기술의 경쟁우위 · NGS(염기서열분석) 장비에 대한 중장기적 수요 증가 전망 · 분석 소프트웨어 개발로 경쟁력 강화
항공	DAL	델타항공	· 리오프닝 강화와 함께 속도를 낼 업황 정상화 · 업황 안정화시, 다시 재개될 배당 매력
철강	FCX	프리포트 맥모란	· 전기차 생산량 증가에 따른 동 수요 증가 · 세계 주요 동 업체 중 가장 증산 속도가 빠름

IT 1등 기업, 애플 (AAPL)

 애플은 아이폰을 통해 모바일 생태계를 만든 장본인입니다. 글로벌 시가총액 1위 기업(2.29조 달러, 2022년 6월 24일 기준)으로 아이폰 외에도 에어팟, 애플워치 등 웨어러블 디바이스, 애플페이, 애플 TV+ 등 서비스 및 콘텐츠 사업을 영위하고 있습니다. 2021년 기준, 매출 구성은 아이폰이 전체 매출의 52.5%를 차지하고, 서비스 18.7%, 웨어러블/홈앤액세서리 10.5%, 맥 9.6%, 아이패드 8.7% 순입니다. 스마트폰의 수요 정체와 매출이 둔화된 시점에서 하드웨어보다 콘텐츠 서비스 분야로 사업 영역의 다각화를 추진하고, 인공지능과 자율주행 시대에 대응한 솔루션 기업으로 전환을 모색하고 있습니다.

애플은 맥컴퓨터로 시작하여 아이팟, 아이폰 등 IT 디바이스 중심으로 포트폴리오를 확대해왔습니다. 주력인 스마트폰의 성장 정체와 차별성 부재로 하드웨어 교체 주기가 지연되는 상황에서, 애플은 콘텐츠 서비스로 사업 확장에 나서고 있어 2020년 이후 두 번째 성장이 기대되고 있습니다. 스마트 기기의 평균판매가격 상승으로 매출 둔화는 어느 정도 방어될 것으로 보이고, 5G 및 폴더블 스마트폰 시장 개화에 맞추어 신모델 출시를 예정하고 있어 추가적인 매출 증가와 평균판매단가 상승으로 성장이 기대됩니다. 2020년 10월 5G 스마트폰이 출시되었고 2023년 폴더블 스마트폰 출시를 앞두고 있습니다.

또한 넷플릭스, 디즈니로 대표되는 OTT 시장에 참여하고 있습니다. OTT는 개방된 인터넷을 통하여 방송 프로그램, 영화 등 미디어 콘텐츠를 제공하는 서비스입니다. 지능형 IoT 환경과 모빌리티 기능의 강화로 산업 간의 융복합이 가속화되어 콘텐츠, 서비스 시장의 변화가 예상됩니다. 고정적인 콘텐츠 소비 형태가 OTT로 전환이 예상돼 시간과 장소의 제약 없이 소비자가 원하는 콘텐츠를 소비하게 될 것입니다. 애플의 프리미엄 스마트 기기와 차별화된 운영체제를 바탕으로 콘텐츠 시장 진출시에 경쟁력이 높다고 봅니다.

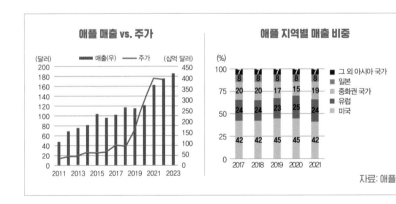

자료: 애플

인터넷 1등 기업, 알파벳 GOOGL

Alphabet 알파벳은 구글의 지주회사입니다. 구글을 비롯해 총 12개의 사업을 자회사 형태로 보유하고 있죠. 전통적인 구글 사업부 아래에는 광고, 클라우드, 유튜브, 안드로이드 등이 포함되어 있습니다. 이외 자회사들은 사물인터넷, 헬스케어, 스마트시티, 벤처캐피털, 인공지능과 자율주행차 기술 개발 등을 담당하고 있습니다. 알파벳은 의결권이 있는 알파벳A**GOOGL**와 의결권이 없는 우선주인 알파벳C**GOOG**로 구분돼 나스닥에 상장되어 있습니다.

 투자 포인트

알파벳은 유튜브와 클라우드가 실적을 견인하고 있습니다. 신사업 개발에도 적극적이죠.

유튜브는 효율성 높은 광고 지면으로 점차 성장하고 있어 향후 전체 광고 매출의 성장을 견인할 겁니다. 클라우드 사업은 2023년에 점유율 2위를 달성한다는 목표를 세우고 있습니다. 2021년 클라우드 매출이 전년 대비 47.1% 성장하며 고성장하고 있고 공격적인 투자로 향후에도 고성장세를 이어갈 전망입니다. 또한 클라우드 게임 플랫폼인 스타디아는 빠른 콘텐츠 확보 행보를 보이고 있습니다. 구글 서비스의 넓은 이용자 접점과 플랫폼 친숙도 등을 고려하면 향후 시장 선점 가능성이 높습니다.

금융 1등 기업, JP모건체이스 JPM

JPMorganChase JP모건체이스는 미국의 대표적인 금융지주사입니다. 소비자금융^{CCB}, 기업투자금융^{CIB}, 상업은행^{CB}, 자산관리^{AWM} 4개 분야의 사업을 영위하고 있는데요. 소비자금융은 은행 지점 및 현금자동인출기^{ATM}와 온라인과 모바일 기반의 은행 서비스 그리고 텔레뱅킹 서비스로 전체 영업이익의 46.7%를 차지하고 있습니다. 기업투자금융은 기업, 금융기관, 정부 및 공공기관 대상 투자은행^{IB}, 시장조성, 프라이빗뱅킹^{PB}, 증권 및 투자상품 제공 서비스로 영업이익의 46.3%를 차지하고 있고 나머지를 상업은행과 자산관리가 차지하고 있습니다.

투자 포인트

JP모건체이스는 매년 300억 달러 이상을 안정적으로 벌어들이는 회사입니다. 일관성 있고 우호적인 배당 정책은 상당한 투자 매력으로 작용합니다. 그 외에도 2가지 매력이 있는데, 첫째는 균형 잡힌 수익구조입니다. 고금리 시대가 열리면서 순이자마진^{NIM} 확대와 다변화된 수익구조로 안정적인 이익창출이 가능합니다. 둘째는 우수한 핵심지표입니다. 2021년 ROE(자기자본이익률)는 18.3%, 자본 적정성 지표인 CET1비율은 13.1%로 두 지표 모두 4대 은행 중 가장 높습니다.

순이자마진^{NIM}

은행 등 금융기관이 자산을 운용해 낸 수익에서 조달비용을 뺀 나머지를 운용자산 총액으로 나눈 수치로 금융기관 수익성을 나타내는 지표

CET1비율

'Common Equity Tier 1'의 약자. 국제결제은행(BIS)의 자기자본비율 중 하나로 위기 상황에서 금융사가 지닌 손실흡수능력을 보여주는 자본 적정성 핵심지표이다. 보통주자기자본을 위험가중자산(RWA)으로 나눠 구한다

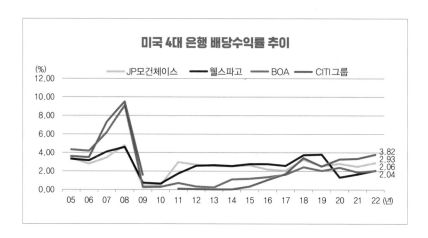

미국 4대 은행 배당수익률 추이

통신 1등 기업, AT&T   (T)

AT&T는 미국 통신사로 유무선 점유율 1위 기업입니다. 사업은 커뮤니케이션, 워너미디어, 비디오, 남미 사업, 광고 사업(젠더) 총 5가지로 구성되어 있지요. 2021년 실적 기준 사업 부문별 매출 비중은 커뮤니케이션 67.9%로 가장 높고, 워너미디어 21.1%, 비디오 9.2%, 남미 사업 3.2%, 젠더 0.0%를 차지하고 있습니다.

AT&T는 2018년 6월 워너미디어를 인수함에 따라 합병 시너지를 기대할 수 있습니다. 워너미디어 인수 이후 2018년 3분기부터 AT&T 실적에 반영되기 시작했고 프리미엄 콘텐츠 수요 증가와 2020년 5월 HBO Max를 출범시키면서 합병 시너지를 더 높였습니다. 검증이 완료된 인지도와 신뢰도 높은 콘텐츠 라이브러리, AT&T의 가입자를 기반으로 OTT 이용자 확보, 데이터 분석 능력을 기반으로 한 새로운 수익구조인 광고 사업을 통한 성장이 기대됩니다.

또한 무선 서비스의 꾸준한 성장을 기대할 수 있습니다. AT&T의 전체 실적의 67.9%는 기존 통신서비스 사업에서 발생하는데, 무선 전체 매출 중 서비스 매출 비중이 73.6%를 차지하고 있고 이동통신 4사 중 제일 많은 저중대역과 부분별 고대역 5G 주파수를 이용해 5G 서비스를 제공하고 있습니다. 초기 5G 서비스 경쟁에서 유리한 위치에 있는 거죠. 그 외 공공 사업 수주를 통해 5G 사업을 다각화하려고 노력하고 있습니다.

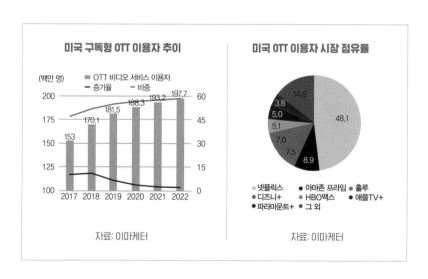

미국 구독형 OTT 이용자 추이

자료: 이마케터

미국 OTT 이용자 시장 점유율

자료: 이마케터

정유 1등 기업, 엑손모빌 $\quad$ (XOM)

ExxonMobil $\quad$ 엑손모빌은 세계적인 오일 메이저 회사입니다. 여러분이 한 번쯤 들어봤을 록펠러 가문이 설립한 스탠더드 오일이 전신인 회사지요. 사업부는 크게 업스트림, 다운스트림, 케미칼 3가지로 구분하는데, 이번 기회에 이 용어들을 알아두면 좋겠습니다. 앞으로 미국 정유 기업 얘기를 할 때마다 자주 나오는 용어이고, 들을 때마다 자꾸 헷갈리기 때문이죠. 전체 매출 비중은 다운스트림이 78.8%를 차지하지만 순이익 기여도는 업스트림이 가장 큰 68.5% 비중을 차지합니다. 업스트림은 석유 탐사의 성공 여부에 따라 실적 변동성이 상대적으로 큰 편이어서, 실적이 잘 나올 경우는 우선 업스트림을 살펴볼 필요가 있습니다.

오일 메이저
업스트림과 다운스트림에 이르기까지 종합적인 사업 활동을 하는 세계적인 석유회사들을 뜻하는 말

업스트림up-stream
석유 매장장소의 탐사, 유전의 굴착, 채유시설의 건설, 원유의 판매 등을 중심으로 한 원유의 생산부문을 지칭한다

다운스트림dowm-stream
원유의 수송부문, 원유에서 가솔린, 중유 등의 각종 석유제품을 생산하는 정제부문, 석유제품의 수송을 포함한 판매부문을 지칭한다

엑슨모빌은 시황 산업인 만큼 단점을 보완하고 적극적으로 불황을 타개하겠다는 방침을 세우고 있습니다. 그러한 일환으로 시황의 하락국면 진입에도 오히려 미래의 이윤을 창출하기 위해 지출하는 비용인 CAPEX를 확대하는 등 사업 전략에 변화를 주었습니다. 구체적으로는 앞서 배운 업스트림 부문에서는 포트폴리오 강화에 따른 생산성 확대와 수익성 개선을 추구하고 다운스트림과 케미칼 부문에서는 고부가가치 제품의 비중 확대를 추구하고 있습니다. 향후 2025년까지 시황 변동과 무관하게 구조적 성장을 추구하고 있다는 점에서 적극적인 체질 개선을 통해 중장기적인 성장성을 확보할 전망입니다.

또 한 가지는 주주 환원 정책을 자사주에서 배당으로 전환하고 있다는 점입니다. 기존에 자사주가 소각보다는 M&A 등에 활용되었던 점을 감안하면 긍정적인 변화라고 생각합니다. 단기적으로는 실적 둔화와 투자 확대 부담이라는 요인이 상존하지만 주주 환원 정책의 변화로 전체적인 부담은 축소되고, 중장기 성장성에 기반한 배당 성장 재개 기대감은 주가에 긍정적으로 작용할 수 있을 겁니다.

제약 1등 기업, 머크 (MRK)

MERCK 머크는 128년의 역사를 자랑하는 글로벌 제약 기업입니다. 2021년 글로벌 의약품 시장은 약 1.4조 달러로 2026년까지 연 평균 3~6% 성장률이 예상돼 약 1.8조 달러를 형성할 것으로 전망됩니다IQVIA. 이러한 글로벌 처방의약품 시장에서 머크의 위상은 시장 점유율 5위(M/S 5.9%, 2020년 기준)를 달성할 정도로 높습니다. 머크는 혁신의약품 개발과 판매를 주력으로 하고 있고 주요 질환 분야는 항암제와 백신, 당뇨이고 주요 제품은 면역항암제 키트루다(매출 비중 43.5%), 자궁경부암 백신 가다실(14.4%), 당뇨 자누비아/자누메트(13.4%)가 있습니다. 현재는 차세대 성장 동력으로 항암제와 백신 그리고 알츠하이머 신약을 개발 중입니다.

투자 포인트

머크는 면역항암제인 '키트루다'라는 소위 잘 나가는 의약품을 가지고 있습니다. 현재까지 출시된 면역항암제 가운데 가장 많은 적응증을 획득했습니다. 현재 30개 이상의 암종에 대해 1,000개 이상의 임상 시험을 진행하고 있고 추가 적응증 확대와 처방 증가로 앞으로도 견조한 성장이 예상됩니다. 이에 따라 2026년에는 270억 달러 매출로 글로벌 1위 의약품으로 성장할 것으로 전망됩니다.

또 한 가지는 잘나가는 의약품에만 의존하지 않고 제품을 다변화하면서 안정적인 성장이 가능하다는 점입니다. 항암제 '린파자', '렌비마'와 수익성 좋은 백신 사업이 성장 중이고, 폐렴구균 백신 'V114'와 에볼라바이러스 백신 'V920'이 순차적으로 출시될 예정이라서 백신의 포트폴리오도 다각화 될 예정입니다. 이에 따라 특허만료에 의한 '자누비아'의 매출 하락을 상쇄하며 안정적 성장이 가능할 것입니다.

마지막으로는 선택과 집중을 통해 밸류업 구간에 들어섰다는 점입니다. 분사를 통해 핵심 사업(항암제, 백신, 동물 건강 등)과 혁신의약품 연구개발에 집중할 예정이고 보유현금을 활용해 암/면역질환 분야의 신약후보물질을 적극적으로 도입하며 밸류업을 진행 중에 있습니다.

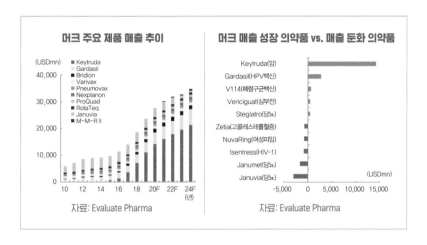

머크 주요 제품 매출 추이

(USDmn)
- ■ Keytruda
- ⬜ Gardasil
- ■ Bridion
- ⬜ Varivax
- ■ Pneumovax
- ■ Nexplanon
- ⬜ ProQuad
- ■ RotaTeq
- ⬜ Januvia
- ■ M–M–R II

40,000
30,000
20,000
10,000
0

10 12 14 16 18 20F 22F 24F
(년)

자료: Evaluate Pharma

머크 매출 성장 의약품 vs. 매출 둔화 의약품

Keytruda(암)
Gardasil(HPV백신)
V114(폐렴구균백신)
Vericiguat(심부전)
Steglatro(당뇨)
Zetia(고콜레스테롤혈증)
NuvaRing(여성피임)
Isentress(HIV-1)
Janumet(당뇨)
Januvia(당뇨)

(USDmn)
-5,000 0 5,000 10,000 15,000

자료: Evaluate Pharma

의류 1등 기업, 나이키   NKE

나이키는 북미를 비롯한 전 세계 시장 점유율 1위를 차지하는 스포츠 브랜드 기업입니다. 보유 브랜드로는 나이키, 조던, 컨버스 등이 있는데요. 모두 익숙한 브랜드들입니다. 품목별 매출 비중은 신발 66.3%, 의류 30.4%, 장비 3.3%, 기타 0.1%가 차지하고 있습니다(2021년 기준). 프로 스포츠의 본거지라 할 수 있는 북미 시장은 나이키 매출의 38% 이상이 발생하는 전통적인 주요 시장인데요. 유럽 시장의 매출도 25% 이상 발생하고, 최근 중국 시장의 매출 비중(19%)이 매년 높아지고 있습니다. 중국 시장에서 시장 점유율 확대를 위해 직접판매를 강화하고 있고, 중국의 스포츠 산업 육성 정책에 힘입어 중국인들의 마음에 파고들고자 적극적인 공략을 펼치고 있습니다.

투자 포인트

2020년 전 세계 운동화 시장 규모는 3,655억 달러로 가장 인기있는 두 브랜드인 나이키, 아디다스의 점유율이 약 18%입니다. 나이키의 주력 시장인 북미 지역이 단일 시장으로는 가장 큰 시장으로, 유럽이 가장 큰 시장인 아디다스가 나이키를 쉽게 넘어서지 못하고 있는 가장 큰 이유이기도 합니다. 나이키 브랜드의 유통 채널은 도매와 소비자에게 온라인 및 오프라인 매장 등을 통해 판매하는 직접판매 DTC로 구분됩니다. 나이키는 새 CEO 취임후 아마존을 통한 유통 철수를 단행했는데, 이는 유통 채널을 직접 관리한다는 의미에서 브랜드사로서 헤게모니가 더 크게 높아지는 것과 마진 개선을 의미한다고 볼 수 있습니다.

2020년 세계 10대 운동화 기업

(자료: BizVibe)

순위	기업명	국가	매출액(십억 달러)	비중(%)
1	나이키	미국	39.1	10.7
2	아디다스	독일	26.8	7.3
3	케링	프랑스	16.1	4.4
4	VF 코프	미국	13.6	3.7
5	스케쳐스	미국	5.2	1.4
6	뉴발란스	미국	4.1	1.1
7	버버리	영국	3.6	1.0
8	아식스	일본	3.4	0.9
9	휠라	한국	3.4	0.9
10	울버린 월드와이드	미국	2.3	0.6
그 외			247.9	67.8

기계 1등 기업, 록히드 마틴 (LMT)

 록히드 마틴은 전 세계 1위 방산 업체로 유명합니다. 군용항공기, 회전익/임무 시스템, 미사일/화력통제 등 방위 산업 전반에 이르는 사업 영역을 보유하고 있고 요즘 주목받는 우주 사업에도 오래전부터 참여하고 있습니다. 냉전 종식 이후 군비 감축 시기 동안 통합무기 구매 경쟁에서 승리하면서 주요 사업 분야에서 기술력을 확보하고 독보적인 입지를 구축했습니다.

투자 포인트

록히드 마틴은 현존하는 최고의 전투기 F-22와 21세기 최대 전투기 사업을 통해 F-35를 개발했습니다. 승자독식의 사업 구조로 독보적인 기술력을 확보해 5세대 전투체계를 기반으로 6세대 개발도 앞서나갈 것입니다. 또한 동사의 우주 사업은 미국항공우주국NASA 창설 전인 1949년부터 시작되었으며 2005년 보잉과의 합작사인 ULA를 설립했습니다. 1982년 우주사령부가 창설되었으며 동사의 기술력을 활용한 정부 사업이 지속 확대될 전망입니다.

록히드 마틴에 투자하는 것은 배당주에 투자하는 것과 마찬가지입니다. 2003년부터 매해 배당을 증액하고 있고 2008년 금융위기 때도 배당금이 인상되었습니다. 2009년부터 S&P 평균 배당수익률보다 높은 배당이 지속되고 있고 실적은 2000년부터 2021년까지 연평균 매출액이 4.7%, 영업이익이 10.8% 증가했습니다. 이러한 점을 반영해 2012년부터 배당과 성장의 선순환 구조가 자리잡고 있어 주가 역시 상승 흐름을 이어가고 있습니다.

2021년 세계 10대 방산 업체 현황

〔자료: Defencenews〕

순위	기업	국가	2020년 방위부문 매출액 (백만 달러)	증가율 (% YoY)
1	록히드 마틴	미국	62,562	11
2	레이테온 테크놀로지스	미국	42,000	–
3	보잉	미국	32,400	–6
4	노스롭 그루만	미국	31,400	10
5	제너럴 다이나믹스	미국	29,800	1
6	중국항공산업(AVIC)	중국	25,468.59	2
7	BAE 시스템즈	영국	23,502.38	12
8	중국선박공업그룹(CSSC)	중국	15,249.27	3
9	L3 헤리스 테크놀로지	미국	14,936	2
10	중국북방공업그룹(NORINCO)	중국	13,379.35	28

반도체 1등 기업, 퀄컴 (QCOM)

퀄컴은 글로벌 1위 모바일 기기향 AP, 모뎀 반도체 공급사입니다. 2021년 기준 전체 매출의 80.5%가 반도체 사업부에서 발생하고 18.8%는 라이선스 사업부, 기타 부서에서 0.6%가 발생합니다. 퀄컴은 팹리스 기업으로 삼성전자 파운드리, TSMC에 위탁생산을 맡기고 있습니다.

투자 포인트

퀄컴을 평가할 때 모바일 스테이션 모뎀MSM의 평균판매단가ASP를 지표로 많이 봅니다. MSM당 ASP는 2020년 18.2달러에서 2021년 20.3달러로 약 12% 상승했습니다. 5G 스마트폰의 비중이 증가하면서 믹스 개선 효과가 발생했고 4G에서

5G로 바뀌며 기기당 RF탑재량이 50% 증가하면서 매출이 50% 증가했습니다. 또한 라이선스 사업부는 세전 순이익률이 73% 수준으로 5G가 도입되면서 탑라인과 바텀라인이 증가하며 2020년부터 실적 개선세에 진입했습니다. 또한 2020년 10월 출시된 아이폰에 퀄컴의 5G 및 LTE 모뎀칩이 탑재되면서 추가로 밀리미터파 모듈(RFFE, PMIC, 안테나 등) 공급 가능성이 있습니다.

팹리스
시스템반도체의 설계와 개발만을 수행하는 회사. 제조설비를 뜻하는 패브리케이션fabrication과 리스less를 합성한 말

RF
무선 주파수를 방사하여 정보를 교환하는 통신 방법

밀리미터파
주파수가 30~300 GHz, 파장이 1~10mm인 전파. 극고주파를 파장으로 구분하여 부르는 명칭

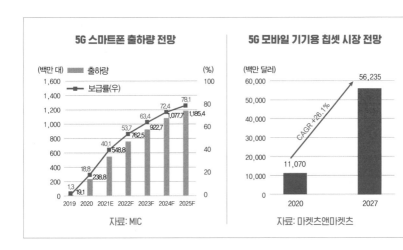

화장품 1등 기업, 에스티 로더 $\quad$ (EL)

ESTÉE LAUDER $\quad$ 에스티 로더는 25개 이상의 럭셔리 브랜드를 보유한 글로벌 화장품 회사입니다. 매출액의 약 70%를 미국 외 지역에서 올리고 있고 150여 개 국가에 진출해 있습니다. 럭셔리 브랜드들을 바탕으로 화장품 전 카테고리에 걸쳐 사업을 영위하고 있고 유명 브랜드로는 '에스티 로더', '라메르', '맥', '스매쉬박스', '조 말론 런던', '아베다' 등이 있습니다.

 투자 포인트

에스티 로더의 강점은 브랜드 파워입니다. 아시아 화장품 시장은 지난 10년간 연평균 4.2% 성장하며, 글로벌 화장품 시장의 성장을 견인하고 있습니다. 에스티 로더 또한 아시아 매출 비중이 동기간 큰 폭으로 확대되었습니다. 화장품에 대한 소비 여력 증가로 에스티 로더가 보유한 럭셔리 화장품에 대한 수요 역시 증가할 수밖에 없습니다. 특히 에스티 로더가 보유한 충성도 높은 럭셔리 스킨케어 포트폴리오 내 라인 및 브랜드 확장을 통한 락인 효과Lock-in Effect를 기대할 수 있습니다. '락인 효과'는 소비자가 일단 어떤 상품 또는 서비스를 구입·이용하기 시작하면, 다른 유사한 상품 또는 서비스로의 수요 이전이 어렵게 되는 현상을 의미합니다. 한번 에스티 로더의 제품을 구매한 소비자는 계속해서 에스티 로더의 고객으로 남을 확률이 높다는 뜻입니다. 이 밖에도 미주 지역은 전통 유통 채널 부진과 소셜미디어 영향력 확대에 따른 경쟁 심화로 타 지역과 달리 매출액과 영업이익의 감소 추세를 보여왔습니다. 그러나 2021년 이후 기존 브랜드에 대한 투자 효과와 신규 브랜드 런칭 그리고 신채널 성장으로 턴어라운드가 기대됩니다.

헬스케어 1등 기업, 일루미나 (ILMN)

 일루미나는 전 세계 유전체 분석 장비 시장의 선두주자(시장 점유율 74%)입니다. 유전체 분석을 위한 장비, 검사 시약/키트를 개발, 제조하고 클라우드/데이터 분석 툴을 포함한 유지/보수 서비스 사업을 영위하고 있습니다. 핵심 사업 분야는 유전체 서열 분석 방식인 '시퀀싱'이며 분석 장비에 사용되는 시약 및 키트가 주 수입원입니다.

투자 포인트

일루미나는 차세대 염기서열 분석NGS 장비 시장에서 70% 이상의 점유율을 갖고 있고, 전 세계 90% 이상의 시퀀싱 데이터를 제공합니다. 숏리드 시퀀싱 분야에서 독보적인 지배력을 갖추고 분석 속도, 가격, 정확도 측면에서 경쟁사 대비 기술 우위를 확보하고 있습니다. 2020년 하반기부터 미국과 영국의 인간 유전체 연구가 본격적으로 시작되는 가운데 체외진단 장비 개발이 활발히 진행되면서 중소형 NGS 장비 수요가 안정적으로 늘어날 것입니다. 또한 일루미나의 시장 경쟁력은 하드웨어에서 소프트웨어로 점차 옮겨질 전망입니다. 정교한 데이터 추출을 기반으로 분석 기능을 지원하는 클라우드와 시각화 도구 개발에 속도를 높여 소프트웨어 분야에서도 영향력을 확대할 것으로 예상됩니다.

항공 1등 기업, 델타항공 (DAL)

DELTA 델타항공은 미국의 대표적인 항공사입니다. 전 세계를 대상으로 항공 수화물과 여객을 수송하는 대형 항공사인 '풀 서비스 항공사FSC'이지요. A-321, B-737, CRJ-900s 등 다양한 종류의 여객기를 보유하고 있고 조인트 벤처 설립 및 지분 투자를 통해 각국의 항공사들과 제휴를 맺는 전략으로 성장하고 있습니다. 스카이팀 얼라이언스의 창립 멤버로, 뛰어난 유통 채널 기반의 통합 서비스를 제공하고 있어 글로벌 시장 내 입지를 더욱 확대하고 있습니다.

투자 포인트

델타항공은 코로나19 발생으로 직전 고점이었던 2020년 1월 17일부터 연간 저점이 형성되었던 5월 15일까지 -69.1% 급락했던 대표적인 피해주였죠. 2021년 들어 백신 보급과 함께 코로나19 사태는 전년과 비교하면 진정되고 있는 상황이라는 점에서 향후 코로나19 종식을 염두에 두고 낮은 밸류에이션을 바탕으로 매수해가는 것도 좋은 대안입니다. 델타항공은 분기 배당 정책을 실시하고 있습니다. 잉여현금흐름FCF의 70%를 주주 환원 정책에 쓰고 있는데, 주당 배당금은 2015년 0.45달러에서 2019년에는 1.51달러로 증가했습니다. 2019년 배당수익률은 2.75%, 배당 성향은 20.6%로 배당 매력이 높았습니다. 2020년 코로나19 영향으로 주당 배당금은 0.4달러로 크게 줄어 들고 2021년 배당금 지급은 없었지만, 2022년 각국의 리오프닝 강화로 항공업계가 정상화될 경우 과거와 같은 배당 정책을 다시 도입할 가능성이 큽니다.

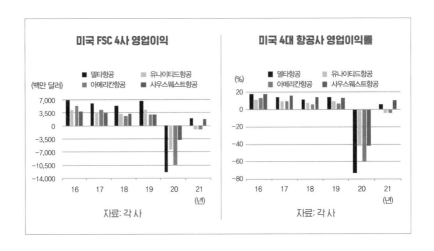

미국 FSC 4사 영업이익

■ 델타항공　■ 유나이티드항공
■ 아메리칸항공　■ 사우스웨스트항공

(백만 달러)

7,000
3,500
0
-3,500
-7,000
-10,500
-14,000

16　17　18　19　20　21
(년)

자료: 각 사

미국 4대 항공사 영업이익률

■ 델타항공　■ 유나이티드항공
■ 아메리칸항공　■ 사우스웨스트항공

(%)

20
0
-20
-40
-60
-80

16　17　18　19　20　21
(년)

자료: 각 사

철강 1등 기업, 프리포트 맥모란 ⟨FCX⟩

FREEPORT MCMORAN COPPER & GOLD 프리포트 맥모란은 세계 최대 동 생산 기업입니다. 2021년 전체 매출 비중은 동 97.8%, 몰리브데넘 2.2%, 나머지는 금으로 매출의 대부분이 동 판매에서 발생하는 만큼, 동 가격과 주가의 상관관계가 높습니다. 2000년부터 2021년까지 동 가격과 주가의 상관계수는 약 0.8입니다.

투자 포인트

동은 '탈탄소화 흐름'에 필수적인 핵심 물질입니다. 자동차를 예로 들면 내연기관차 대비 전기차에 사용되는 동의 사용량은 약 4배 이상 많습니다. 2019년 약 300만 톤으로 전체 수요의 13%이던 자동차향 동 수요는 전기차 생산량 증가에 따라 2040년 약 1,400만 톤까지 확대될 것으로 예상됩니다. 전체 수요의 약 40%를 차지하게 되는 거죠.

이처럼 증가하는 동 수요에 대응해 적극적으로 신규 동 광산에 투자를 늘린 업체가 많지 않습니다. 프리포트 맥모란은 세계 주요 동 업체 가운데 증산 속도가 가장 빠릅니다. 프리포트 맥모란은 2020년 동 생산량이 전년 대비 11만5,000톤 증가한 반면, 경쟁 업체인 글렌코어의 경우 7만1,000톤이 감소했습니다. 최대 동 생산 국가인 칠레 동광산에서의 동광석 품위 하락 문제 때문에 칠레에서의 생산 비중 높은 업체들이 동 생산량을 적극적으로 늘리지 못하고 있는 것이죠. 그러나 프리포트 맥모란은 북미와 인도네시아에서 생산하는 비중이 72.8%로 그러한 영향에서 벗어나 있습니다.

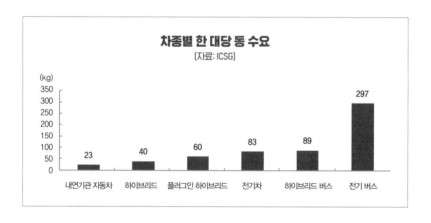

4장

위기에서 찾을 수 있는
새로운 기회

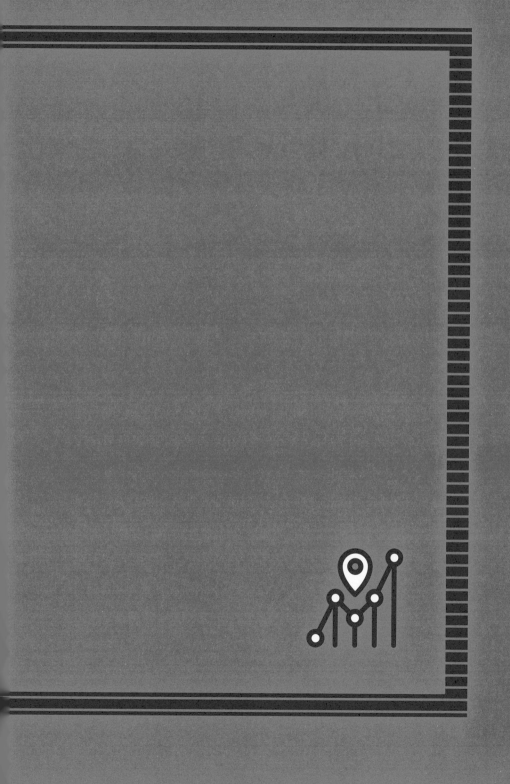

우리에게 찾아온
나쁜 손님, 위기

위기를 얘기하자면 백조 이야기를 빠뜨릴 수 없죠. 위기를 얘기하는데 백조라니? 어리둥절하시죠? 위기를 3마리의 백조로 비유하곤 합니다. 블랙 스완, 화이트 스완, 그레이 스완이라고 하는데요. 먼저 블랙 스완부터 알아볼게요. 백조는 원래 하얀색인데 검은색 백조라니, 낯설게 느껴질 수밖에 없습니다. 이처럼 '일어날 것 같지 않은 일이 일어나는 현상'을 블랙 스완이라고 합니다. 월가 투자전문가인 나심 니콜라스 탈레브가 저서《블랙 스완》을 통해 서브프라임 모기지 사태를 예언하면서 '블랙 스완'이라는 용어를 자주 사용했는데, 그 대표적인 예가 미국의 9·11 테러, 영국의 EU 탈퇴입니다.

화이트 스완은 '과거 경험으로 충분히 예상되는 위기이지만 적절한 대응책을 마련하지 못하는 상황'을 가리킵니다. 미국 뉴욕대학교 누리엘 루비니 교수가 2011년 저서 《위기 경제학》에서 처음으로 사용하면서 알려졌는데요. 역사적으로 되풀이되어 나타나는 금융위기처럼, 예측 가능하지만 적절한 대응책이 마련되지 않아 반복적으로 발생하는 위기를 말합니다.

그레이 스완은 '예측이 가능하지만 그 해결책이 무엇인지, 경제 전반에 미치는 영향이 얼마나 될지 알 수 없어 위험요인이 계속 존재하는 상황'을 말합니다. 경제에 계속 악영향을 주어 주가와 같은 금융지표들의 움직임을 제한하는데요. 대표적인 예는 국제 유가 급등, 유럽 재정위기, 테러 공포가 해당됩니다.

호수 위에 떠 있는 백조가 위험한 경제상황을 뜻하는 용어로 사용된다는 사실을 안다면 이제 앞으로 발생할 위기가 블랙 스완, 화이트 스완, 그레이 스완 중 어느 경우에 해당하는지 쉽게 이해할 수 있을 겁니다.

세계 금융위기와 코로나19 비교

2008년 9월 미국 투자은행인 리먼 브라더스가 파산했다는 뉴스를 시작으로 전 세계를 충격에 빠트린 글로벌 금융위기가 발생했습니다. 지금 생각하면 당시 글로벌 금융위기는 전 세계를 상당폭 후퇴시킨 대형

사건으로 기억되지만 실제 위기가 가장 심했던 2009년에 세계 경제성장률은 -0.08%였습니다. 위기가 닥치기 이전 5% 수준의 성장에 비해서는 큰 폭으로 떨어진 수치지만 적어도 전년에 비해 성장이 그리 많이 위축되지는 않았습니다.

그렇다면 12년 만인 2020년에 코로나19가 가져온 충격은 어떠했을까요? 2020년 코로나19의 글로벌 경제 충격은 2차 세계대전 이후 가장 크며 1930년대 대공황 때와 비슷한 것으로 추정됩니다. 1900년 이후 세계 경제는 1차 세계대전과 스페인 독감, 대공황, 2차 세계대전 그리고 글로벌 금융위기 기간에 마이너스 성장을 기록했습니다. IMF에 의하면 2020년 글로벌 경제성장률은 -3.1%로 2차 세계대전(-8.1%)에는 미치지 못하지만 1차 세계대전(-3.6%)과 대공황(-3.6%)과는 비슷한 수준입니다.

코로나19가 글로벌 금융위기와 크게 다른 점은 아주 짧은 시간에 자산가격이 브레이크 없이 폭락했다는 것입니다. 이러한 사례는 지난 7차례의 금융 불안과 비교해도 이례적인 일인데요. 1990년 이후 세계 주가가 한달 만에 30%나 떨어진 사례는 없었습니다. 글로벌 금융위기 때도 전체적으로는 56%가량 떨어졌지만 17개월 동안 떨어진 것이기 때문에, 한달 평균 3.3% 하락한 정도입니다. 과거 위기시의 월평균 하락폭이 모두 10%가 넘지 않은 것을 보면, 코로나19 위기 때 하락폭이 얼마나 급격했는지 알 수 있습니다.

금융 불안 사례별 세계 주가

시기	위기	하락율(%)	월평균 하락율(%)
1990년	저축대부조합 사태	-28.6	-3.3
1997년	아시아 외환위기	-23.8	-9.1
2000년	닷컴버블 붕괴	-51.1	-4.1
2008년	글로벌 금융위기	-55.8	-3.3
2011년	미국 신용등급 강등	-18.0	-7.4
2015년	중국 경제불안	-18.0	-2.7
2018년	미중 무역분쟁	-16.8	-5.4
2020년	코로나19 엄습	-32.6	-30.1

코로나19 이전의 삶, 되찾을 수 있을까?

코로나19 백신은 전 세계가 전례 없는 속도로 서둘러 개발한 만큼 백신의 안정성과 효능에 대한 신뢰도가 높지 않아 각국의 코로나19 종식 계획이 차질을 빚을 수 있습니다. 국제 통계 사이트인 아워월드인데이터에 따르면 코로나19 발생 후 2년이 갓 지나가는 현 시점(2022년 6월 26일 기준)에 코로나19 백신을 최소 한 번 이상 접종한 세계 인구는 66.4%입니다. 저소득 국가의 경우, 최소 한 차례 이상 코로나19 백신을 접종한 인구는 17.8%에 불과해 여전히 낮습니다.

전 세계 약 78억 명의 인구가 집단면역(WHO 기준 약 70%)을 형성하기 위해서는 최소한 약 110억 회 분량의 백신이 필요합니다. 2022년 6월 기준, 전 세계적으로 120억 회 분량의 백신이 보급되었지만, 1차 접종을 기준으로 집단면역까지 3.6%p 모자란 상태입니다. 집단면역을 달성할 정도로 충분히 백신이 보급됐음에도 불구하고, 집단면역에 성공하지 못한 데에는 몇 가지 이유가 있습니다.

백신은 일반의약품과 달리 살아있는 물질이므로 생산이 예상대로 진행되지 않을 수 있고, 유통과 보관 단계에서 부주의로 폐기하는 경우도 꽤 발생합니다. 또한 부유한 선진국은 초기 백신 보급이 신속하게 이루어지고 2차 접종과 부스터샷 접종이 일정 수준을 넘어서게 되면 남는 백신을 활용하지 못해 폐기하는 상황도 발생하는 반면, 저소득 국가는 백신 구입을 위한 재정 여력 부족으로 백신 접종을 하지 못하게 되는 빈익빈 부익부 현상이 나타납니다. 세계 최대 백신 제조 업체인 인도 세럼연구소도 최소한 전 인류가 백신을 맞을 수 있을 때까지는 백신 보급 이후부터 4~5년이 소요될 수 있다고 강조합니다.

코로나19 백신의 광범위한 보급이 가능해진 이후에 중장기적으로 코로나19가 어떠한 형태로 전개될지는 백신 접종 또는 감염 회복 이후에 면역체계가 얼마나 지속될지 여부가 좌우할 것입니다. 호흡기 바이러스의 경우 일반적으로 항체가 형성되거나 지속되는 기간이 짧다는 연구 결과가 있어 코로나19에 대한 면역력이 영구적일 가능성은 크지 않습니다. 하버드대학교 연구팀과 〈네이처〉 등은 만약 코로나19 항체가 지속되는 기간이 40주 정도라면 2025년까지 매년 동절기마다 일정 주기로 감염자가 급증할 수 있다고 보고, 미국 컬럼비아대학교 공중보건대 역시 코로나19 바이러스가 매년 유행할 수 있다는 추측을 내놓고 있습니다. 면역력이 2년 정도 지속된다면 코로나19가 격년 주기로 재확산될 가능성이 큽니다. 예를 들어 2022년 중에 백신의 광범위한 접종이 이루어진다면 2년간 감염 사례가 보고되지 않다가도 2024년 중에 갑자기 확진자가 급증할 가능성도 있습니다.

변화에 대처하는
미국 주식 투자 생활

일상이라고 생각했던 것이 이젠 비일상이 되어 버린 시대를 맞이하고 있습니다. 지금 우리는 누구도 겪어보지 못한 신세계에서 살아가는 인류인 '코로나사피엔스'로 거듭나고 있는 중이죠. 코로나사피엔스가 달라진 사회 환경에 적응하기 위해 노력하면서 형성된 트렌드는 '생존 디지털'입니다. 일상의 공간이 온라인으로 대체되고, 아날로그 플랫폼이 더욱 촘촘하게 디지털 플랫폼으로 바뀌었습니다. 일상에서의 물리적 공간 거리두기, 비대면을 통한 업무 방식 등 인류의 행동을 움직이게 하는 동인이 이윤 획득을 위한 기존 자본주의 경제체제를 무너뜨리고, 감염병에서 벗어나 생존률을 높이는 방향으로 바뀐 것이죠.

코로나사피엔스가 과거의 삶으로 돌아가긴 힘듭니다. 이미 가치관이 달라지기 시작했고 일상이 바뀌고 앞으로도 바뀌어갈 상황이기 때문에, 과거로 돌아가기만을 기다리기보다는 앞으로 닥칠 새로운 변화에 대응하기 위한 구심점을 찾아야만 합니다. 먼저 가치관 측면에서 디지털 플랫폼은 생활의 편리함을 추구하기 위한 수단이었지만, 이제는 생존 수단이 되었습니다. 코로나19 유행의 종식을 위한 가장 좋은 방안은 일상의 비대면입니다. 감염병이 가져온 비대면 문화가 디지털 플랫폼과 결합하면서 디지털 경제는 새로운 국면을 맞이하고 있습니다.

두 번째는 일상생활의 변화입니다. 이동과 공간이 사라지고 있습니다. 외출을 최대한 줄이면서 집에 머무르는 시간이 많아졌죠. 편안함을 추구하는 의류에 대한 선호도가 높아졌고, 식사도 집에서 해결하는 실내식으로 바뀌면서 배달과 가정간편식Home Meal Replacement, HRM 선호도가 증가했습니다. 집 안에서 해결하지 못할 경우는 대부분 디지털 플랫폼을 통해 온라인에서 해결하게 되었습니다. 코로나19로 기존의 '이동'과 '공간'이 무의미해지면서 기존 오프라인 공간은 앞으로 점차 사라질 가능성이 커졌습니다.

새로운 세계의 신인류

코로나19가 일상에 가져다준 구조적 변화는 1990년대 후반 이후 미국을 중심으로 진행되고 있는 디지털 경제의 가속화로 칭할 수 있습니다.

디지털 경제란 좁게는 온라인 플랫폼과 이를 기반으로 하는 활동을 말하고, 넓게는 디지털화된 데이터를 활용한 모든 활동을 일컫는 용어인데요. 2000년을 전후한 디지털 경제의 변화는 그 속도가 너무 빠릅니다. 그 변화의 정도와 성격을 통해 3단계로 구분해보면 2007년 아이폰의 발매 이전의 시기를 디지털 경제 1.0, 그 이후를 디지털 경제 2.0 시기로 구분합니다. 이 구분은 이동성 확보가 기준입니다. 코로나19는 디지털 경제의 최전성기라고 부를 수 있는 디지털 경제 3.0 시대를 앞당기는 계기가 되었습니다.

디지털 경제 3.0 시대에는 기존의 IT와 인터넷 환경에 관련 기술이 융합되면서 과거 인터넷이 데스크탑과 스마트 기기에 연동되던 것이 유비쿼터스 컴퓨팅을 통해 연결성이 확장되었습니다. 상거래도 오프라인과 온라인으로 구분되던 것이 현실과 가상공간이 통합된 상거래로 변화를 꾀하게 되었지요. 자연스럽게 포털, SNS를 바탕으로 단순하게 연결된 네트워크가 사람과 사람, 사물과 사물의 연결로 이어지면서 더욱 촘촘하게 네트워크가 연결되고 있습니다.

결국 제품과 기술의 융합이 시작돼 융합 현상이 광범위화되던 과도기를 거쳐 이제는 산업 간 경계가 허물어지는 변화를 겪게됨에 따라 경쟁력의 원천은 혁신과 창조, 디자인과 콘텐츠를 넘어서 스토리와 감성 그리고 개별성이 되었습니다. 디지털 경제 1.0 시대의 대표 기업인 IBM, 인텔, 마이크로소프트가 디지털 경제 2.0 시대에는 애플, 이베이, 구글, 아마존에게 자리를 내주었고, 이제 다가올 디지털 경제 3.0 시대에는 누가 승기를 잡을지 전혀 예측할 수 없는 상황입니다.

전 세계 디지털 경제 규모는 범위를 정의하고 추정하는 방법에 따라 편차가 있습니다. UN에 따르면 2017년 기준 전 세계의 디지털 경제 규모는 GDP의 4.5~15.5%로 추정되고 있고 미국은 GDP의 6.9~21.6%, 중국은 GDP의 6.0~30.0% 수준으로 추정하고 있습니다.

디지털 경제의 3단계 변화

구분	디지털 경제 1.0	디지털 경제 2.0	디지털 경제 3.0
공통 환경	IT와 인터넷	IT와 인터넷	IT와 인터넷, 관련 기술 융합
인터넷 연결	데스크탑에서 연결(PC)	모바일 기기로 연결(스마트폰)	유비쿼터스 컴퓨팅
온라인 시장	전자상거래	모바일 상거래	현실과 가상공간의 통합
네트워크	포털을 통한 연결	SNS와의 연결	사람과 사람, 사물과 사물의 연결
대표 기업	IBM, 인텔, 마이크로소프트	애플, 이베이, 구글, 아마존	불확실
산업 변화	제품과 기술의 융합 시작	융합의 광범위화	산업경계 소멸
경쟁력 원천	혁신과 창조	디자인과 콘텐츠	스토리, 감성, 개별성

디지털 경제가 일상생활에 접목되었을 때 가계, 기업, 제조 공장에서의 변화를 살펴보면, 가계에서는 쇼핑, 교육, 건강 서비스까지 온라인화가 빠르게 진행되고 있고, 기업에서는 사무실이라는 공간적 제약과 출퇴근 시간이라는 시간적 제약에서 벗어나 근무하는 스마트워크 도입이 활발해지고 있습니다. 제조 공장에서는 로봇과 기계 위주의 무인화와 자동화가 확대되고 있습니다. 즉 우리의 일상생활 속으로 빠르게 침투하고 있는 디지털 경제의 가속화는 가계 부문에서는 온라인화, 기업 부문에서는 스마트워크화, 제조공장 부문은 무인화와 자동화 확대의 가속화라고 말할 수 있습니다.

세계 경제는 제조 중심의 전통 경제에서 인터넷 서비스 중심의 디지털 경제로 빠르게 전환되는 4차 산업혁명 시대를 맞이하고 있습니다. 디지털 경제로의 경제 혁신에 성공한 국가들의 특징은 인터넷 기업들이 자국 경제의 혁신을 선도하며 세계 경제의 중심으로 도약했다는 것입니다. 오래전부터 미국과 중국은 자국 경제의 성장 해법을 인터넷 산업에서 찾았고 코로나19 이후 더욱 강력한 국가 전략을 통해 디지털 경제 육성에 힘을 쏟고 있습니다. 미국은 2009년과 2015년 미국 혁신 전략을 발판으로 지속적인 민관 협동형 혁신 전략을 펼치고 있고 중국은 신형 인프라 구축 사업을 향후 코로나19 이후의 경기 부양뿐만 아니라 디지털 경제 발전에 촉매제로 활용할 것입니다. 코로나19가 종식보다는 공존 국면으로 접어들 가능성이 커지면서 미국과 중국은 디지털 경제를 향후 경제 발전의 중심축으로 삼고 디지털 기술의 독자적인 개발과 공격적인 투자를 가속화할 겁니다.

디지털 경제를 선도하는 미국

2008년 경제위기가 닥치자 2009년 새로 집권한 오바마 행정부는 새로운 국가 경제 발전 전략을 제시합니다. 2009년 발표한 '미국 혁신 전략'인데요. 시행 초기에는 기초 분야의 투자와 연구개발, 미래 산업 육성, 국가 우선과제 해결을 목표로 시행되었습니다. 오바마 행정부는 인터넷, 전기 자동차, IT를 3대 역점 산업으로 지정했습니다. 이후 미국은 구글, 애플, 아마존 등 인터넷 기업들이 고속 성장하며 경제의 중심으로 자리매김하게 되었죠. 현재 이 기업들은 전 세계 인터넷 시장을 장악하고 사물인터넷, 통신, 유통 등 다른 분야에서도 혁신을 거듭하며 지속적으로 확장하고 있습니다.

6년 뒤 2015년에 오바마 행정부는 더욱 발전된 새로운 국가 전략 수립을 통해 또 다른 장기적 도약을 준비하고자 했습니다. 2015년 발표한 '미국 혁신 전략'의 주요 내용을 살펴보면 혁신 경제의 주요한 조력자로 활용, 정부 데이터를 민간 혁신의 자양분으로 적절하게 사용해 의료, 에너지, 전기 자동차 등 국가 기간 산업 재정비 및 전자정부를 강화하고자 했습니다. 또한 도시를 스마트하게 만든다는 슬로건 아래 스마트시티 구축과 관련된 사물인터넷, 신기술 테스트베드, 도심 내 데이터 수집 및 분석을 통해 시민의 삶의 질 향상에 기여하는 인프라 조성 프로젝트를 포함했습니다. 1년 뒤인 2016년 오바마 행정부는 미국 혁신 전략에서 나아가 스마트시티 관련 솔루션을 창출하기 위해 '스마트시티 이니셔티브'를 추진하고 25개 이상의 기술 개발 지원과 연구개발 투자를 위해 1억6,000만 달러를 투입했습니다. 연방정부는 스마트시티 관련 사업을 수립하고 보조·지원하는 역할을 수행해 실제적으로 민간 기업의 적극적 참여와 협력으로 사업을 구축해갔습니다.

오바마 행정부 이후 2019년 들어선 트럼프 행정부는 기존 '스마트시티 이니셔티브'를 강화하여 5G, 인공지능, 첨단제조, 양자정보과학 등 4개

> **테스트베드 Test Bad**
> 새로운 기술, 제품, 서비스의 성능 및 효과를 시험할 수 있는 환경 혹은 시스템, 설비를 말한다

우선순위 분야의 집중 투자를 계획했습니다. 특히 인공지능을 강조하며 'AI Next' 캠페인 추진과 미국 국립과학재단NSF을 통한 연구 지원 활동을 추진했습니다. 또한 2020년 트럼프 정부는 5G 산업 주도권을 쥐기 위해 민간 부문이 주도할 수 있는 환경 조성에 집중하여 민간 개발 활성화를 목표로 했습니다.

2021년 들어선 바이든 행정부는 코로나19로 침체된 경제와 산업을 재건하고 자국 경쟁력을 강화하는 'Build Back Better(더 나은 재건)'를 경제 방향으로 제시합니다. 이를 위한 계획은 'Buy American(미국제품 구매)'과 'Innovate in America(미국 내 혁신)'로 정부 조달과 연구개발에 대규모 투자를 하는 것에 초점을 맞추고 있습니다. 'Buy American'이 정부 조달과 클린에너지와 인프라 분야에서 수요 창출을 목적으로한다면, 'Innovate in America'는 과학기술 분야에 대한 정책 방향입

바이든 행정부, 종합적 제조 및 혁신 전략

정책 목표	제조 및 혁신 분야에 5백만개의 신규 일자리 창출
전략	주요 내용
BUY AMERICAN	미국 제품, 재료, 서비스에 대한 새로운 수요를 촉진하기 위한 '청정 에너지 및 인프라 계획'에 4,000억 달러의 공공조달 투자
MAKE IT IN AMERICA	중소 제조 업체에 초점을 둔 미국 제조 업체의 현대화 및 활성화
INNOVATE IN AMERICA	전기차 기술, 경량소재, 5G, 인공지능 분야 등에 3,000억 달러의 R&D 투자 고부가가치 제조 및 기술로 양질의 일자리 창출을 촉진
INVEST IN ALL OF AMERICA	투자가 美 전체에 도달하도록 보장하여 모든 재능을 활용하고 모든 지역 사회와 근로자의 잠재력에 투자
STAND UP FOR AMERICA	트럼프 행정부의 유해한 정책을 수정하기 위하여 '친미국인 근로자 세금 및 무역 전략Pro-American Worker Tax and Trade Strategy 추구
SUPPLY AMERICA	중국 의존성을 제거하기 위해 중요 공급망을 미국으로 회귀

니다. 인공지능, 양자컴퓨터, 청정에너지, 전기차, 바이오의료, 5G, 반도체 분야에서 획기적인 기술 추진으로 고부가가치 제조와 질 높은 일자리 창출을 위해 4년간 3,000억 달러의 연구개발 투자를 한다는 것입니다. 경쟁력 있는 신산업과 기술에서 세계 리더십을 확보하고자 하는 목적이 큽니다.

미래를 알고 싶다면 MAGAT를 만나자

MAGAT? 마가트? 이게 뭘까요?

미국 주식에 이제서야 관심을 갖기 시작한 투자자 입장에서는 정말 생소한 키워드일 수 있어요. 'MAGAT'를 검색하다 보면 'FAANG', 'B.I.D.E.N' 같은 미국 주식 신조어부터 바이든 신정부의 그린 뉴딜 정책 영향을 받아 한국 주식으로 구성된 'BBIG7'이라는 신조어까지, 코로나19 이후 새롭게 등장한 투자 키워드가 주목받고 있다는 사실을 알게 될거에요. 이처럼 여러분이 한 번쯤은 들어봤을 FAANG부터 MAGAT, B.I.D.E.N, BBIG7까지 새롭게 등장한 주식시장의 신조어를 알아보겠습니다.

FAANG

FAANG은 미국의 IT 산업을 선도한 전통적 기술주를 요약한 용어입니다. 페이스북(현 메타 플랫폼스), 아마존, 애플, 넷플릭스, 구글의 첫

글자를 따서 만든 말입니다. 2015년 미국의 주식 평론가 짐 크레이머가 소개한 FANG에 애플이 추가되며 FAANG이 되었죠.

2022년 6월 24일 기준 시가총액은 애플 2조2,927억 달러, 마이크로소프트 2조21억 달러, 아마존 1조1,849억 달러, 구글 1조5,572억 달러(알파벳A 8,143억 달러 + 알파벳C 7,429억 달러), 페이스북 4,605억 달러로 시가총액이 2조 달러가 넘는 기업이 두 개나 됩니다. FAANG의 시가총액을 모두 합산할 경우 5조5,800억 달러가 넘습니다. 코로나19로 인한 비대면 서비스의 이용이 증가하면서 FAANG의 시가총액은 증가하는 추세입니다.

MAGAT

2021년 바이든 행정부가 들어서면서 대형 인터넷 기업의 반독재 규제를 둘러싸고 FAANG 기업들의 주가에 부담으로 작용할 수 있다는 우려가 심심찮게 거론되곤 하는데요. 이러한 정책적인 규제 이슈로 FAANG의 시대가 끝난 것은 아니지만, 전기차 선두주자인 테슬라 열풍이 불고 마이크로소프트의 클라우드 전략이 주목받으면서 새로운 투자 키워드가 등장했습니다.

일명 '빅테크'로 불리는 기업들로 구성된 MAGAT은 FAANG보다 더 미래기술과 연관되고 기업의 수익원이 다양한 신흥 기술주를 말합니다. 마이크로소프트, 아마존, 구글, 애플, 테슬라를 일컫는 용어이지요. 코로나19로 비대면 재택근무가 증가하면서 클라우드 서비스 이용량이 증가하자 마이크로소프트의 클라우드 서비스가 주목받기 시작했고 온라인 쇼핑 증가로 '아마존 웹 서비스AWS'의 이용량도 증가했습니다. 이와 더불어 새로운 트렌드를 창출하고 선도하는 구글, 애플과 자율주행 자동차 기술을 선도하며 사람들의 주목을 받고 있는 테슬라까지, MAGAT은 지금 가장 주목받고 있는 투자 키워드입니다.

B.I.D.E.N

B.I.D.E.N? 이름만 봐도 미국의 바이든 대통령과 관련 있어 보이지요? 맞습니다. 바이든 행정부의 정책공약을 반영한 산업에 주목하자는 투자 키워드입니다. B.I.D.E.N은 미국 제조업Buy American, 인프라Infra, 디지털Digital, 친환경 산업Environment, 차세대 기술Next Generation Tech을 의미하는데요. 바이든 행정부가 미국 인프라 투자와 친환경 경제 구축에 나서면서 정책 모멘텀이 크게 수혜로 작용할 것입니다. 특히 코로나19라는 위기 극복을 위한 새로운 국가 성장 전략으로 인공지능, 이동통신 등 디지털 및 차세대 기술 개발을 선도할 것이 기대되기 때문에 B.I.D.E.N이 새로운 투자 키워드로 주목받고 있습니다.

BBIG7

BBIG7은 바이든 행정부의 그린 뉴딜 정책의 연장선상에서 한국판 그린 뉴딜과 관련이 깊은 투자 키워드입니다. 코로나19 엄습 이후 한국 증시의 주도주로 떠오르고 있는 첨단 산업인 바이오Bio, 배터리Battery, 인터넷Internet, 게임Game을 의미합니다. 주목받고 있는 BBIG7의 구성 종목은 삼성바이오로직스, 셀트리온, LG화학, 삼성SDI, 네이버, 카카오, 엔씨소프트인데요. 이들 7개 종목은 2020년 1년간 폭발적인 주가 상승률을 보이며 2021년 코스피 3,000 시대를 개막한 주역으로 주목받고 있습니다. 또한 BBIG7을 투자 대상으로 한 ETF 상품을 국내 운용사에서 많이 출시하고 있는 만큼 한국판 그린 뉴딜의 수혜를 염두에 두고 투자할 수 있는 수단들이 다양해지고 있습니다.

FAANG, MAGAT, B.I.D.E.N, BBIG7 외에도 백신Vaccin, 가치Value, 이니셔티브Initiative, 그린Green의 약자인 'VVIG', 클라우드 산업 종목인 마이크로소프트, 트윌리오Twilio, 세일즈포스Salesforce, 아마존, 어도비, 쇼피파이Shopify를 의미하는 'MT SAAS' 등 빠르게 변화하는 세계 정세에 따라 투자 키워드도 다양해지고 있습니다.

MAGAT 주요 투자지표

(기준일: 2022년 6월 24일)

테마	종목명	티커	시가총액 (백만 달러)	주가 (달러)	EPS (% YoY)		ROE (% YoY)		PER (배)		PBR (배)	
					22E	23F	22E	23F	22E	23F	22E	23F
M	마이크로소프트	MSFT	2,002,137	267.7	15.5	15.5	-3.4	-16.4	28.8	24.9	10.9	8.0
A	아마존	AMZN	1,184,912	116.5	-76.0	248.7	-61.8	64.3	150.1	43.0	7.2	5.6
G	구글	GOOGL	814,319	2,359.5	-1.1	18.6	-16.3	4.7	21.3	17.9	5.5	4.7
A	애플	AAPL	2,292,793	141.7	9.3	6.8	6.0	-5.7	23.1	21.6	36.6	32.3
T	테슬라	TSLA	763,944	737.1	146.5	32.0	59.8	-4.3	61.0	46.2	18.3	12.9

미래의 답은
과거에 있다

이 책을 시작하며 우리는 이미 미국 주식에 투자할 준비가 되어 있다고 했습니다. 우리가 일상에서 미국 기업의 제품과 서비스를 자주 사용해 온 만큼, 그 기업에 대해서도 잘 알고 있는 거죠. 여기서 한발짝 더 들어가, 현재는 이름만 대면 누구나 알만한 대기업들이 지금의 위상을 갖추기 위해 성장해왔던 그 과정을 알아본다면 어떤 기업이 앞으로 더 성장할 수 있을지, 아니면 잠깐 존속하다가 사라질지에 대해 감을 얻을 수 있습니다.

지금부터는 미국의 성장을 이끌었던 시대별 산업을 통해 당시 센세이션을 불러일으켰던 기업과 제품 그리고 연관된 인물을 통해 앞으로 미국의 성장을 견인할 산업과 기업을 가늠해보겠습니다.

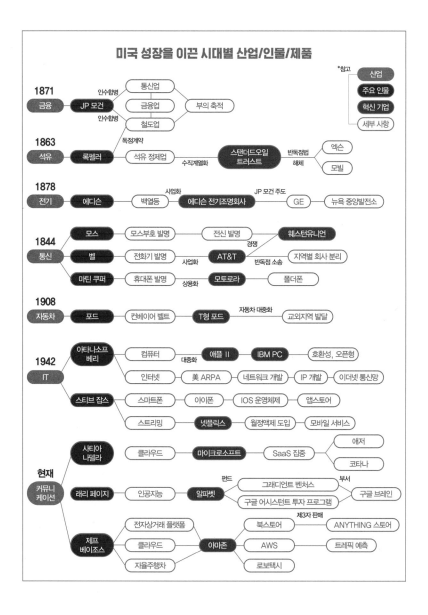

미국 성장을 이끈 시대별 산업/인물/제품

초기 금융의 역사를 이끈 J. P. 모건

1870년대로 거슬러 올라가겠습니다. 미국의 금융 산업은 역사를 움직여온 경제의 핵심 동력입니다. 금융업은 세계대전, 대공황 등 역사적으로 큰 변화의 흐름과 맥을 같이해 왔고, 미국 초기 금융 역사를 이끈 것은 J. P. 모건이라는 인물입니다. 1871년 모건은 유럽이 아닌 미국으로 건너가 뉴욕에 오늘날의 J. P. 모건상사를 설립했습니다. 대서양을 건너는 이민자들의 행렬을 보고 미국을 기회의 땅으로 여긴 것이죠. 그곳에서 모건은 화약 생산을 독점하고 있던 미국 최대의 무기상 듀폰과 손잡고 무기 중개업자로 나서며 세계대전 시기 큰돈을 벌었습니다. 특히 모건은 유럽 동맹국들의 미국산 전쟁 물자 구입의 대표 중개기관으로 선정되었고, 유럽이 모건을 통해 구입한 전쟁 물자가 총 판매량의 3분의 1에 달했다고 합니다.

전쟁 특수 효과가 소멸되면서 모건이 눈을 돌린 곳은 철도와 통신 사업이었습니다. 40년에 걸친 난공사 끝에 대륙간 횡단철도가 개통된 1869년 이후 철도 사업은 각종 부가가치를 낳는 고수익 사업으로 성장하는 중이었죠. 특히 철도와 불가분의 관계에 있던 것이 통신망이었습니다. 아직 전화가 개발되기 전이기 때문에, 그 무렵 주된 통신망은 전신이었습니다. 예나 지금이나 금융업에서는 빠른 정보가 곧 돈을 의미하는데요. 당시 가장 빠른 정보 송신 수단이었던 전신소가 위치한 곳은 다름 아닌 전국의 철도망에 박혀 있는 철도 역사였습니다. 은행이 철도업을 장악하면 전신망도 소유하게 되므로 생생한 정보를 가장 빠르게 얻고 돈을 벌 수 있었죠.

탁월한 안목을 지닌 모건이 이를 놓칠 리가 없었겠죠? 당시 철도산업은 과잉 설비와 요금 인하 경쟁으로 병들어가고 있었습니다. 모건은 이를 기회라고 판단해 200여 개나 난립했던 철도회사 가운데 소규모 회사들을 계속해서 사들였습니다. 그 결과 1890년에 이르러 모건의 철도 재산은 30억 달러로 부풀었고 그는 미국의 4대 철도업자 중 하나로 부상하게 됩니다. 그는 이를 기반으로 '철도왕'이라 불리던 미국 최대의 철도업자 윌리엄 밴더빌트와 힘을 합쳐 미국 굴지의 전신회사이던 '웨스턴유니언'을 인수하는 데 성공하게 됩니다. 철도에서 통신업까지 지배 영역을 확장함으로써 본래의 목적을 달성한 거죠.

모건은 벤처 투자가이기도 했습니다. 모건은 에디슨의 발명품 가치를 알아보고 1892년 에디슨 종합전기회사와 톰슨휴스톤 전기회사를 합병해 제너럴일렉트릭GE를 탄생시켰습니다. 그 후 GE가 100년 이상 동안 〈포춘〉 100대 기업에서 빠지지 않는 유일한 기업이 되었습니다. 모건은 1898년 페더럴 철강회사에도 창업자금을 투자했습니다. 1901년에는 카네기의 철강회사를 약 5억 달러에 인수했고 록펠러의 철강회사를 7,500만 달러에 매수했습니다. 또한 여러 철강회사들을 합병해 세계 최초의 매출액 10억 달러 기업인 US스틸을 설립하게 되죠. 이처럼 모건은 시대를 꿰뚫어보는 안목을 갖고 투자해 주요 산업의 시스템 전반에 큰 영향력을 행사한 인물입니다.

석유 산업을 독점한 스탠더드오일 트러스트

미국 성장의 역사는 각 산업별 독점 체제의 형성과도 맥락을 같이합니다. 존 록펠러는 미국의 석유 산업의 성장에서 중심적인 역할을 했던 인물인데요. 한편으로 그는 미국 역사상 독점 기업의 폐단을 적나라하게 보여준 최초의 인물이기도 합니다.

록펠러는 원래 상인이었으나 좀 더 큰 사업을 생각하기 시작했고 당시 석유 시추 기술이 개발되면서 석유 사업을 구상하게 됩니다. 록펠러는 석유 시추보다는 정제업이 유망할 것이라는 선견지명을 갖고 1863년 정유회사를 차리지요.

록펠러가 석유 사업에 뛰어든 후 가장 먼저 한 생각은 '어떻게 하면 가격 경쟁을 멈출 수 있을까'였습니다. 당시 석유 산업은 경쟁 그 자체였는데요. 석유 생산에서 운반 그리고 정제 이 모든 과정에서 치열한 경쟁이 벌어지고 있었고 록펠러는 경쟁을 '협력'으로 대체하고 싶었습니다. 그래서 그가 생각한 협력은 그의 지배하에 통합 체제를 만드는 것이었습니다.

1882년 록펠러는 훨씬 강력하고 법적으로도 빈틈없는 독점 체제인 '트러스트'를 형성했습니다. 트러스트는 표면적으로는 스탠더드오일과 독립적인 회사들이 경쟁하고 있는 것처럼 보이지만, 실제로는 스탠더드오일이 그들의 최대 주주이고 운영권을 넘겨받는 일종의 거대한 독점 시스템이었습니다.

1890년 셔먼의 반트러스트법Sherman Anti Trust Act이 통과되면서

1911년 스탠더드오일 트러스트는 공식적으로 해체되었습니다. 스탠더드오일은 각 주를 거점으로 해체되었고 해체된 회사들 중 가장 큰 '뉴저지 스탠더드오일'은 석유 산업의 지배자라기보다는 선두주자가 되었죠. '뉴저지 스탠더드오일'은 '엑슨Exxon', '뉴욕 스탠더드오일'은 '모빌Mobil'로 변신하여 석유 산업에서 각각 1, 2위를 차지했습니다. 1999년 이 두 회사는 합병해 '엑슨모빌ExxonMobil'이 되어 다시금 세계 1위 석유 기업으로 군림하고 있습니다.

전기 발명을 시작으로 GE를 설립한 에디슨

2차 산업혁명으로 불리는 전기 혁명은 에디슨으로 대표됩니다. 그중 가장 위대한 업적은 1878년 '전기의 시대'를 개막한 백열전구의 발명이라고 할 수 있는데요. 에디슨의 전기는 직류 방식이었습니다. 당시 에디슨 회사의 직원이었던 니콜라 테슬라는 교류 방식의 전기를 개발해냅니다. 그러나 에디슨은 테슬라의 교류 방식을 인정하지 않고 직류 방식을 고집하게 되죠. 이에 실망한 테슬라는 에디슨 회사에 사표를 던지고 독립하게 됩니다. 오늘날 미국의 전기차 업체 '테슬라'와 미국의 수소트럭 업체 '니콜라'는 이 당시 니콜라 테슬라라는 인물의 이름에서 각각 상호를 가져왔습니다. '세상에 없었던 새로운 발명'이라는 의미를 상호에 녹이고자 하지 않았나 생각이 듭니다.

에디슨의 직류 발전은 테슬라의 교류 발전 방식에 밀리기 시작합니다. 당시 테슬라의 교류 발전기는 웨스팅하우스 사에 의해 나이아가라 수력발전소에 이용되었죠. 오늘날 가정에서 사용하는 전기도 테슬라의 교류 발전 방식입니다. 우리나라는 220V, 60Hz의 교류 전기를 사용하고 있습니다. 우리나라를 비롯한 전 세계 국가들은 대부분 교류 송배전 방식을 채택하고 있습니다. 이처럼 현재 에디슨의 직류 전기보다 테슬라의 교류 전기가 결과적으로 보면 더 가치 있는 것으로 여겨집니다. 그럼에도 에디슨은 테슬라보다 사업화에 성공하여 후대에 이름을 널리 알리게 되죠.

에디슨은 전등을 시스템적 차원에서 개발했을 뿐만 아니라 전등의 상업화와 관련된 활동도 시스템적으로 전개하였습니다. 전등의 연구 개발을 담당하는 회사, 전력을 공급하는 회사, 발전기를 생산하는 회사, 전선을 생산하는 회사 등을 잇달아 설립하여 전기에 관한 모든 서비스를 제공해줄 수 있는 '에디슨 제국Edison Empire'을 구성했지요. 이러한 기업들은 1880년에 에디슨 제너럴 일렉트릭Edison General Electric 사로 통합되었고 1882년에 뉴욕시에 세계 최초로 중앙 발전소를 설립한 것을 계기로 미국의 전기 사업을 석권하기 시작했습니다.

이처럼 에디슨이 전등을 개발하고 상업화하는 과정에 주목하게 되면, 그는 전등과 관련된 모든 것에 주의를 기울인 시스템 구축가의 면모를 보이고 있는 것을 알 수 있습니다. 에디슨은 기술과 경영 등 모든 분야에서 혁신적인 사고와 행동을 보여준 인물이었습니다.

통신업, 정보화 시대의 시작

전신은 1838년 모스 부호의 발명에서 시작되었습니다. 웨스턴유니언 전신회사는 1851년 설립된 소규모 전신회사로 수차례의 인수와 합병을 거친 끝에 1856년 미국 대륙 방방곡곡을 전신으로 연결했지요. 웨스턴유니언은 기존의 전신 사업에서 너무도 성공적이었던 나머지 새로운 사업 아이템을 간과하게 됩니다. 그것은 바로 전화기입니다.

1876년 알렉산더 그레이엄 벨이 전화기 특허등록을 마치고 사업자금이 부족하여 웨스턴유니언에 특허권을 10만 달러에 사라고 제안합니다. 당시 전신 사업으로 대기업의 반열에 올라 있었던 웨스턴유니언은 이와 같이 결론을 내렸습니다.

'이 전화기는 커뮤니케이션의 도구로서 진지하게 고려하기에는 결점이 너무 많아 우리에게 아무런 소용이 없다.'

이 에피소드는 기업 역사상 가장 잘못된 결정의 대표적인 사례로 전해지고 있습니다.

그레이엄 벨은 1876년 전화기에 대한 특허를 신청했습니다. 자신이 발명한 전화기가 단지 멀리 떨어져 있는 사람들과의 통화에만 쓰이지 않고 많은 돈을 벌게 해줄 것이라고 직감한 것이죠. 그래서 벨은 1877년에 '내셔널 벨 전화회사'를 설립하고, 벨 전화회사는 장거리 통신 프로젝트를 실행하기 위해 1885년 AT&T^{American Telephone and Telegraph Company}를 설립했습니다.

벽돌폰에서 피처폰 그리고 스마트폰으로 진화한 휴대폰의 역사는

49년 전으로 거슬러 올라갑니다. 1973년 마틴 쿠퍼는 뉴욕 맨해튼에서 37킬로미터 떨어진 뉴저지의 AT&T 벨연구소까지 최초의 휴대전화 통화에 성공합니다.

"조엘. 나야, 마틴. 지금 새로 발명한 휴대전화로 자네에게 전화하고 있어. 그것도 맨해튼 거리에서 말이야."

이것이 유명한 일화가 된 것은 1970년대 초반 당시 쿠퍼가 근무하던 모토로라와 경쟁사 AT&T는 셀룰러 네트워크를 이용해 전화의 이동성을 높이는 것을 두고 치열하게 경쟁하고 있었기 때문입니다. AT&T가 설립한 벨연구소의 소장인 조엘 엥겔은 자동차에 설치된 카폰을 발명하는 등 각종 특허를 휩쓸며 통신 관련 기술에서 독보적인 존재로 군림하고 있었습니다. 카폰은 집이나 사무실이 아닌 자동차 안에서 이동하면서 통화할 수 있는 기계로 당시에는 엄청난 혁신이었죠. AT&T가 셀룰러 네트워크를 사용한 카폰으로 시장을 주도하고 모토로라가 뒤쫓는 양상이었습니다.

그러나 모토로라의 마틴 쿠퍼의 휴대전화 발명으로 통신업계의 판도가 뒤바뀌게 됩니다. 통신업계 일인자였던 조엘은 쿠퍼에게 타이틀을 빼앗기게 되었고, 쿠퍼는 자신의 승리를 알리기 위해 일부러 자신이 발명한 휴대전화로 통화를 한 것이죠. 쿠퍼가 카폰이 아닌 휴대폰으로 눈을 돌린 계기는 TV드라마였습니다. 당시 인기를 끌던 SF드라마 〈스타트렉〉에 등장한 '커뮤니케이터'가 힌트가 되었죠. 쿠퍼는 TV 속 우주인이 손에 들고 다니며 통화하는 작은 기기가 미래라고 믿었습니다.

1973년 첫 통화에 성공했지만 휴대폰 상용화에는 무려 10년의 시간이 필요했습니다. 쿠퍼가 첫 통화에 성공한 휴대폰은 무게 1.13킬로그램에 길이가 22.8센티미터인데다 배터리는 10시간을 충전하면 고작 30분 밖에 통화할 수 없었습니다. 모토로라 10년간 휴대폰의 무게와 크기를 줄이는 데 매진한 결과, 1983년 최초의 상용 휴대폰인 '다이나택 8000x'를 선보입니다. 당시 가격은 3,995달러로 지금 화폐가치로 따지면 1,000만 원에 달했습니다. 그러나 이듬해가 되자 가격이 1,000달러대로 내려갔고 서비스 가능 지역이 미국 전역으로 확대되면서 휴대전화 사용자가 1984년에 9만 명, 다음 해에는 20만 명, 1988년에는 150만 명까지 증가했습니다.

모토로라는 최초의 상용 스마트폰을 내놓은 뒤 한 동안 전 세계 휴대전화 시장을 석권했습니다. 모토로라가 출시한 제품들에는 튤립 구조의 플립폰flip phone, 최초의 폴더폰인 스타택StarTAC 등이 있는데요. 스타택은 폴더 형식이라 접었을 때 크기가 작았고 무게는 고작 88그램에 불과해 누적 판매량이 6,000만 대를 넘어서는 등 세계적인 히트 제품으로 등극했습니다.

포드, 자동차 대중화로 미국의 지형을 바꾸다

내연기관 자동차는 독일에서 최초로 만들어졌지만 그것을 대중화하고 산업화한 것은 미국이었습니다. 20세기 10대 발명품 가운데 8개는 미국에서 나왔죠. 라디오, 텔레비전, 항공기, 무선 전화기, 상업용 휴대폰,

개인용 컴퓨터, 대량생산 자동차 등이 대표적입니다.

미국의 자동차 산업을 얘기할 때 가장 먼저 등장하는 인물은 헨리 포드입니다. 그는 유럽 여행을 하면서 귀족과 부자들만의 전유물로 여겨졌던 자동차를 대중화하면 산업으로 성장시킬 수 있다고 생각하게 되었죠. 당시만 해도 노동자들은 차 한 대를 가운데 두고 돌아가면서 조립했습니다. 그러다 보니 부품을 장착할 동안 차체를 조립하는 노동자는 대기해야 했고 부품을 가지고 이동하는 시간도 길어졌습니다. 불필요한 시간을 없애기 위해 고심하던 중 포드는 한 아이디어를 떠올렸습니다.

"노동자가 아니라 차를 이동시킨다면 어떨까?"

여기서 컨베이어 벨트로 차대를 이동시키고 분업을 통해 조립하는 이동식 조립라인이 시작된 것입니다.

포드 자동차는 1908년 최초의 대량생산 방식 자동차인 T형 포드를 출시했습니다. T형 포드가 1,574만 대가 판매되며 성공을 거두자 디트로이트에 세계 최대 규모의 공장을 짓고 본격적인 대량생산에 착수했습니다. 전체 공정에 컨베이어 벨트를 도입한 결과, 차대 제작시간이 12시간 반에서 1시간 반으로 줄었습니다. 1908년 출고 당시 950달러였던 T형 포드의 가격이 1914년에는 490달러, 1925년에는 260달러까지 떨어졌지게 되죠. 중산층도 자동차를 구입할 수 있게 되면서 자동차 수요가 촉발되었습니다. 이것이 모터리제이션Motorization, 즉 자동차 대중화의 시작입니다.

포드의 공장이 대량생산한 T형 자동차는 미국에 혁명과도 같은 변화를 불러왔습니다. 그전까지만 해도 미국인은 거주지에서 멀리 이동하기 쉽지 않았으나 곧 집집마다 자동차를 갖게 되면서 전국을 돌아다닐 수 있게 되었습니다. 자동차의 대중화와 맞물려 미국 전역에서 도로 공사가 진행되었고 덕분에 수많은 일자리가 창출되었습니다. 사방으로 뻗어가는 도로망은 미국을 하나로 통합했고 차를 몰고 출퇴근을 할 수 있게 된 사람들은 교외로 빠져나갔습니다. 덕분에 도시 주변의 근교 지역이 발달했고 모텔과 주유소, 쇼핑센터 등이 곳곳에 생겨났습니다.

포드의 자동차는 미국의 지역 개발에 영향을 미쳤고 포드의 대량생산 방식은 다른 제조업 분야에 광범위하게 응용되었습니다. 공장주들은 대량생산을 위해 부품을 규격화했고 노동자들은 각자 맡은 일만 분업해서 하면 되었습니다. 덕분에 공장주들은 보다 낮은 원가를 들여 대량생산을 할 수 있었고 이를 통해 미국 경제는 비약적으로 성장할 수

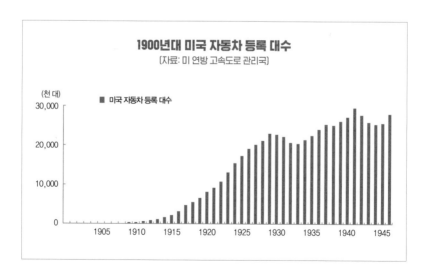

있는 발판을 마련한 것입니다.

애플의 모바일 혁신

스마트폰은 소셜네트워크 혁명과 맞물려 생활의 변화를 초래하고 있습니다. 스마트폰 혁명은 아이폰에서 시작되었죠. 그 밑바탕엔 스티브 잡스가 주도한 혁신이 있습니다. 그의 '사람에 대한 관심'은 애플의 제품을 차가운 기술로 무장한 IT 기계가 아닌 감성이 살아있는 이 시대의 아이콘으로 만들었습니다.

2007년 1월 9일, 애플 공동 설립자이자 당시 CEO였던 스티브 잡스는 세상에 아이폰을 소개했습니다. '무게 142그램짜리 슈퍼컴퓨터'라 불렸던 아이폰은 급진적인 디자인과 혁신적인 기술로 시장의 환호를 이끌어냈죠. 아이폰은 '핀치 투 줌Pinch to Zoom' 테크놀로지를 이용해 손가락 터치로 멀티미디어와 애플리케이션을 사용할 수 있었고, 이는 미래 모든 스마트폰의 표준이 되었습니다. 이후 아이폰은 10년간 13억 대가 팔렸고 삼성, HTC, 소니, 샤오미 같은 회사들이 앞다투어 아이폰을 모방하거나 아이폰을 따라잡기 위해 스마트폰을 쏟아내며 스마트폰 산업의 중흥을 이끌었습니다.

아이폰은 제품의 핵심 기능을 하드웨어에서 소프트웨어로 바꿈으로써 신경제를 창출했습니다. 애플의 핵심 철학은 소프트웨어에 있었고 아이폰의 매끄럽고 세련된 터치 스크린 안에 있는 운영체제는 새로운 장을 열었죠. 특히 다른 휴대전화의 소프트웨어와 달리 아이폰의 운영체제는 이동통신사가 아닌 애플이 직접 관리했습니다. 팔고 나면 끝이었던 전화기 대신 아이폰은 운영체제 업데이트를 통해 길게는 5년 넘게 사용이 가능했습니다. 아이폰은 웹 서핑을 하고 음악을 들을 수 있는 대형 디스플레이를 장착한 최초의 스마트폰으로 전화 통화보다도 인터넷 브라우징과 소셜 네트워크가 더욱 주된 커뮤니케이션 수단으로 떠오르는 데에 핵심적인 역할을 했습니다. 어찌 보면 애플이 디지털 세대의 탄생을 알린 것이지요.

마이크로소프트, 클라우드에 집중하다

급속도록 성장하는 모바일 생태계에서 도태되었던 마이크로소프트가 다시 일어설 수 있었던 이유는 무엇일까요? 2대 CEO였던 스티브 발머가 물러나고 2014년 사티아 나델라가 3대 CEO로 취임하면서 변화가 일기 시작합니다. 사티아 나델라는 '담대한 포부와 우리의 핵심'이란 제목의 이메일을 임직원에게 보내, 위기의 마이크로소프트가 가야 할 길을 제시합니다. '모바일 퍼스트, 클라우드 퍼스트'라는 비전을 제시하고 플랫폼과 생산성을 제공하는 회사로 재정의했죠. 그리고 마이크로소프트의 비즈니스 세그먼트는 생산성과 비즈니스 프로세스, 인텔리전트 클라우드, 개인 컴퓨팅의 3축으로 새롭게 변경됩니다.

모바일 단말기 같은 비핵심 요소는 과감히 중단하고 2013년 인수했던 노키아 모바일 부문은 폭스콘에 매각합니다. 그리고 떠오르는 클라우드 시장, 그중에서도 시장 파이가 가장 큰 SaaS 부분에 집중 투자합니다. 클라우드 시장은 서버를 클라우드에 옮겨놓은 가상머신인 IaaS와 클라우드에서 애플리케이션 운영 플랫폼이나 개발 환경을 운영하는 PaaS 그리고 고객이 사용하는 애플리케이션을 클라우드 서비스 형태로 제공하는 SaaS로 나뉩니다.

SaaS Software as a Service
소프트웨어의 여러 기능 중에서 사용자가 필요로 하는 서비스만 이용 가능하도록 한 소프트웨어

IaaS Infrastructure as a Service
클라우드로 IT 인프라 자원을 제공하는 서비스

PaaS Platform as a Service
인터넷으로 컴퓨터 응용 프로그램의 설계·개발·배포 등에 필요한 하드웨어와 소프트웨어를 제공하는 체계

마이크로소프트는 그 가운데 SaaS 시장을 공략하기 위해 역량과 투자를 집중하게 됩니다. 기존 단품 판매 중심으로 판매해왔던 오피스를 클라우드 시장에 맞추어 협업 클라우드 솔루션으로 확대 발전시킵니다. 인맥관리 플랫폼으로 알려진 링크드인을 262억 달러에 인수해 방대한 데이터베이스를 기반으로 클라우드 서비스에서 정보 서비스가 가능토록 했으며 인공지능 비서 서비스 코타나Cortana의 잠재력을 높였습니다. 전 세계 50여 개에 클라우드 컴퓨팅 서비스 애저Azure 전용 데이터센터를 운영해 150여 개국에서 이를 이용할 수 있도록 단기간 내

투자를 확대했습니다. 이러한 결과 마이크로소프트의 애저는 가장 빠르게 성장하는 클라우드 서비스가 되었습니다.

마이크로소프트가 애저의 매출을 공개하고 있지는 않지만 전년비 성장률은 공개하고 있습니다. 분기별로 100% 가까이 성장하는 것으로 알려져 있는 만큼, 경쟁사인 아마존의 AWS에 비해 2배이상 빠르게 성장하면서 클라우드 시장을 장악하고 있습니다. 이처럼 마이크로소프트는 클라우드 시장에서 혁신의 지위를 찾아가고 있고 향후 미래를 이끌 기술로 혼합현실, 인공지능, 양자컴퓨팅을 선정해 투자를 강화해가고 있습니다.

알파벳의 인공지능 지배하기

알파벳은 어떤 회사로 정의해야 할까요? 디지털 광고 시장의 거인 정도로 평가하기에는 다양한 사업 영역을 가지고 있어, 정의를 내린다는 게 쉽지 않습니다. 널리 알려진 구글의 광고는 알파벳의 영향력을 결과로 보여줄 뿐, 알파벳의 핵심은 인공지능입니다. 알파벳은 자율주행차, 인공지능, 헬스케어, 벤처투자 등 미래만 바라보며 독립적으로 활동하는 사업부가 많습니다. 이러한 사업부를 실질적으로 지배하는 것은 인공지능입니다.

인공지능은 사업 부문 간의 연결을 넘어, 외부 고객 서비스와 결합해 생태계를 만들어내기 유리합니다. 알파벳이 제공하는 것은 개별의 모듈로서 이 모듈이 필요한 형태로 결합해 원하는 서비스를 만들어내는 일은 고객의 몫입니다. 인공지능에 집중하는 알파벳의 노력은 관련 회사에 대한 투자와 인수에서 명확하게 나타납니다. 구글 벤처스, 캐피탈 G와는 별개로 인공지능 관련 기업에 투자하는 내부펀드를 2개 더 만들었습니다. 그래디언트 벤처스Gradient Ventures는 초기 인공지능 기업에 대한 투자를 담당합니다. 구글 어시스턴트 투자 프로그램 또한 초기 스타트업에 투자한다는 점은 동일하지만, 투자 대상이 구글 어시스턴트의 업그레이드를 위한 기업에 한정된다는 특징이 있습니다.

구글 내부에는 인공지능 전담 부서인 구글 브레인이 있습니다. 기계 학습 프레임 위크인 텐서플로Tensorflow 및 딥러닝을 위한 전용 TPUTensor Processing Unit 등이 대표적입니다. 그 외에도 유튜브 추천 알고리즘 강화부터 웨이모 자율주행차량의 보행자 탐지 시스템까지 다양한 서비스들의 질적 향상에 관여하고 있습니다. 인공지능을 기반으로 구축된 알파벳의 거대한 생태계는 시간이 지날수록 각 사업부를 유기적으로 연결하고 서비스를 개선해 지속적인 성장 동력을 제공할 것입니다.

아마존, 자율주행에 관여하다

'세상의 거의 모든 것을 판다'는 아마존의 시가총액은 2022년 6월 24일 기준 약 1조1,849억 달러, 한화로 1,536조 원에 달합니다. 시장이 아마존의 성장성을 매우 높게 평가하고 있다는 얘기지요. 작은 온라인 서점으로 시작한 아마존은 이제 미국 전자상거래 판매의 절반을 차지하는 거구가 되었습니다.

창업자 제프 베이조스는 무자비한 최저가 전략으로 경쟁자들을 쓰러트리는 정복자로, 아마존은 무엇이든 더 싸게 팔며 더 많은 고객을 모을 수 있었고 그럴수록 규모의 경제와 네트워크 효과의 선순환이 작동했던 겁니다. 즉 파괴적 혁신을 거듭했던 것이죠. 그의 영역 파괴는 끝이 없어, 컴퓨팅 파워를 제공하고 인공지능 도우미를 보급하며 놀라운 변신을 거듭하고 있습니다. 아마 아마존은 경쟁자들에게 악몽과 같은 존재일 것입니다.

어릴 때 품었던 우주여행의 꿈을 현실로 만들기 위해 꾸준히 투자하는 베이조스에게서 상상력의 한계를 느끼기 어렵기 때문에 창업 후 20년이 지날 때까지 보잘 것 없는 이익밖에 내지 못했는데도 아마존의 성장성을 높이 사는 투자자들이 그토록 많은 것은 놀라운 일이 아닙니다.

아마존의 시작은 온라인 서점이었지만, 아마존은 지금 자율주행 시장을 향해 다음 걸음을 내딛고 있습니다. 다른 자율주행 업체들과 달리 거대한 배송 네트워크를 가지고 있어 적용할 수 있는 분야가 많다는 장점을 살린 거죠. 자율주행을 상용화시키는 데 성공한다면 효율적인 장거리 운행, 배송차량 가동률 상승 등 배송시간 절감과 배송 네트워크의 효율성을 높일 수 있습니다. 아마존의 자율주행 진출은 물류 서비스 경쟁력 강화로 이어질 수 있는 것입니다.

또한 자율주행 업체들이 경쟁할 로보택시 서비스에 진출해 사업적 차별화를 이룰 수도 있습니다. 아마존 프라임의 미국 내 가입률은 50% 이상으로 프라임 가입자에게 로보택시 이용료를 할인해준다면, 아마존의 로보택시를 이용하는 신규 고객을 유인할 수 있고 역으로 아마존의 로보택시 서비스를 통해 아마존 프라임 가입을 유도할 수 있습니다. 이처럼 아마존은 기존의 배송 인프라를 활용해, 자율주행 기술을 접목하고 기술력을 고도화하면서 시장을 선도하는 플레이어로 성장할 가능성이 큽니다.

5장

오늘날을 살아남는
미국 주식 유망 테마

테마1 전기차

드디어 전기차의
시대가 왔다

스마트폰의 혁명을 아이폰이 이끌었다면 전기차의 혁명은 테슬라가
이끌고 있다는 사실은 어느 누구도 부인할 수 없습니다. 전기차에 대한
사람들의 인식도 테슬라가 전기차를 시장에 내놓으면서 완전히 탈바
꿈했죠. 기존 전기차 이미지는 내연기관 차량의 단점을 보완하는 정도
로, 연비가 좋다는 점 그리고 친환경이라는 점에 주안점을 두었습니다.
그래서 이때 당시 전기차는 중소형차로 제작되었고 주행 거리는 사람
들의 기대에 미치지 못했습니다. 이런 전기차에 대한 고정관념을 테슬
라가 깨주었죠. 2008년 전기차만의 장점을 극대화한 로드스터를 선보
임으로써 소비자의 관심을 끌게 되었습니다.

전기차 대표 기업, 테슬라

테슬라는 2012년 10만 달러대의 모델S, 2015년 13만 달러대의 모델X
를 출시하면서 전기차 시장 내에서 프리미엄의 포지션을 굳혔습니다.
이후 대중화를 위해 볼륨차량인 5만 달러대 모델3, 모델Y를 출시하면
서 글로벌 전기차Battery Electric Vehicle, BEV 시장은 2021년 약 450만 대를
넘어서게 되었고 테슬라의 시장 점유율은 19.5%(2021년 기준)를 차지하
며 자동차 시장을 뒤흔들게 되었습니다.

 테슬라는 2018년 모델3 양산을 시작했고 2019년 말 이후 흑자로 전
환하면서 주가는 2019년 12월 이후 폭등하기 시작했습니다. 2020년

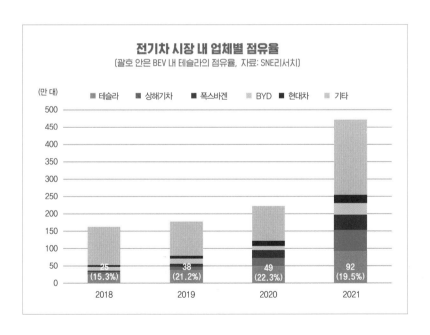

2분기에도 흑자를 달성하며 S&P500에 편입될 것으로 기대했으나 변동성 이슈로 S&P500 편입에는 실패했습니다. 2020년 9월에는 시가총액 기준으로 도요타를 크게 앞질러 전 세계 완성차 기업 가운데 시가총액 1위의 거대 기업이 되었습니다. 또한 테슬라의 브랜드 인지도도 지속적으로 상승하고 있습니다. 완성차 기업별 인지도는 2017년 8위에서 2021년 1위로 상승하였습니다.

전 세계 자동차 브랜드 별 순위

[자료: 브랜드Z]

순위	2017	2018	2019	2020	2021
1	도요타	도요타	도요타	도요타	테슬라
2	BMW	메르세데스 벤츠	메르세데스 벤츠	메르세데스 벤츠	도요타
3	메르세데스 벤츠	BMW	BMW	BMW	메르세데스 벤츠
4	포드	포드	혼다	테슬라	BMW
5	혼다	혼다	포드	포드	혼다
6	닛산	닛산	닛산	혼다	포드
7	아우디	아우디	테슬라	닛산	아우디
8	테슬라	테슬라	아우디	아우디	닛산
9	랜드로버	마루티 스즈키	폭스바겐	폭스바겐	폭스바겐
10	포르쉐	폭스바겐	포르쉐	포르쉐	포르쉐

> **ECU**
> **Electronic Control Unit**
> 자동차의 엔진, 자동변속기, ABD 등의 상태를 컴퓨터로 제어하는 전자 제어장치

테슬라가 전기차 시장을 개척하고 성장시킨 그 바탕에는 기존 완성차 업체들이 가지지 못한 강점이 있었습니다. 앞선 자율주행 시스템 단계(전자 플랫폼 HW 3.0), 통합 ECU 장착, 높은 전동화 성능 강화 기술이라는 3가지 강점을 보유한 겁니다.

먼저 전자 플랫폼 HW 3.0에 대해 알아볼까요? 테슬라는 현재 양산 중인 차량에 HW 3.0이라는 자체 개발한 반도체 칩을 장착하고 있습니다. 자율주행과 인포테인먼트 등의 기능을 통합제어하는 ECU 역할을 담당하고 있는 것으로 차량용 전자 플랫폼의 핵심을 맡고 있습니다. 테슬라는 2014년 9월 1세대인 HW 1.0을 도입한 후 2~3년이라는 짧은 주기로 개발을 추진해왔습니다. 2019년 3월 3세대인 HW 3.0을 도입했는데 경쟁사보다 6년 이상이나 빠른 겁니다. 자율주행 시스템 진화에 맞춰 차량용 전자 플랫폼을 업그레이드했고 테슬라의 자율주행 시스템 성숙도가 기존 완성차 기업들에 비해 높은 이유가 여기에 있습니다.

테슬라의 HW 3.0은 엔비디아의 칩보다 저전력을 사용하면서도 연산 속도는 빨라 효율성이 좋습니다. 엔비디아의 페가수스는 소비전력 500W, 320TOPS(1초당 n조 번 연산)의 연산 속도를 제공하지만 테슬라의 HW 3.0은 소비전력 72W, 144TOPS의 연산 속도를 제공합니다. 자율주행 레벨4 이상에 필요한 연산 속도가 100TOPS인 것을 감안한다면 가장 효율적인 칩이라고 볼 수 있습니다.

두 번째 강점은 통합 ECU를 채택해 효율성을 높였다는 점입니다. 테슬라는 최소한의 통합 ECU로 주행, 회전, 정지를 모두 제어하는데요. 초기 ECU는 연료 분사, 점화 시간 조절, 엔진 속도 조절 등을 담당하다가 시대가 발전하면서 차량 내부의 모든 부분을 제어하게 된 전자 제어 장치입니다.

테슬라는 자율주행차에 장착되는 컴퓨터 내부에 인포테인먼트용 기판도 설치하여 통합 ECU를 장착했습니다. 기존 완성차들은 분산형

OTA Over The Air
무선통신으로 소프트웨어를 업데이트하는 기술

전자 플랫폼 방식으로 ECU와 각 부품이 일대일로 연결되는 시스템(폭스바겐 ECU 약 70개, 일반 전기차 ECU 약 30개)이지만 테슬라는 고성능 통합 ECU 1개, 제어를 실현하기 위한 보조 ECU 3개로 총 4개의 ECU만으로 자율주행 및 OTA를 제어하고 있습니다. 이는 차량 전체의 ECU 개수를 줄여 공간을 절약하고 소량의 ECU로 소프트웨어 업데이트시 호환성 검증에 시간을 단축시킬 수 있어 원가 측면에서 유리한 점이 많습니다.

세 번째 강점은 높은 열관리 시스템, 경량화, 전동 파워트레인 부문에서 높은 전동화 성능 강화 기술을 보유했다는 점입니다. 전기차에서 열관리를 하는 공조 시스템을 최적화하는 것은 주행 거리 확장에 필수적입니다. 배터리와 구동모터의 경우 최적 온도에서 벗어나게 되면 연비가 감소하기 때문에 적정 온도를 유지하는 것이 중요하기 때문이죠. 차량 실내와 연계된 공조 시스템을 최적화하면 효율을 향상시킬 수 있습니다. 테슬라는 전동식 워터 펌프와 PTC 히터 모듈을 이용해 서로 열교환을 하여 최적의 배터리 효율과 모터 효율을 낼 수 있도록 차량을 개발하였습니다. 또한 원통형 배터리 셀 사이에 Z자형으로 길게 설치된 알루미늄 튜브에 냉각수가 흐르면서 배터리 온도를 조절하고 있습니다.

전기차에서 차량 경량화를 통한 주행 거리 확대는 필수 조건입니다. 테슬라는 알루미늄, 마그네슘, 탄소섬유플라스틱 같은 경량화 재료들을 모델S에 과감하게 적용했습니다. 또한 인버터의 무게와 부피가 감소하면서 장착 반도체 개수를 기존 96개에서 20개 미만으로 줄었고,

기존 완성차 업체보다 먼저 일체형 구동 유닛을 적용했습니다. 일체형 구동 유닛은 모터, 인버터, 감속기 등이 일체화된 전기구동 시스템으로 2012년 출시된 모델S에 처음 장착되어 크기는 20% 작아지고 비용도 10~15%까지 낮추는 효과를 냈습니다.

테슬라는 8개의 카메라, 12개의 초음파 센서, 1개의 레이더를 탑재하여 최대한 효율적으로 원가를 높이지 않는 범위에서 자율주행을 구현하고 있습니다. 다만 카메라를 통한 비전 센서방식을 주로 구현하다 보니 정지된 흰색 물체는 잘 인식하지 못합니다. 빛 반사로 인해 인식을 못하는 것으로 움직이는 물체는 빛 반사각이 같이 변하지만 정지한 물체는 빛 반사각이 변하지 않기 때문에 인식하지 못하는 것입니다. 이러한 약점을 테슬라도 잘 알고 있어 적극적으로 기술을 도입하고 있고 다수의 차량을 판매함으로써 실제 도로 데이터를 많이 수집하고 있습니다.

가장 앞선 자율주행 기술을 보유한 것으로 알려진 웨이모가 2020년 초에 1,000여 대의 자동차를 통해서 약 2,000만 마일(약 3,200만 킬로미터)의 실제 도로 데이터를 축적하고 있는 반면, 테슬라는 100만 대 이상의 자동차 중 HW 2.0 이상의 하드웨어를 가진 80만 대의 자동차를 이용해서 하루 만에 웨이모가 축적한 데이터를 넘는 도로 데이터를 수집하고 있습니다. 향후 수많은 실제 도로 데이터를 통해서 저렴한 레이더와 카메라 기술로 소비자에게 가장 현실적인 자율주행 기술을 제공할 가능성이 높습니다.

테슬라의 자율주행 기술은 기존 완성차 기업 대비 뛰어납니다. 완성차 기업에서는 오토파일럿 내비게이션, 스마트 서먼 등의 기능을 아직 제공하지 않습니다. 테슬라도 위 기능을 완전히 구현하지는 못합니다. 그러나 테슬라의 오너인 일론 머스크는 실리콘밸리의 DNA를 토대로 기존 완성차 기업 대비 도전적이고 적극적으로 기술을 적용하고 소비자에게 소개하고 있습니다.

전기차 시장의 현황과 전망

코로나19 엄습 이후 글로벌 자동차 산업 수요가 바뀌고 있습니다. 코로나19 이전에는 자동차 공유경제 확산으로 중장기적으로 자동차 수요의 침체가 예상되었습니다. 그러나 코로나19 이후 비대면 접촉을 중요시하는 환경으로 바뀌면서 공유경제 확산이 약화될 것이라는 의견이 많아지게 되었습니다.

글로벌 자동차 산업 수요는 코로나19 위기로 2020년에 7,772만 대로 급감했지만 2021년 코로나19 이전 수요를 회복했습니다. 중장기적인 전기차 수요도 주요국의 탄소중립 정책 추진과 기존 글로벌 완성차 업체들의 전기차 출시로 증가할 것입니다. 2021년 기준 글로벌 자동차 시장에서 전기차 비중은 5.9%에 불과합니다. 그러나 2030년까지 전기차 판매가 연평균 성장률 26.8% 증가한 3,475만 대에 이를 것으로 전망돼, 글로벌 자동차 시장에서의 전기차 비중도 28.8%를 차지할 전망입니다. 앞으로가 더욱 기대되는 이유이기도 합니다.

글로벌 자동차 산업 수요

[자료: LMC 오토모티브]

전기차는 아직 완전히 시장경제가 적용되는 재화가 아니기 때문에 정책이 큰 영향을 미칩니다. 대부분의 국가에서 친환경차 정책은 갈수록 강화되고 있는데요. 2020년 유럽의 CO_2 배출가스 규제가 한 단계 강화되는 것이 전기차 시장 성장의 교두보가 될 것입니다. 전기차의 가장 큰 시장인 유럽은 CO_2 배출가스 규제가 유지 중입니다. 중국은 두 번째로 큰 시장으로 당초 전기차 보조금을 단계적으로 축소하려고 했지만 코로나19 엄습으로 경기회복을 유도하고자 보조금 축소안을 연기했습니다. 미국은 세 번째로 큰 시장으로 트럼프 행정부에서는 친환경차 규제가 잠시 완화되는 수준에 그쳤지만, 2021년 바이든 행정부가 들어선 이후 친환경 경제 구축을 위해 전기차 산업을 육성하는 정책을

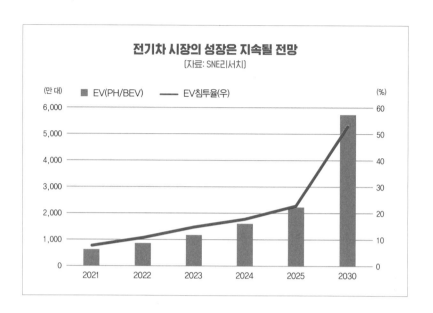

전기차 시장의 성장은 지속될 전망

(자료: SNE리서치)

포함하고 있어 수혜가 커질 전망입니다.

하이브리드HEV와 플러그인하이브리드PHEV는 내연기관 차량 대비 연비 개선 효과로 친환경차에 해당합니다. 그러나 갈수록 강화되는 규제를 계속 충족시키기에는 한계가 있습니다. 자동차는 기획 단계에서 설계·생산까지 수 년이 소요되는데 장기적인 의사결정을 해야 하는 기업 입장에서는 친환경차의 최종 단계인 전기차로 바로 전환하는 편이 효율적인 방향입니다.

전기차 테마 핵심 포인트

주목받을 때는 좋지만, 반대로 주목받지 못한다면 주가의 급등락은 불을 보듯 뻔하겠지요? 테슬라가 주목받기 시작한 2019년 10월, 주가는 50달러 수준에 불과했지만 1년 3개월이 지난 2021년 1월에는 900달러 선까지 급등하게 됩니다. '너무 많이 오른거 아니야'라는 얘기가 투자자들 사이에서 나올 만하죠? 전기차 본업의 가치를 미래 성장성까지 충분히 반영했는지 논란과 함께 2021년 5월 560달러 선까지 하락했습니다. 그후 테슬라에 대한 시장의 관심이 조금씩 생겨나면서 2022년 6월 현재 700달러를 상회하는 수준에서 움직이고 있습니다.

앞으로 테슬라가 전기차 선두 업체로서의 위상을 지킬지, 아니면 새롭게 부상하는 경쟁 업체에게 자리를 뺏길지는 밸류체인을 통해 핵심 기술이 무엇인지, 그 기술을 누가 선점하고 있는지, 시장 선점을 위해 기업들이 어떤 노력을 하고 있는지를 살핀다면 알 수 있겠죠?

전기차 밸류체인과 주요 기업

전기차 밸류체인은 첫 번째 단계인 광산·제련업에서 시작해 양극재, 음극재 등을 만드는 2차전지 소재 공정, 소재를 활용해 리튬이온전지를 만드는 2차전지 공정, 2차전지를 활용해 전기차를 조립하는 공정, 마지막으로 수명이 다된 2차전지에서 희귀금속을 추출하는 폐배터리 재활용 공정으로 나뉩니다.

2차전지 소재 공정 가운데 배터리 셀 생산 비용은 양극재(43%), 분리막(17%), 전해액(13%), 동박(7%) 순으로 높고, 진입장벽은 동박과 프리미엄 리튬염, 음극재, 전해액, 양극재 순으로 높습니다. 양극재는 배터리의 용량에 영향을 미치는 반면, 음극재는 배터리 수명과 충전시간에 영향을 미칩니다. 전해액은 폭발 위험을 내포하고 있는 소재라서 2차전지 업체들과 기술 개발에 공동 협력하는 편입니다.

전기차 밸류체인 중 높은 기술력이 요구되는 공정은 2차전지입니다. 에너지 밀도를 높이고 무게와 부피 그리고 원가를 낮추면서 안전한 배터리를 생산해야 하기 때문이죠.

최근 전기차 업체들이 기존 리튬이온전지에서 벗어나 집중하고 있는 분야는 전고체 전지입니다. 액체 전해질 대비 난연성과 내열성이 뛰어난 고체 전해질로 대체하여 폭발, 화재의 위험성을 줄일 수 있고 제조공정 단순화와 에너지 밀도 증가를 기대할 수 있습니다. 동일한 전력을 더 적은 공간에 저장하기 때문에 배터리 무게와 부피가 감소하고 에너지 밀도는 증가하는 것이죠. 물론 장점만 있는 것은 아닙니다. 액체 전해질보다 낮은 이온전도도, 이에 따른 낮은 출력, 높은 양-음극 간 계면 저항으로 인한 짧은 수명이라는 단점도 있습니다. 아직까지 전고체 전지는 상용화 단계에 이르지 못하고 있는데 고체 전해질이나 양극재, 음극재 등 전지 핵심 재료의 최적 조합을 아직 찾아내지 못한 것과 대량 양산 기술이 확립되어 있지 않은 점이 전고체 전지 상용화에 가장 큰 걸림돌입니다.

자동차 산업은 짧은 시간동안 생산량을 확대하기 매우 어려운 산업입니다. 자동차 제조공장을 설립 후에도 품질 안정성을 갖추기 위해서

전기차 밸류체인별 대표 상장 기업

광산/제련업	니켈: Vale, Norist Nickel, Glencore	리튬: ALB, SQM, Livent	코발트: Glencore
2차전지 소재	양극재: Umicore, Ningbo	음극재: Ningbo, Shanshan	동박: 일진머티리얼즈
2차전지	각형: CATL, 삼성SDI	파우치형: LG화학	원통형: Panasonic
전기차	순수전기차(BEV): 테슬라, 리비안, 루시드 그룹, 니오, BYD, BMW, VW, Nissan 등		
폐배터리 재활용	양극재/폐배터리 재활용: Umicore, GEM, 에코프로비엠		

는 일정기간이 필요하며 작업자들이 제조 공정을 숙달하는데도 일정
기간이 필요하기 때문이죠. 애플이 폭스콘에 아웃소싱함으로써 생산
량을 크게 늘릴 수 있었지만 자동차 산업은 안정성이 중요하기 때문에
아웃소싱을 할 가능성이 낮습니다. 더욱이 테슬라처럼 전기차 산업에
서 프리미엄 이미지를 선점한 기업이 아웃소싱을 한다고 하면 프리미
엄 이미지를 상실하기 때문에 아웃소싱을 통한 생산량의 확대는 쉽지
않습니다. 중장기적으로 전기차 산업의 수요 증가에 맞춰 테슬라가 생
산량을 빠른 속도로 늘리기는 역부족이라는 점에서, 과부족이 발생하
는 물량은 기존 완성차 기업들이 차지하게 될 것입니다.

테슬라가 독주하던 전기차 시장에 신생 스타트업이 본격적인 양산
체제에 들어가면서 경쟁이 치열해졌습니다. 1892년 미국 필라델피아
에서 전기선으로 연결된 전기버스가 도로에 처음 등장하면서 전기차
의 가능성이 알려졌는데, 이제는 기술 향상으로 전기차가 현실화되고

있는 거죠. 제2의 테슬라를 꿈꾸는 루시드모터스LCID, 리비안RIVN이 바짝 뒤를 쫓고 있고, 로즈타운모터스RIDE, 피스커FSR, 카누GOEV, 패러데이퓨처FFIE 등 생소한 기업들도 출사표를 내고 있습니다.

루시드모터스는 2007년 설립된 전기차 스타트업입니다. 초기 전기 배터리 사업으로 시작해 2017년 발표한 '루시드 에어'가 첫 번째 전기차 모델입니다. 2021년 10월 양산된 '에어 드림 에디션 레인지'는 1회 충전으로 520마일(약 837킬로미터)을 운행할 수 있습니다. 미국 환경보호청이 공식 인증한 전기차 중 주행 거리가 가장 긴 차로 테슬라가 1회 충전으로 300마일(약 482킬로미터)을 주행할 수 있다는 점에서 경쟁력이 부각되고 있습니다. 루시드 에어의 최고 속력은 168mph(시속 약 270킬로미터)로 테슬라 S의 최고 속력 155mph(시속 249킬로미터)보다 뛰어납니다. 또한 테슬라의 오토 파일럿과 유사한 '루시드 드림 드라이브'라는 자율주행 보조 시스템도 탑재됩니다. 이 시스템은 14개의 카메라, 고해상도 라이다, 32개의 센서로 이루어져 향후 레벨3 기능을 구현할 것으로 기대됩니다. 2023년 하반기에는 루시드모터스의 두 번째 모델인 프리미엄 SUV '루시드 그래비티'도 출시될 예정입니다.

리비안은 미국 매사추세츠공과대학교 출신의 엔지니어인 R. J. 스캐린지가 2009년에 설립한 전기차 스타트업입니다. 픽업트럭과 SUV에 특화되어 있고 2021년 9월 테슬라, GM 등 다른 전기차 제조 업체보다 먼저 전기 픽업트럭인 'R1T'를 출시하면서 시장의 주목을 받았습니다. 픽업트럭 R1T는 주행 거리가 314마일(약 505킬로미터), 최대 출력은 800마일(596킬로와트)로 판매가격은 6만1,500달러입니다. 자율주행을 위해 라이다를 탑재했고 R1T의 기어가드 시스템은 여러 대의 외부 카메라를 사용해 트럭 주변을 감시하고 외부 사람이나 물체의 움직임을 기록하는 기능도 갖추고 있습니다.

로즈타운모터스는 2019년 오하이오주의 GM 로즈타운 공장을 모태로 시작했습니다. GM이 폐쇄했던 공장을 로즈타운모터스가 설립된 이후, 공장의 용도를 변경해 전기 픽업트럭 '인듀어런스' 생산을 추진해왔습니다. 2020년 6월 인듀어런스의 스케치를 공개하고 생산을 시작할 것으로 기대를 모았지만, 주문만 받고 출시가 계속 미뤄지고 있습니다. 원래 계획대로라면 2020년 말까지 약 5만2,500달러의 가격으로 출시될 예정이었지만 2021년 9월로 연기되었고 그 이후로 소식은 없습니다. 2021년 10월 로즈타운모터스는 오하이오 공장이 폭스콘에 2억3,000만 달러에 매각되었다고 발표하고, 폭스콘이 인듀어런스 픽업트럭의 생산 업체가 될 거라고 덧붙였습니다. 그래서 첫 차량의 인도는 2022년 4분기로 연기되었습니다. 양사의 거래는 결과적으로 폭스콘은 미국 전기차 시장에 진출하는 교두보를 마련했고 로즈타운모터스는 유동성을 개선시킬 수 있어, 양산 모델 출시가 빨라지는 데 영향을 줄 것으로 보입니다.

피스커는 2021년 LA 오토쇼를 앞두고, 2022년부터 본격적으로 생산할 첫 SUV인 '오션'을 공개했습니다. 오스트리아 마그나 슈타이어 공장에서 생산하며, 유럽과 미국에서 판매할 예정입니다. 한 번 충전으로 250~350마일(약 400~560킬로미터)을 주행할 수 있고, 가격은 3만 7,499달러부터 시작할 전망입니다. 익스트림 모델에는 태양열 지붕도 장착돼, 최대 주행 거리를 2,000마일(약 3,200킬로미터)까지 늘릴 수 있습니다. 실내 디자인 중 눈에 띄는 점은 폭스콘이 만든 17.1인치 터치스크린 디스플레이를 통해, 차량이 주차돼 있거나 충전 중일 때 영화나 게임을 할 수 있다는 것입니다.

카누는 2017년 스케이트보드 플랫폼을 개발 중심으로 하는 업체로, 한 가지 플랫폼으로 여러 가지 차량을 만들어내는 실용성을 목표로 하고 있습니다. 2022년부터 본격적으로 전기차를 출시하며, 세단보다는 픽업트럭, 미니밴, 상용밴이 주를 이룹니다. 카누 픽업모델의 1회 충전 주행 거리는 320킬로미터로 가격은 3만3,000달러부터 시작합니다. 카누가 관심을 받기 시작한 때는 2020년 초 현대자동차그룹과 스케이트보드 플랫폼 개발에 힘을 합치기로 하면서부터입니다. 현대차는 투자를 담당하고 카누는 기아에서 새롭게 밀고 있는 목적기반 모빌리티에 대한 기술지원을 제공하는 방식입니다. 그러나 카누가 자체적으로 전기차를 개발하면서 현대자동차그룹과의 관계는 지속되지 못했습니다.

패러데이퓨처는 2017년 프로토 타입을 공개하며 전기차 시장에 첫발을 내딛었습니다. 2018년부터 전기차를 생산할 예정이었으나 무리한 사업 확장과 자금난으로 5년이 지난 2022년 2월 양산형 전기차 'FF91'을 최초로 선보였습니다. 캘리포니아 핸포드 공장에서 2022년 3분기부터 생산하는 FF91은 크로스오버 스타일로 SUV와 왜건의 장점을 조합한 외관 디자인을 가졌습니다. 350마력의 출력을 내는 3개의 전기모터를 통해 시스템 출력 1,050마력을 낼 수 있고, 130kWh 대용량 배터리와 총 100인치에 달하는 11개의 디스플레이를 탑재해 프리미엄 전기차 시장에서 경쟁하게 됩니다. 1회 완충시 주행 거리는 미국 환경보호청 기준 378마일(약 608킬로미터)로, 0km/h에서 100km/h까지의 가속시간도 2.39초로 빠릅니다. 사전 예약 대수는 1만4,000건 이상으로 알려져 있습니다.

테슬라 외 미국 전기차 스타트업의 출시(예정) 차량

업체명	전기차 모델	용도	가격(달러)
리비안	R1T(픽업트럭) R1S(SUV) Amazon Van(밴)	레저용 레저용 라스트마일 배송용	61,500 65,000 -
루시드모터스	Lucid Air(세단) Lucid Gravity(SUV)	프리미엄 세단 프리미엄 SUV	77,400~169,000 85,000~
로즈타운모터스	인듀어런스(픽업트럭)	레저용	55,000
피스커	오션(세단)	세단	37,499~
카누	픽업트럭, 미니밴, 상용밴	레저용, 화물용	33,000~
패러데이퓨처	FF91(세단)	프리미엄 세단	200,000

미국의 빅3로 불리는 GM, 포드, 스텔란티스도 발빠르게 움직이고 있습니다. 바이든 행정부의 친환경차 정책에 부응해 전기차 개발에 대한 투자 계획을 발표하고 있습니다. GM은 배터리와 컴퓨터에 기반한 전기차 생산체제로 전환하기 위해 2025년까지 350억 달러를 투자한다고 밝혔고 30개의 새로운 전기차를 출시할 계획입니다. GM은 2016년부터 쉐보레 볼트를 판매하고 있습니다. 2021년 중국에서 한번 충전으로 170킬로미터를 달리는 4,300달러의 저가 모델을 출시하기도 했고 2021년 허머 EV와 리릭 EV를 선보이며 시장 점유율을 높여가고 있습니다. 전기차 충전 전문회사인 EV고와 함께 2025년 말까지 2,700여 개

의 급속충전소 설치도 목표로 하고 있습니다.

포드는 2020년 '머스탱 마하-E' 전기차를 출시하고, 밴이나 픽업트럭 등 상용 전기차의 개발에 집중하고 있습니다. 2021년 선보인 첫 전기차 픽업트럭 'F-150 라이트닝'의 사전 판매가 7만 대를 넘어설 정도로 많은 관심을 받고 있는 만큼, 2025년까지 전기차 개발에 220억 달러를 투자할 계획입니다. 포드는 2021년 머스탱 마하-E의 판매량이 5만 대에 육박하면서 2023년까지 현재의 생산량을 3배로 늘릴 계획을 밝혔고, 향후 F-150 라이트닝, 상용 E-트랜짓 밴 등을 포함해 2030년까지 전 세계 전기차 생산 능력을 60만 대까지 늘리겠다고 구체적인 생산 전망을 내놓았습니다.

그동안 전기차에 소극적이었던 스텔란티스도 전기차 시장이 급성장하자 2025년까지 355억 달러를 투자하겠다는 계획과 2030년까지 미국에서 판매하는 차량의 40% 이상을 전기차로 판매하겠다는 구체적인 목표를 세웠습니다. 2022년 1월, 세계 최대 IT 가전 전시회인 CES2022에서 브랜드 최초의 전기차인 크라이슬러 '에어플로우'를 선보였습니다. 약 560~640킬로미터의 주행 거리와 레벨3 자율주행을 가능하게 하는 STLA 오토드라이브가 장착되었습니다. 2024년 닷지 전기차, RAM 전기 픽업트럭과 2025년 지프 전기 SUV를 출시할 방침이며, 배터리의 내재화를 위해 2030년까지 5개의 배터리 공장을 건설해 260GWh의 생산량을 확보할 예정입니다.

전기차 관련 ETF 소개

지금까지 세계 전기차 시장을 선도하고 있는 미국 기업 테슬라, 이를 뒤쫓는 미국 전기차 스타트업과 미국 빅3의 현황을 살펴보았습니다. 향후 세계 전기차 시장을 석권할 가능성이 높은 미국 기업을 선별해서 투자하는 방법을 배운 거죠.

미국 전기차 기업이 아닌 전기차 산업의 생태계 전반에 투자하고 싶다면 ETF를 통해 투자하는 방법도 있습니다. 전기차 관련 ETF는 3종으로 전기차 산업에 투자하는 'Global X Autonomous & Electric Vehicles ETF[DRIV]', 전기차의 핵심부품인 2차전지 관련 기업에만 투자하는 'Global X Lithium & Battery Tech ETF[LIT]', 혁신적인 이동수단과 관련된 기업에 투자하는 'SPDR S&P Kensho Smart Mobility ETF[HAIL]'가 있습니다.

'Global X Autonomous & Electric Vehicles ETF'는 여러분이 잘 아시는 한국의 미래에셋자산운용이 2018년 미국에 설립된 ETF 전문운용사 글로벌X를 인수하면서 미래에셋자산운용의 자회사가 되었으며 전기차, 전기차부품, 자율주행차 기술이라는 3가지 분야에 해당되는 기업에 투자합니다. 2018년 4월 13일 첫 출시된 이후 2022년 6월 24일 기준 총자산은 9억2,800만 달러로 하루 평균 거래금액은 522만 달러입니다. 구성 국가 비중은 미국 62.77%, 일본 10.01%, 홍콩 5.35%, 독일 4.41%, 캐나다 4.16% 순으로 높습니다. 상위 구성 종목은 알파벳 클래스A 3.44%, 애플 3.41%, 도요타 자동차 3.32%, 하니웰 인터내셔널 2.97%, 인텔 2.90%, 퀄컴 2.79%, 테슬라 2.74%, 엔비디아 2.50%, 소시에다드 퀴미카 B ADR 2.36%, 마이크로소프트 2.35% 순으로 상위 10개 기업이 전체 ETF 종목 비중의 28.77%를 차지하고 있습니다.

'Global X Lithium & Battery Tech ETF'도 마찬가지로 미래에셋 자산운용의 자회사 글로벌X가 발행합니다. 글로벌 광산, 리튬 탐사, 리튬이온 배터리 생산과 관련된 기업에 투자합니다. 2010년 7월 22일 출시된 이후 2022년 6월 24일 기준 총자산은 45억2,000만 달러로 하루 평균 거래금액은 5,280만 달러입니다. 구성 국가 비중은 중국 27.95%, 미국 23.54%, 한국 10.95%, 일본 10.74%, 홍콩 9.51% 순으로 높습니다. 상위 구성 종목은 미국 리튬 채굴 및 제련 업체 알버말 10.16%, 중국 배터리 제조사 이브에너지 6.64%, 중국 2차전지 분리막 업체 원난에너지 신소재 6.12%, 중국 전기차 업체 BYD 5.99%, 중국 리튬자원 개발 업체 간펑리튬 5.32%, 중국 배터리 업체 CATL 5.27%, 리튬 채굴 및 제련 업체 소시에다드 퀴미카 5.03%, 한국 배터리 업체 LG 화학 4.76%, 일본 배터리 업체 TDK 4.47%, 일본 배터리 업체 파라소닉 4.22% 순으로 상위 10개 기업이 전체 ETF 종목 비중의 57.98%를 차지하고 있습니다.

'SPDR S&P Kensho Smart Mobility ETF'는 스테이트 스트리트 글로벌 어드바이저가 발행사로 2017년 12월 26일 출시된 이후 2022년 6월 24일 기준 총자산은 8,329만 달러로 하루 평균 거래금액은 41만 4,000달러입니다. 구성 국가 비중은 미국 82.07%, 홍콩 4.75%, 일본 3.88%, 영국 1.46%, 캐나다 1.42% 순으로 높습니다. 상위 구성 종목은 중국 전기차 업체 리 오토 1.84%, 중국 전기차 업체 샤오펑 1.68%, 중국 전기차 업체 니오 1.59%, 미국 하이브리드 전기트럭 제조사 하일리온 1.50%, 미국 전기차 충전소 업체 블링크 차징 1.47%, 미국 전기 상용차 업체 워크호스 1.44%, 미국 고해상도 디지털 LiDAR 센서 제조사 아우스터 1.42%, 미국 전기차 업체 로즈타운모터스 1.40%, 미국 자율주행 트럭 업체인 투심플 홀딩스 1.39%, 미국 전기차 트럭 업체 리비안 1.39% 순으로 상위 10개 기업이 전체 ETF 종목 비중의 15.11%를 차지하고 있습니다.

전기차 관련 ETF

[기준일: 2022년 6월 24일]

구분	ETF명	티커	총자산 (백만 달러)	거래대금 (백만 달러)	운용보수 (%)	분배율 (%)
전기차	Global X Autonomous & Electric Vehicles ETF	DRIV	928.2	5.2	0.68	1.13
2차전지	Global X Lithium & Battery Tech ETF	LIT	4,520.0	52.8	0.75	0.80
모빌리티	SPDR S&P Kensho Smart Mobility ETF	HAIL	83.3	0.4	0.45	1.03

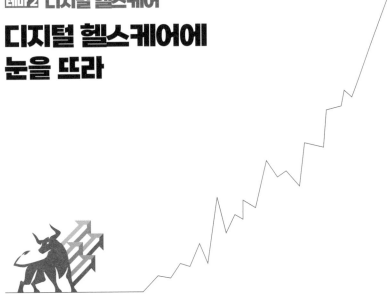

테마2 디지털 헬스케어

디지털 헬스케어에
눈을 뜨라

과거에는 아프면 무조건 병원에 가야 했지만, 요즘은 4차 산업혁명이 가져온 정보통신기술과 빅테이터의 눈부신 발전으로 집에서 원격접속만 하면 의료진과 상담할 수 있게 되었습니다. 특히 인공지능 진단 솔루션, 웨어러블 기기 등 아프지 않더라도 질병을 예측하고 관리할 수 있게 도와주는 스마트기기의 도움을 받아 디지털 헬스케어는 질병 예방을 중심으로 본격적으로 개화하고 있습니다.

디지털 헬스케어에 대한 정의는 다양합니다. 세계보건기구는 2019년에 "빅데이터, 유전체학 및 인공지능, 첨단 컴퓨팅 과학의 사용과 같은 신흥 분야를 비롯하여 모바일헬스m-Health부터 이헬스e-Health

까지 포괄하는 용어"라고 정의했습니다. 미국 식품의약국FDA은 "광범위한 개념의 디지털헬스는 모바일헬스, 보건정보기술, 웨어러블 기기, 원격의료와 원격진료 그리고 개인맞춤형 의료와 같은 범주를 모두 포괄하는 개념"이라고 언급했습니다. 아무래도 헬스케어와 융합되는 기술의 범위가 다양한 만큼 용어에 대한 정의가 통일되지 않았지만, 중요한 것은 상상 속에서만 그려왔던 디지털 헬스케어 시대가 현실로 다가오고 있다는 겁니다.

텔라닥 헬스, 원격의료 선두 업체

2002년 텍사스 댈러스에서 설립된 텔라닥 헬스는 미국 내에서만 7,000만 명의 고객을 유치한 원격의료 서비스 기업입니다. 3,100여 명의 의사와 450개의 의료 전문 분야에 5만5,000명의 전문가 네트워크를 보유하고 있고 독감, 결막염, 피부질환에서부터 암에 이르기까지 급성질환을 제외한 대부분의 질환을 다루는 디지털 헬스케어 기업입니다.

텔라닥 헬스는 〈포춘〉 선정 500대 기업의 40%를 포함하여 1만 2,000개 이상의 고객사를 보유하고 있고, 현재 전 세계 130개국에 30개 언어로 서비스하고 있습니다. 2020년 1월, B2B 원격의료 종합 솔루션을 제공하는 인터치헬스를 인수한 데 이어 2020년 8월에는 당뇨, 고혈압과 같은 만성질환 원격 모니터링 서비스를 제공하는 리봉고까지 인수했습니다.

텔라닥 헬스는 B2B 기업 고객을 대상으로 하는 안정적인 월간 구독료 모델을 기반으로 수익과 규모의 경제를 확보하는 전략을 활용하고 있습니다. 매년 1회 이상 시행하는 M&A 전략은 진료 영역 및 시장 확대 기반이 되며, 타 원격의료 기업과 비교가 되는 강력한 의료진 네트워크는 급격한 수요 증가에 대응하고 보험사와의 파트너십을 확대하는 데 강점으로 작용할 것입니다. 실제로 코로나19 발생 전에는 11%에 불과했던 원격의료 제공 의사의 수가 코로나19 이후에는 76%로 급증했습니다.

텔라닥 헬스는 코로나19로 주목받고 있는 언택트 테마라는 모멘텀과 함께 향후 원격의료 산업의 성장 과정에서 지속적으로 수혜를 입을 가능성이 큽니다. 실제로 구글 트렌드에서도 원격의료 및 관련 기업에 대한 관심이 증가하고 있습니다. 미국 내 자택대기령 및 이동금지령으로 사회활동이 제한된 동안에도 생활을 영위하는 데 필수적인 분야라고 할 수 있는 의료에 대한 수요는 지속되었습니다.

의료 서비스는 원격의료 플랫폼을 통한 비대면 형태로 대안을 모색하게 될 것입니다. 실제로 원격의료 기업의 매출액과 진료 등과 관련된 데이터도 급증하고 있다는 점에서, 텔라닥 헬스의 주가에 언택트 테마주에 대한 기대감이 투영될 가능성이 높습니다.

또한 원격의료 산업의 성장이 지속되면서 미국 원격의료 선구자라고 할 수 있는 텔라닥 헬스가 주목받을 수밖에 없습니다. 미국 헬스케어 시스템의 고질적 문제점이라 할 수 있는 의사 부족현상과 높은 의료비용을 원격의료를 통해 해결할 가능성이 높습니다. 원격의료 서비스에 참여하고 있는 개인 고객, 기업, 의료진, 의료시설의 설문조사 결과도 전적으로 공감하는 비율이 높아, 향후 진료 과목의 확대 과정 속에서 진료의 시작과 사후 관리는 원격의료라는 인식이 정착될 가능성이 높습니다.

디지털 헬스케어 시장의 현황과 전망

미국에서는 코로나19가 확산되기 시작한 2020년 3월 말 전체 외래환자 진료 건수가 이전 대비 약 60% 가까이 감소했습니다. 대면진료 건수가 70%가량 감소한 대신, 원격진료 건수는 10% 이상 증가하면서 전체 외래환자 진료 건수 감소를 그나마 낮춰준 것이죠. 그 이후 6개월이 지나고 난 9월로 접어들면서는 전체 진료 건수는 코로나19 발생 이전 수준으로 회귀했고 대면진료는 6~7% 감소한 대신 원격진료가 그만큼 증가했습니다. 코로나19가 가져온 비대면 문화가 의료 분야에도 영향을 미치며, 전체 진료 수요에서 일정 부분은 원격진료로 대체되었음을 확인할 수 있습니다.

코로나19 엄습을 계기로 디지털과 모바일이 융합되는 헬스케어 산업의 변화가 업계 표준으로 빠르게 자리잡을 겁니다. 헬스케어 각 분야에 디지털 기술을 접목한 디지털 헬스케어 시장은 2019년 3,500억 달러에서 2024년 6,400억 달러로 증가하면서 연평균 12.8% 성장할 전망입니다.

디지털 헬스케어 산업의 밸류체인은 의료 소비자 대상의 서비스부터 의료기관의 연구와 운영 효율화를 위한 도구에 이르기까지 크게 5단계, 세부적으로는 9단계로 구분할 수 있습니다. 이 가운데 환자에게 치료를 제공하는 영역이 1,570억 달러 규모로 가장 큰 시장을 형성하고 있습니다. 세부적으로 살펴보면 코로나19로 가능성을 검증받은 원격의료 및 온라인 약국과 관련된 분야가 각각 연평균 14%, 15% 성장할 것으로 예상됩니다.

2019년 1,090억 달러로 가장 큰 단일 시장을 형성하고 있는 신약 개발과 임상 실험 효율화 분야는 디지털 헬스케어 산업에서 성숙도가 높은 편에 속하지만, 글로벌 제약사들의 꾸준한 수요 증가로 연평균 8% 성장이 예상됩니다. 의료비 절감 요구가 높아짐에 따라 가장 빠른 성장이 기대되는 분야는 같은 비용으로 최적의 치료 효과를 낼 수 있도록 지원하는 기술인 의료 수가 제도 최적화, 그리고 의료기관 운영 비용을 절감할 수 있는 기술인 의료기관 운영 및 행정 자동화 분야입니다. 각각 연평균 18%, 15% 성장할 것으로 기대됩니다.

전 산업 분야에서 진행된 디지털화 흐름에 뒤처져 있던 헬스케어에도 본격적인 혁신이 일어나고 있는 만큼, 곧 '디지털 헬스케어'라는 용어가 사라질 수도 있습니다. 타 산업에서와 마찬가지로 디지털 기술을 제외하고 헬스케어를 논하는 것이 무의미해질 것이기 때문이죠.

디지털 헬스케어 시장의 성장성을 바탕으로 헬스케어 산업의 미래 변화상은 3가지로 요약해볼 수 있습니다.

첫째, 거대 플랫폼 중심의 산업 재편입니다. 헬스케어 시장의 파괴

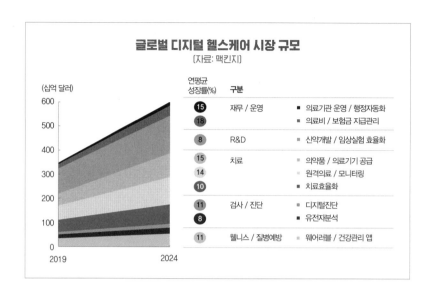

글로벌 디지털 헬스케어 시장 규모
[자료: 맥킨지]

연평균 성장률(%)	구분	
15	재무 / 운영	■ 의료기관 운영 / 행정자동화
18		■ 의료비 / 보험금 지급관리
8	R&D	■ 신약개발 / 임상실험 효율화
15	치료	■ 의약품 / 의료기기 공급
14		■ 원격의료 / 모니터링
10		■ 치료효율화
11	검사 / 진단	■ 디지털진단
8		■ 유전자분석
11	웰니스 / 질병예방	■ 웨어러블 / 건강관리 앱

자들로 여겨지는 스타트업부터 빅테크와 빅리테일이 기존의 헬스케어 플레이어들을 위협하거나 공생하는 구도가 짜일 것입니다. 건강과 질병 정보의 데이터베이스화가 이루어지면서 인공지능과 빅데이터 분석 기술을 바탕으로 질병의 예방부터 치료까지 활용될 수 있는 플랫폼이 등장할 가능성이 높습니다. 현재 빅테크들이 기술 개발에 집중하고 있는 분야입니다. 원격진료와 의약품 배송에 이르는 밸류체인을 장악하는 거대 가상의료virtual care 플랫폼이 등장할 가능성도 높습니다. 2020년 디지털 헬스케어 최대 사건이었던 텔라닥과 리봉고의 합병은 원격의료 플랫폼 경쟁의 신호탄으로 여겨집니다.

"
_____ 빅테크Big Tech
구글, 아마존, 애플 같은 대형 정보기술(IT) 기업을 뜻하는 말

_____ 빅리테일Big Retail
월마트, 베스트바이, 월그린 등 소매 업체를 뜻하는 말
"

원격의료는 이제 피할 수 없는 선택이며 누가, 언제 주도권을 가져가는가의 문제입니다. 어느 산업이든 플랫폼이 등장하면 산업의 경쟁 구도가 완전히 뒤바뀝니다. 헬스케어 플랫폼에서 생성된 데이터는 치료 결과 개선, 의료비 절감, 환자 친화적인 의료 경험을 가능하게 하는 새로운 비즈니스 기회를 창출하고, 앞서는 자와 뒤쳐지는 자의 포지션을 흔들어놓을 수 있습니다.

둘째, 데이터와 인공지능 기반의 정밀의료precision medicine의 부상입니다. 신약 후보 물질 발견부터 임상 실험에 이르는 신약 개발 절차, 검사와 진단, 치료법과 치료제 선정에 이르기까지 의약학 연구와 진료를 보조하는 도구가 널리 활용될 것입니다. 2020년 비대면 임상 실험, 환자 데이터 수집 등 코로나19 상황에서 주목을 받았던 디지털 R&D 및 임상의사결정지원Clinical Decision Support, CDS 기술을 보유한 기업들 위주로 대형 IPO 및 투자 딜이 많았습니다. 유전 정보와 질병 및 생활 습관 데이터를 활용할 수 있게 되면서 질병이 발생하기 전에 경고해주는 시스템, 개인 맞춤형 건강관리 시스템이 자리를 잡아 사후 치료보다는 사전 건강관리, 개인 맞춤형 정밀의료가 실현될 것입니다.

셋째, 환자 친화적 서비스로의 전환입니다. 의료는 전통적으로 공급자 위주의 시장이었고 환자의 편의는 경시되는 경우가 많았습니다. 그러나 코로나19 이전부터도 환자들은 인터넷에서 질병 관련 정보를 수집하고 의료기관의 서비스나 보험 상품에 대한 후기를 공유할 정도로 적극적인 소비자로 진화해왔습니다.

디지털 기술이 스며들면서 헬스케어 시스템을 환자가 이용하는 방법은 훨씬 개인화되고 쉬워질 것입니다. 소비자 친화적인 경험을 제공하는 파괴자들과 경쟁하려면 기존의 의료 공급자들도 과거의 방식을 버릴 수밖에 없습니다.

디지털 헬스케어
핵심 포인트

우리 주변에 보면 간단히 건강 상태를 체크할 수 있는 웨어러블 기기를 손목에 착용하는 사람들이 많아졌습니다. 정보통신기술이 발전하면서 우리 스스로 몸을 돌보는 것이 가능해진 것이죠. 이렇게 나 자신에 대해 관심을 갖게 되는 시대상을 반영해 앞으로 디지털 헬스케어는 우리의 일상으로 더욱 가까이 다가올 겁니다. 이렇게 관심이 커지고 있는 디지털 헬스케어에 대해 주먹구구식으로만 알아두는 것은 안 되겠죠?

지금부터 디지털 헬스케어를 구성하고 있는 5가지 밸류체인과 대표적인 기업에 대해서 알아보도록 하겠습니다.

디지털 헬스케어 밸류체인과 주요 기업

디지털 헬스케어의 등장으로 기존의 진단 및 치료 중심에서 사전진단, 사전치료, 건강유지 영역으로까지 산업의 가치사슬 전반에 확장이 일어났습니다. 기존의 보건의료 산업은 환자를 대상으로 한 치료 및 처치 중심이었다면, 근래의 보건의료 산업은 건강한 일반 소비자를 대상으로 한 건강유지wellbeing 및 웰니스wellness 부문으로 외연이 확장되었습니다. 여기에 정보통신기술이 융합되어 보건의료 분야의 디지털 전환이 활발히 진행되면서 개인 건강 및 질환을 관리하는 산업 영역을 지칭하는 디지털 헬스케어로 자리 잡아가고 있습니다.

디지털 헬스케어의 기술 및 시스템은 환자와 의료인, 의료기관 차원에서 다양하게 적용되고 있습니다. 환자(의료 소비자)는 개인 생체정보 측정, 전자 건강기록에 대한 접근 및 활용, 온라인을 통한 환자와 의료인간의 의사소통 및 건강정보 제공, 스마트폰 앱을 통한 의료 및 건강정보 제공 및 건강관리 서비스 등에 적용되고 있습니다. 전문 의료인은 원격의료, 환자 모니터 및 임상 의사결정 지원 시스템과 같은 방식에 적용됩니다. 의료기관은 전자의무기록EMR, 전자건강기록EHR, 개인건강기록PHR 등 디지털 의료정보를 활용한 병원정보 시스템의 고도화에 활용되고 있습니다.

환자와 의료인, 의료기관으로 연결되는 보건의료 산업의 가치사슬 전반에 확장이 일어나면서 디지털 헬스케어의 밸류체인은 크게 5가지로 구분할 수 있습니다.

첫째는 웰니스와 질병 예방, 건강 체크를 위해 웨어러블 기기를 활용하고 건강한 습관과 행동을 관리합니다. 쉽게 피트니스, 명상, 수면 패턴 분석 등을 떠올리면 됩니다.

둘째는 검사·진단 단계입니다. 2가지로 구분할 수 있는데 유전자 분석을 통해 암 검사와 진단을 하거나 인공지능과 머신러닝에 기반한 영상 자료를 통해 가정 내에서 디지털 진단을 하게 됩니다.

셋째는 치료 단계입니다. 치료 효율화, 원격 환자 지원, 의약품·의료기기 공급으로 나눌 수 있습니다. 치료 효율화는 임상의사결정지원CDS, 처방 준수 솔루션, 질병 관리, 디지털 치료제, 전자의료기록, 보험금 청구 데이터 분석, 전자환자결과보고ePRO가 대표적인 예입니다. 원격 환자 지원은 원격의료, 원격 모니터링, 건강 정보 공유 플랫폼이 대상이 되고, 의약품·의료기기 공급은 온라인 처방, 디지털 약국, 의료용 제품 공급 솔루션이 해당됩니다.

넷째는 R&D입니다. 인공지능과 머신러닝을 기반으로 신약을 개발하고 원격으로 임상실험을 하는 방법과, 연구개발의 프로토콜 최적화, 임상실험의 현장관리와 환자관리가 대상이 됩니다.

다섯째는 재무·운영으로 의료기관과 관련이 높은 단계입니다. 의료수가 제도의 최적화와 의료기관 운영 및 행정 자동화라는 2가지로 구분되며 e처방전을 통해 행정 업무를 단순화하고 의료공급자의 비의료 업무를 지원하게 됩니다. 지금까지 설명한 5가지를 도식화하면 다음 그림처럼 디지털 헬스케어의 밸류체인이 완성됩니다.

우리는 유망한 미국 기업을 찾아서 테마를 탐험하는 중이니까, 당연

디지털 헬스케어 밸류체인

[자료: 맥킨지, 록헬스]

구분		제품 / 서비스
웰니스/질병 예방 의료 소비자	웨어러블 습관·행동 관리	피트니스, 영상, 수면 패턴 분석, 질병 예방 도구들
검사/진단	유전자 분석	유전자 분석을 통한 암 검사 및 진단
	디지털 진단	가정용 디지털 진단, AI와 머신러닝에 기반한 영상 자료 진단
치료	치료 효율화	임상의사결정지원, 처방 준수 솔루션, 질병 관리, 디지털 치료제, 전자의료기록, 보험금 청구 데이터 분석, 전자환자결과보고
	원격 환자 지원	원격의료, 원격 모니터링, 건강 정보 공유 플랫폼
	의약품·의료기기 공급	온라인 처방, 디지털 약국, 의료용 제품 공급 솔루션
R&D	신약 개발/임상 실험 효율화	AI/머신러닝 기반 신약 개발, 원격 임상실험, 연구개발 프로토콜 최적화, 임상실험 현장 관리, 환자 관리
재무/운영 의료 공급자 및 지급 주체	의료 수가 제도 최적화	가치 기반 의료 실행 지원, 인구 보건 관리, 보험금 지급 관리
	의료기관 운영/행정 자동화	행정 업무 단순화, 의료 공급자의 비의료 업무 지원

히 디지털 헬스케어의 밸류체인별 대표 기업들을 만나봐야겠죠? 밸류체인별로 손꼽히는 기업은 10개입니다. 미리 만나본 텔라닥 헬스처럼 익숙한 기업도 있지만, 처음 듣는 생소한 기업들이 더 많을 겁니다. 먼저 의료 소비자와 가까운 웰니스와 질병 예방 단계의 펠로톤 인터랙티

브를 만나보겠습니다.

디지털 헬스케어 밸류체인별 대표 기업

[기준일: 2022년 6월 24일]

구분	종목명	티커	시가 총액 (백만 달러)	주가 (달러)	EPS (% YoY)		ROE (% YoY)		PER (배)		PBR (배)	
					22E	23F	22E	23F	22E	23F	22E	23F
웰니스와 질병 예방 웰빙행복건강	펠로톤 인터랙티브	PTON	3,714	11.0	적지	적지			-2.0	-6.8	2.4	2.9
검사/진단	가단트 헬스	GH	4,714	46.3	적지	적지			-9.7	-10.3	7.9	11.0
치료 효율화 (임상의사결정지원/ 질병관리/EMR)	인슐렛	PODD	15,791	227.7	439.7	39.2	419.7	14.7	172.3	123.8	20.8	16.3
의약품 의료기기 공급	뉘앙스 커뮤니케이션즈	비상장	마이크로소프트 M&A 완료(2022년 3월 7일)									
원격의료 모니터링	텔라닥 헬스	TDOC	5,991	37.2	적지	적지			-0.9	-23.4	0.7	0.7
의약품 의료기기 공급	굿알엑스	GDRX	2,759	7.0	흑전	42.9		17.8	23.7	16.6	3.4	2.8
신약 개발 임상실험 효율화	비바 시스템즈	VEEV	32,060	207.0	37.6	15.4	17.4	-5.6	49.8	43.2	9.0	7.2
	슈로딩거	SDGR	2,163	30.4	적지	적지			-14.2	-19.2	4.9	5.2
의료 수가 제도 최적화	프로지니	PGNY	2,845	30.9	-76.0	173.9	-54.5	51.4	197.1	72.0	8.6	6.2
의료기관 행정 자동화	R1 RCM	RCM	9,007	21.7	흑전	36.7		13.6	44.4	32.5	10.7	7.7

펠로톤 인터랙티브Peloton Interactive (PTON)

2012년 설립된 펠로톤 인터랙티브는 홈 트레이닝 플랫폼 기업입니다. 피트니스와 OTT를 결합한 비즈니스 모델을 가지고 있는데요. 운동 기구에 스크린이 부착되어 있으며, 스크린을 통해 실시간 또는 녹화된 트레이닝 수업을 받을 수 있습니다. 실시간 수강이 가능하기 때문에, 녹화된 수업만을 제공하는 기존 홈트레이닝 업체와 차별화되는 점이 있습니다.

사업 부문은 피트니스 제품과 구독 서비스로 구분되는데, 2021년(회계연도 7~6월) 기준 부문별 매출 비중은 각각 78.3%, 21.7%를 차지합니다. 바이크, 러닝머신 등 피트니스 제품을 판매하며 홈 트레이닝 영상 구독 서비스에서 매출이 발생합니다. 대부분의 매출은 북미(92.0%)에서 나오고 일부는 해외 지역(7.0%)에서 나옵니다.

 투자 포인트

코로나19로 사람들이 집에 머무르는 시간이 많아짐에 따라 집에서 운동하는 홈피트니스 수요 증가의 수혜를 펠로톤이 누릴 수 있습니다. OTT를 통해 라이브 수업에 참여하고 심장 박동수와 칼로리 소모량을 실시간으로 분석해주면서 PT 강사의 피드백을 받을 수 있습니다. 2020년 기준으로 서비스가 가능한 인구는 7,500만 명으로 시장 침투율이 7%에 불과합니다.

펠로톤 인터랙티브는 운동 기구 생산을 시작으로 OTT 콘텐츠 제작 그리고 배송으로 이어지는 수직 계열화를 구축했습니다. 통합적 솔루션을 통해 제품 개발력과 가격 경쟁력을 확보한 기업이죠. 대만과 미국에 운동 기구 생산 시설을 보유하고 있고 2020년 12월에는 운동 기구 제조사 프리코Precor를 인수해 생산량을 확대했습니다. 단점으로 제기되었던 제품 배송 지연 문제를 해결하기 위해, 미국 내 생산시설을 추가한 겁니다. 운동 기구와 연계된 러닝, 사이클링뿐만 아니라 댄스, 요가, 명상, 스트레칭 등 다양한 고품질의 피트니스 콘텐츠를 제공하고 있고 자체 물류 및 배송 시스템을 운영하고 있어 물류비 절감 효과도 기대해볼 수 있습니다.

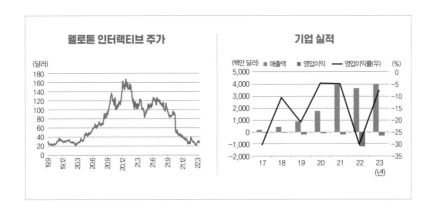

| | 펠로톤 인터랙티브 주가 | | 기업 실적 | |

펠로톤 인터랙티브 주가

(달러)
180
160
140
120
100
80
60
40
20
0

19.9 19.12 20.3 20.6 20.9 20.12 21.3 21.6 21.9 21.12 22.3

기업 실적

(백만 달러) ■ 매출액 ■ 영업이익 ― 영업이익률(우) (%)
5,000 0
4,000 -5
3,000 -10
2,000 -15
1,000 -20
0 -25
-1,000 -30
-2,000 -35

17 18 19 20 21 22 23 (년)

가단트 헬스Guardant Health (GH)

GUARDANT 가단트 헬스는 검사·진단 단계의 대표적 기업 입니다. 2011년 설립된 기업으로 액체생검liquid biopsy 키트를 개발했습니다. 액체생검이란 혈액 등 체액 속 DNA에 존 재하는 암세포 조직을 찾아 유전자 검사로 분석하는 것을 말합니다. 가 단트 헬스가 만드는 액체생검 키트는 기존 조직생검과 달리 혈액 검사 를 통해 암을 진단하는 기법으로 종양에서 분리되는 핵산과 엑소좀을 분석해 암을 진단할 수 있습니다.

사업 부문은 암 진단Precision oncology testing과 개발 서비스Development services로 구분되며, 매출 비중은 암 진단이 81.4%로 가장 크고 개발서 비스(18.6%)가 나머지를 차지합니다. 전적으로 매출은 미국(94.4%)에서 발생하고 나머지는 해외(5.6%)에서 발생합니다.

액체생검 시장 규모는 약 700억 달러 이상이 될 것으로 추정됩니다. 액체생검 시장은 암 치료에 적합한 약물을 선택하는 치료제 선택, 암 재발 관리, 암 조기 진단으로 구분할 수 있습니다. 세부 시장별로 보면 치료제 선택 60억 달러, 암 재발 관리 150억 달러, 암 조기 진단 500억 달러로 가단트 헬스는 암이 진행된 환자를 대상으로 하는 치료제 선택 시장에서 '가단트360' 키트를 통해 빠른 속도로 시장을 선점해가고 있습니다.

2020년 8월에는 FDA로부터 액체생검 키트 가단트360 CDx가 승인을 획득했습니다. 가단트360 CDx는 중추신경계를 제외한 모든 암에 적용 가능한 키트로, 범종양 액체생검 키트로는 최초로 FDA 승인을 받았습니다. 기존에는 조직검사가 어려운 경우에 액체생검을 진행했지만 FDA 승인 후에는 의사의 판단에 따라 액체생검 또는 조직생검 선택 여부를 결정하게 되었습니다. 액체생검이 표준 진단툴로 자리 잡을 수 있는 계기가 된 것입니다.

Insulet 인슐렛은 치료 효율화 부문을 대표하는 기업입니다. 2003년에 설립된 인슐린 패치 생산 및 판매 기업인데요. 2005년 세계 최초로 인슐린 패치 제품을 출시한 이후 약 16년간 독과점 시장 지위를 유지하고 있습니다. 주력 제품인 옴니팟은 환자 몸에 부착하여 인슐린을 주입하는데, 교체 주기가 3일인 만큼 주기적인 매출을 기대할 수 있습니다. 또한 소비자가 한번 이용하기 시작하면 다른 제품을 사용하기 어려워지는 락인 효과가 발생하는 구조입니다.

2021년 기준 사업 부문별 매출 비중은 미국 내 옴니팟이 59.3%로 가장 크고, 해외 옴니팟 32.8%, 인슐린 외 약물 패치 8.0% 순입니다. 지역별로 보면 미국(67.2%) 매출이 가장 크고 해외가 32.8%를 차지합니다.

투자 포인트

당뇨는 완치가 없고 꾸준한 관리에 초점이 맞춰져 있기 때문에 지속적으로 수요가 발생하는 시장입니다. 국제당뇨연맹에 따르면 2019년 기준 글로벌 당뇨 인구는 약 4.63억 명으로 20~79세 인구 중 9.3%를 차지합니다. 2030년에는 2019년 대비 25% 증가한 5.78억 명, 2045년에는 51%가 증가한 7억 명(20~79세 인구 중 9.6%)이 당뇨 진단을 받을 것으로 예상하고 있습니다. 당뇨 인구 증가에 따라 인슐렛의 인슐린 패치 제품 수요가 확대될 것으로 기대됩니다.

당뇨 환자들은 그동안 1세대인 인슐린 주사기, 2세대인 인슐린 펌프, 3세대인 인슐린 패치를 통해 당뇨를 관리해왔습니다. 현재 개발되고 있는 4세대 제품은 인공췌장으로 인슐렛도 2021년 하반기 출시를 목표로 덱스콤 사와 협업하여 인공췌장 패치 옴니팟5를 개발 중입니다. 혈당을 지속적으로 측정하고 필요한 양의 인슐린을 알고리즘을 통해 계산하여 주입하는 제품으로, 당뇨 환자들의 편의성을 높인 점이 특징입니다.

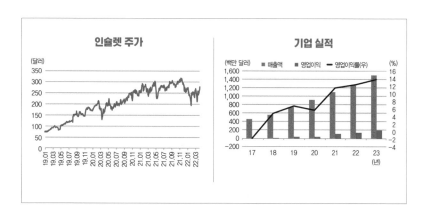

뉘앙스 커뮤니케이션즈Nuance Communications   (비상장)

 디지털 헬스케어의 치료 단계 내 의약품·의료기기 공급을 대표하는 기업은 뉘앙스입니다. 애플 시리에 음성인식 엔진을 공급해 더 유명한 기업으로, 〈포춘〉 100대 기업의 85%, 미국 내 병원의 90%를 고객사로 보유하고 있고 전 세계 45개 국가에 서비스 중입니다. 2021년 기준 매출 비중은 헬스케어 59.2%, 엔터프라이즈 39.3%, 기타 1.5%로 지역별로는 미국(80.0%) 매출 비중이 높고 나머지 20.0%는 해외에서 발생합니다. 2021년 4월 1일 마

이크로소프트가 뉘앙스 커뮤니케이션즈의 인수를 발표했고, 2022년 3월 7일 합병이 완료되어 현재는 비상장 상태입니다.

 투자 포인트

뉘앙스의 음성인식 인공지능 플랫폼은 의료 현장에서 의료진의 업무 부담을 경감하고 의료 업무 효율성을 극대화하는 데 도움을 주고 있습니다. 예를 들면 진료차트 작성 자동화, 원격의료 플랫폼인 DMO, 영상의학과 문서작성 자동화 솔루션인 파워스크라이브360, 인공지능 기반 문서 작성 솔루션 DAX입니다. 특히 DAX는 환자와의 대화 내용을 인식하고, 대화 내용을 인공지능을 통해 자동으로 문서화해주는 자동화 솔루션입니다. 환자 진료 시간과 대기 시간을 줄여주고, 진료 가능한 환자 수도 늘려주고 있어 DAX에 대한 의료기관의 수요가 앞으로 기대됩니다.

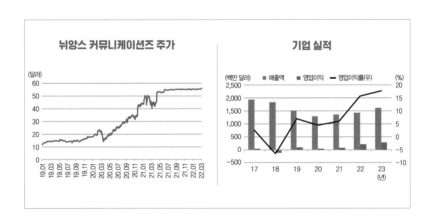

텔라닥 헬스Teladoc Health (TDOC)

 디지털 헬스케어의 밸류체인상 치료 단계 내 원격 환자 지원의 대표 기업은 2002년 설립되어 미국 내 최대 시장 점유율을 확보하고 있는 텔라닥 헬스입니다. 각 주별 라이선스를 보유한 경쟁사를 인수하면서 성장했고 2020년 5월 리봉고 헬스를 합병하면서 급성 질환 1차 진료부터 당뇨, 고혈압, 비만 등 만성 질환 관리, 물리치료, 정신건강 관리 등 광범위한 원격 건강 관리 서비스를 제공하고 있습니다.

텔라닥 헬스의 매출은 원격의료 사업에서 100% 발생하고 있고 2021년 기준 매출 비중은 구독이 85.2%로 가장 크고, 나머지는 진료 수수료가 12.5%를 차지합니다. 지역별 매출 비중은 미국(87.3%)이 최대 매출처로 해외는 12.7%를 차지합니다.

투자 포인트

텔라닥 헬스의 주력 시장은 미국의 1차 의료 시장입니다. 미국 의사 1명당 평균 환자 수는 370명인데, 의사 부족으로 1차 진료를 받지 못하고 있는 사람의 수는 6,200만 명에 육박합니다. 1차 병원에서 진료받기 위해 대기하는 시간은 평균 2.5주가 소요되기에 원격의료에 대한 필요가 증가할 수밖에 없는 거죠. 텔라닥 헬스는 환자가 언제 어디서나 인터넷, 화상 연결, 전화, 채팅 등을 통해 진료를 받게 해주는 서비스를 제공합니다. 24시간 365일 진료가 가능하고 진료 신청 후 대기하는 시간은 평균 10분 이하에 불과하기 때문에 가입자가 늘어날 수밖에 없겠죠? 원격의료 시장은 아직 초기 국면이라서 성장 잠재력이 풍부합니다. 전체 미국 인구

3.2억 명 가운데 텔라닥 헬스에 가입한 인원은 7,300만 명(구독/비구독 포함)에 불과합니다. 기존 기업 고객에 소속된 잠재 고객 6,500만 명을 포함하더라도 성장 여력이 충분한 상황이죠. 미국 내 당뇨와 고혈압 인구는 약 7,000만 명으로 추정되는데 이 가운데 0.9%만이 텔라닥 헬스의 멤버로 등록되어 있습니다. 향후 원격의료 시장 확대에 따라 텔라닥 헬스의 가입자 수는 지속적으로 증가할 겁니다.

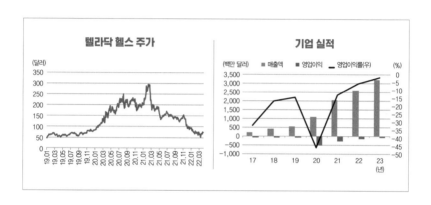

굿알엑스 GoodRx

의약품·의료기기 공급의 대표적인 기업은 굿알엑스입니다. 2011년 설립된 미국 온라인 의약품 가격비교 기업으로 2019년 9월에는 원격의료 업체 헤이닥터를 인수하며 원격의료 플랫폼 사업에도 진출했습니다. 수익 구조는 개인 소비자에게 의약품 가격 비교 서비스를 제공해주고, 의약품급여관리자PBM로부터 수수료를 수취합니다. PBM은 미국에만 존재하는 기관인데요. 의약품 목록 관리와, 제약회사와의 의약품 가격 협상을 담당하고 있습니다. 약값이 비싸고, 약국마다 가격이 다른 미국 시장 특성상 굿알엑스의 비즈니스 모델에 대한 수요는 지속될 겁니다.

투자 포인트

미국 헬스케어 시장 규모는 연간 4조 달러로 굿알엑스가 가져갈 수 있는 시장 규모는 8,000억 달러입니다. 처방의약품 5,240억 달러, 원격의료 2,500억 달러 등으로 헬스케어 시장이 성장할수록 굿알엑스의 성장도 따라갈 수밖에 없는 거죠. 미국 처방의약품 가격은 OECD 국가 평균 대비 2.56배 높습니다. 미국 개인파산의 66%가 의료 비용과 관련되어 있는 만큼 의료 비용 부담은 높고, 같은 약이라도 어디에서 구매하는지에 따라 가격이 달라지기도 합니다. 이에 따라 굿알엑스는 미국 내 7만여 개 약국과 제휴해 의약품 가격 비교 서비스를 제공함으로써 의약품 가격의 투명성을 높이고 있습니다.

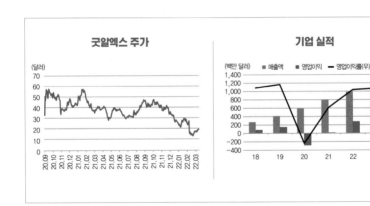

비바 시스템즈 Veeva Systems (VEEV)

Veeva 신약 개발과 임상실험의 효율화와 관련된 대표적
기업은 비바 시스템즈입니다. 2007년 세일스포스
의 부사장 출신인 피터 개스너가 설립한 생명과학 소프트웨어 기업입
니다. 국내외 993개 제약사와 생명과학 기업(바이엘, 머크, 셀트리온, 삼성
바이오로직스 등)을 고객사로 보유하고 있죠.

사업 부문은 커머셜 클라우드(SaaS 기반 고객관계관리CRM)와 볼트(임
상관리 플랫폼)의 2개로 구분되고, 2021년 기준 매출 비중은 각각 48.6%,
51.4%입니다. 기존에는 커머셜 클라우드가 주력 사업이었지만 2011년
출시한 볼트의 매출이 커머셜 클라우드의 매출을 상회하며 고성장하
고 있습니다. 매출의 80.2%는 구독료, 19.8%는 서비스(소프트웨어 설치,
교육 등) 이용에서 발생하고 있고 지역별로는 북미가 57.5%로 매출이
가장 높고 다음으로 유럽 27.5%, 아시아태평양 12.2%, 중동/아프리카/
남미 2.8% 순입니다.

투자 포인트

비바 시스템즈의 볼트는 생명과학 기업에 특화된 데이터 관리 플랫폼으로 임상실
험 전 사전준비부터 임상실험 후 최종 제품 생산까지 필요한 각종 데이터 관리 솔
루션을 제공합니다. 2011년 출시 이후 전체 매출에서 차지하는 비중이 2014년 4%
에 불과했지만 2021년에는 52%로 증가하며 실적을 견인하고 있습니다.
신약 개발 과정은 '전임상시험 → 임상시험 → FDA 심사 → 신약 판매 승인 → 시

판 후 조사'로 이루어집니다. 신약 개발 각 단계마다 다른 벤더의 소프트웨어를 사용할 경우 데이터 통합과 프로세스를 관리하는 데 막대한 비용과 비효율성을 야기하게 됩니다. 볼트는 신약 개발 과정을 아우르는 엔드투엔드end-to-end 플랫폼을 제공하여 이러한 문제가 발생하지 않도록 도와줍니다.

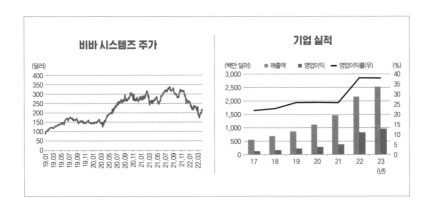

슈로딩거Schrodinger　　　　　　　　　　　　　　(SDGR)

SCHRÖDINGER.　　신약 개발·임상실험의 효율화와 관련된 또 다른 기업은 슈로딩거입니다. 1990년 설립된 신약 개발 기업으로 인공지능 머신러닝 기반 소프트웨어를 통해 신약 개발에 드는 연구 비용과 시간을 획기적으로 단축시켜주고 있습니다. 글로벌 상위 20개 제약사를 고객사로 두고 있고 빌게이츠재단이 지분 12.4%를 보유한 2대 주주입니다.

　사업 부문은 소프트웨어(후보물질 발굴 플랫폼)와 신약 개발 2개 부문으로 소프트웨어에서는 인공지능과 머신러닝 기반 소프트웨어를 통해 약물에 적합한 후보물질을 찾아냅니다. 신약 개발에서는 자체 파이프라인과 타 회사와의 파트너십을 통해 신약 개발을 진행합니다. 2021년 매출 비중은 소프트웨어 82.1%, 신약 개발 17.9%로 구성되어 있고 지역별 매출 비중은 미국 65.5%, 유럽 20.2%, 일본 6.2%, 그 외 8.1% 순입니다.

 투자 포인트

신약 개발 프로세스는 발굴Discovery 단계와 개발Development 단계로 구분되는데요. 슈로딩거의 소프트웨어는 발굴 단계에서 연구 시간과 비용을 줄이는 데 초점이 맞춰졌습니다. 발굴 단계에서는 '유효물질Hit 도출 → 선도물질Lead 창출·최적화 → 후보물질Candidate 창출'의 프로세스를 거치는데, 전통적인 신약 개발은 위 과정에서 5,000개의 분자를 실험하는 데 4~5년이 소요됩니다. 그러나 슈로딩거는 인공지능과 머신러닝 플랫폼을 통해 위 과정을 효율화해 1,000개 분자를 선정하고 이를 합성하고 실험하는 데 2~3년이 소요되게 하였습니다. 제약회사 입장에서는 신약 개발에 들어가는 시간과 비용을 획기적으로 단축할 수 있게 된 거죠.

슈로딩거는 자체적으로 신약 개발 파이프라인을 보유하고 있습니다. 현재 5개 파이프라인을 보유 중이며 모두 후보물질 발굴 단계에 있습니다. 2022년 말까지 최대 3개 파이프라인에 대한 임상개시신청서IND를 신청할 것으로 예상됩니다. 이처럼 자체 파이프라인을 보유하고 있는 만큼 소프트웨어 기업이면서 바이오 기업의 조건을 갖춰, 향후 성장성에 대해 의심할 여지가 없습니다.

| 슈로딩거 주가 | 기업 실적 |

프로지니 Progyny (PGNY)

재무·운영 부문 가운데, 의료 수가 제도 최적화와 관련된 대표적 기업은 프로지니입니다. 프로지니는 불임, 난임 등 출산과 관련된 보험 서비스를 제공하는 기업으로 2015년에 설립되었습니다. 2021년 기준으로 약 180개 기업의 임직원 265만 명(2016년 대비 25배 증가)을 고객으로 보유하고 있습니다. 그동안 불임은 건강상 큰 문제를 일으키지 않고, 사적인 문제로 여겨졌기 때문에 임직원 복지에서 소외된 측면이 있었습니다. 그러나 최근 ESG의 중요성이 부각되는 영향과 맞물리며, 여성 임직원의 복지에 대한 관심과 개선이 나타나고 있어 프로지니의 고객 수 증가로 연결될 가능성이 큽니다.

프로지니는 기업과 계약을 맺고 해당 기업 임직원에게 불임 관련 보험 서비스를 제공합니다. 미국 내 650개 불임 클리닉과 제휴하고 해당 클리닉에서 치료받은 비용을 전액 보장합니다. 미국 내 상위 50개 불임 클리닉 중 46개사와 제휴하고 있어 불임 보험 시장을 선점하고 있습니다.

 투자 포인트

불임치료 시장 규모는 2016년 168억 달러에서 2023년 310억 달러로 증가할 전망입니다. 미국질병통제센터CDC에 따르면 보조생식기술, 즉 시험관 체외수정, 인공수정 등 난임시술 시장 규모는 약 70억 달러로 2013~2018년 연평균 10% 성장을 기록했습니다. 현재 프로지니의 도달가능시장TAM 침투율은 4% 수준에 불과하기 때문에, 매년 성장하는 불임치료 시장에서 프로지니가 성장할 여력이 많다고 봅니다.

미국 불임환자의 평균 치료 비용은 약 6만7,000달러로 추정됩니다. 인공수정은 회당 4,000달러, 시험관 치료는 회당 1.8만 달러, 의약품은 1.4만 달러 등 비용 부담이 꽤 큽니다. 2020년 기준 미국 대기업의 47%가 불임 관련 의료복지를 제공하고 있으나 이들 중 87%는 치료비 보장 상한액을 두고 있어, 임직원들은 불임 치료에 여전히 경제적 부담을 느끼는 것으로 분석되고 있습니다. 프로지니는 이러한 틈새를 파고들어 보장 한도를 둔 기존 보험 상품과 달리, 전국 650개 불임 전문 클리닉과 제휴를 통해 치료받은 의료비 전액을 보장받을 수 있도록 하였습니다. 상품 매력도가 높은 만큼 가입자 수는 꾸준히 증가하고 있습니다. 특히 타사에서 프로지니로 옮기는 타사 고객의 전환율은 67%로 높고 기존 고객의 재가입률은 100%에 근접하고 있어 향후 성장세를 뒷받침할 전망입니다.

미국 불임환자 평균 치료 비용

[자료: 프로지니]

구분	평균 가격(달러)	평균 시술 횟수	비용(달러)
IUI(인공수정)	4,000	3회	12,000
IVF(시험관)	18,000	2.2회	39,600
IVF 관련 약제비	7,000	2.2회	14,000
총 비용			67,000

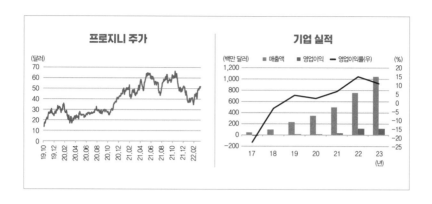

| 프로지니 주가 | 기업 실적 |

R1 RCM (RCM)

R1. 재무·운영 부문 중, 의료기관의 행정 자동화와 관련된 대표 기업은 R1 RCM입니다. 2003년 설립된 R1 RCM은 의료기관용 수익주기관리솔루션RCM 기업입니다. RCM은 다양한 비용 지급 기관으로부터 수입을 극대화하기 위해 만들어진 의료기관 수익 관리 플랫폼인데요. 2003년 어크레티브 헬스라는 사명으로 설립된 이후, 2017년 어센션 타워브룩 캐피털Ascension-TowerBrook Capital 컨소시엄에 인수되면서 현재 쓰이고 있는 R1 RCM으로 사명이 변경되었습니다. 매출은 전적으로 미국에서 발생하고 있습니다.

투자 포인트

병원 입장에서 RCM은 청구서 취합 과정과 결제 체계 간의 단계를 최소화하고 수익 누락과 손실을 최소화할 수 있습니다. 향후 건강보험개혁법 개정 등 각종 변화에 유연하게 대처하기 위해서 병원들은 RCM과 같은 수익 관리 솔루션을 도입해야 합니다. 이러한 RCM의 장점과 도입의 필요성을 높이는 의료 환경 변화로 인해 RCM을 도입하는 병원이 늘어날 것으로 전망돼, R1 RCM은 안정적인 성장세가 지속될 것입니다.

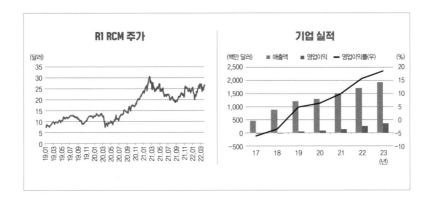

디지털 헬스케어 관련 ETF 소개

지금까지 디지털 헬스케어의 밸류체인을 대표하는 기업들을 살펴봤다면, 디지털 헬스케어의 산업 전반에 투자하고 싶은 경우에는 ETF를 통해 투자할 수 있습니다. 디지털 헬스케어 관련 ETF는 3종으로 'Global X Telemedicine & Digital Health ETF^EDOC', 'ROBO Global Healthcare Technology and Innovation ETF^HTEC', 'Invesco DWA Healthcare Momentum ETF^PTH'가 있습니다.

'Global X Telemedicine & Digital Health ETF'는 2020년 7월

29일 첫 출시된 이후 2022년 6월 24일 기준 총자산은 1억6,154만 달러로 하루 평균 거래금액은 59만4,000달러입니다. 구성 국가 비중은 미국 88.70%, 홍콩 8.83%, 독일 2.48% 순으로 높고, 상위 구성 종목은 JD 헬스 인터내셔널 5.57%, 마시모 5.28%, 알리바바 건강 정보 기술 5.23%, 옴니셀 4.97%, 애질런트 테크놀러지 4.60%, 체인지 헬스케어 4.51%, 유나이티드헬스 그룹 4.44%, 레스메드 4.33%, 레버러토리 4.32%, R1 RCM 4.16% 순으로 상위 10개 기업이 전체 ETF 종목 비중의 47.41%를 차지하고 있습니다.

'ROBO Global Healthcare Technology and Innovation ETF'는 2019년 6월 24일 첫 출시된 이후 2022년 6월 24일 기준 총자산은 1억656만 달러로 하루 평균 거래금액은 97만5,000달러입니다. 구성 국가 비중은 미국 81.09%, 홍콩 3.62%, 스위스 3.53%, 영국 1.98%, 이탈리아 1.45% 순으로 높고 상위 구성 종목은 트위스트 바이오사이언스 1.97%, 베라사이트 1.84%, 앨나일람 파마슈티컬 1.75%, STAAR 서지컬 1.74%, 글라우코스 1.66%, 나테라 1.65%, 텔라닥 헬스케어 1.63%, 인슐릿 1.62%, 덱스콤 1.61% 순으로 상위 10개 기업이 전체 ETF 종목 비중의 17.16%를 차지하고 있습니다.

'Invesco DWA Healthcare Momentum ETF'는 2006년 10월 12일 첫 출시된 이후 2022년 6월 24일 기준 총자산은 2억2,510만 달러로 하루 평균 거래금액은 184만 달러 입니다. 구성 국가 비중은 미국에만 100% 투자하고 있습니다. 상위 구성 종목은 유나이티드헬스 그룹 4.91%, 써모 피셔 사이언티픽 4.78%, 다나허 4.72%, 일라이릴리앤드컴퍼니 3.95%, 에드워드 라이프사이언시스 3.94%, 앤섬 3.61%, 조에티스 3.45%, CTI 바이오파머 3.15%, 인트라 셀룰라 테라퓨틱스 3.00%, 랜티우스 홀딩스 2.90% 순으로 상위 10개 기업이 전체 ETF 종목 비중의 38.40%를 차지하고 있습니다.

디지털 헬스케어 ETF

[기준일: 2022년 6월 24일]

구분	ETF명	티커	총자산 (백만 달러)	거래대금 (백만 달러)	운용보수 (%)	분배율 (%)
디지털 헬스케어	Global X Telemedicine & Digital Health ETF	EDOC US	161.5	0.6	0.68	0.22
	ROBO Global Healthcare Technology and Innovation ETF	HTEC US	106.6	1.0	0.68	0.34
	Invesco DWA Healthcare Momentum ETF	PTH US	225.1	1.8	0.60	0.33

전기차 이후를 주도할 우주항공

2021년 7월, 드디어 우주여행이 꿈이 아닌 현실이 되었습니다. 리처드 브랜슨 영국 버진그룹 회장과 아마존 창업자 제프 베이조스가 각각 설립한 우주항공 기업인 버진 갤럭틱과 블루 오리진이 만든 우주선을 타고 무중력을 체험하고 왔습니다. 1969년 미국의 아폴로11호가 인류 최초로 달에 착륙한 날 이후, 두 번째로 기억될 기념비적 사건이라는 점에서 앞으로 민간 우주여행 시대가 본격화되는 데 물꼬를 텄다고 평가할 수 있습니다.

그동안 우주 탐사는 미국, 러시아, 중국, 영국, 프랑스, 일본, 유럽연합 등 강대국들이 국력을 과시하기 위해 국가 차원에서 진행해왔고, 태양계 행성에 무인 우주선을 보내 행성의 토양이나 대기 등을 조사해왔습니다. 그러나 민간 기업들이 뛰어들면서 우주여행이라는 새로운 사업 영역이 만들어지고 순수 민간인을 대상으로 한 본격적인 관광 상품을 만들 것으로 보여, 우주여행 산업에 대한 기대감이 커질 것으로 전망됩니다.

버진 갤럭틱, 우주여행을 현실로 만들고 있는 기업

2004년 설립된 버진 갤럭틱은 버진그룹의 리처드 브랜슨 회장이 설립한 민간 우주항공 기업으로 본사는 미국 캘리포니아에 있습니다. 2019년 10월 스팩 합병을 통해 뉴욕증권거래소에 상장했습니다. 우주 탐사는 최첨단 기술과 막대한 자본이 필요한 만큼 진입장벽도 높고 도전하는 기업도 극히 소수입니다. 버진 갤럭틱에 이어 블루 오리진은 아마존 창업자 제프 베이조스, 스페이스엑스는 테슬라 창업자인 일론 머스크가 설립했다는 점도 눈에 띌 수밖에 없습니다. 강한 모험심과 막대한 부를 보유한 부호만이 도전할 수 있는 사업 영역인거죠.

> **스팩SPAC**
> **Special Purpose Acquisition Company**
> 주로 비상장 기업에 대한 인수합병을 목적으로, 주식 공모와 상장을 통해 조달한 자금으로 설립하는 서류상 회사(페이퍼컴퍼니). 금융회사나 M&A 전문가 등이 우량 비상장 회사를 발굴한 뒤 M&A를 거쳐 회사를 상장시킴으로써 이익을 얻기 위해 설립함

버진 갤럭틱은 2020년 12월 유인우주선 시험 비행에 실패했지만, 2021년 7월 12일에 드디어 리처드 브랜슨 회장과 버진 갤럭틱 직원

3명, 조종사 2명을 포함한 총 6명을 태우고 우주여행에 성공했습니다. 사실 민간인이 최초로 우주를 다녀온 것은 2001년 4월 28일입니다. 2001년부터 2009년까지 미국의 우주 전문 여행사 스페이스 어드벤쳐스가 러시아의 소유즈 우주선을 이용해 관광 상품을 출시했는데, 미국인 사업가 데니스 티토가 2,000만 달러를 내고 민간인 가운데 최초로 우주여행을 다녀옵니다. 그 이후 2009년까지 민간인 6명이 우주여행을 다녀왔습니다. 그러나 버진 갤럭틱은 민간 우주항공 기업이 발사체에 민간인을 태워 우주여행을 성공했다는 점에서는 최초입니다. 쉽게 말하면, 국가가 소유한 우주선이 아닌 민간 기업이 만든 우주선을 타고 우주를 다녀오게 되었다는 것이죠.

버진 갤럭틱의 첫 우주여행은 지구 상공 약 86킬로미터까지 상승한 후, 무중력을 경험하고 지상으로 내려오는 여정입니다. 여행에 사용한 우주선은 로켓을 쏘아올리는 수직 이착륙 비행이 아닌, 항공기와 로켓을 혼합한 활공 비행입니다. 먼저 우주선을 실은 모선이 상공 약 14킬로미터 지점까지 우주선을 운반합니다. 이후 분리된 우주선이 공중에서 엔진을 점화해 마하 3의 속도로 날아 약 86킬로미터 상공까지 상승하게 됩니다. 이번 우주여행에 참여한 6명의 승객들은 약 3~4분간 무중력 상태를 체험했습니다.

버진 갤럭틱에 이어 블루 오리진을 통해 우주여행을 다녀온 아마존의 창업자 제프 베이조스는 리처드 브랜슨 회장은 진짜 우주에 다녀온 게 아니라고 견제하기도 했는데요. 이는 우주로 칭하는 고도를 두고 정의가 다르기 때문이죠. 국제항공연맹FAI은 항공기가 날지 못하는 구간인 고도 100킬로미터 지점인 카르만 라인Karman Line을 넘어서야 우주라고 정의합니다. 그러나 NASA와 미국연방항공청FAA은 고도 80킬로미터부터 우주라고 정의하고 있습니다.

우주의 정의에 이어 우주 비행사를 판단하는 정의도 있습니다. 미국연방항공청은 과거에는 고도 80킬로미터 이상을 비행하면 상업 우주 비행사로 인정했습니다. 그런데 2021년 7월 20일 상업 우주 비행사 인정 조건에 '우주 비행 중 공공 안전을 위한 특수 활동을 하거나 우주 비행 안정에 기여해야 한다'는 조항을 추가했습니다. 이에 따라 버진 갤럭틱의 비행은 우주여행으로는 인정받을 수 있으나 상업 우주 비행사로는 인정받지 못하게 되었습니다. 버진 갤럭틱은 이번 우주여행이 공기역학, 궤적, 속력 등을 확인하기 위한 테스트였다면서 앞으로 2번의 추가 우주여행을 계획하고 있다고 밝혔습니다.

2021년 7월, 우주여행에 성공한 두 기업인 버진 갤럭틱과 블루 오리진은 민간 우주항공 기업이라는 공통점을 가지고 있지만 우주를 여행하는 방식에는 현저한 차이가 있습니다. 먼저 우주선의 비행 방식을 놓고 보면, 버진 갤럭틱은 항공기와 로켓을 혼합한 글라이딩 방식입니다. 반면 블루 오리진은 수직 이착륙 방식으로 부스터와 캡슐이 고도 100킬로미터 지점인 카르만 라인 가까이 도달한 이후, 분리된 캡슐만 카르만 라인을 넘어선 후 다시 지상으로 낙하하는 방식입니다.

또 다른 차이는 버진 갤럭틱은 조종사 2명이 탑승하지만 블루 오리진은 조종사 없이 자율비행모드로 움직인다는 점입니다. 이러한 우주선 비행 방식과 함께 우주선에 탑승하는 승객들의 경우 사전훈련을 받아야 하는데요. 버진 갤럭틱은 4일이 소요되고 블루 오리진은 1일이 소요됩니다. 이러한 사전훈련을 마친 승객들은 우주여행을 위한 비행시간에 있어 현격한 차이가 생기게 됩니다. 버진 갤럭틱은 90분 비행시간에 우주의 무중력을 체험하는 시간은 약 3~4분이고, 블루 오리진은 11분 비행시간에 우주의 무중력을 체험하는 시간은 3~4분니다. 각각 25만 달러, 20만 달러에 달하는 우주여행 티켓 가격을 감안하면 가성비는 버진 갤럭틱이 높다고 볼 수 있겠죠?

버진 갤럭틱 vs. 블루 오리진 우주여행 비교

구분		버진 갤럭틱	블루 오리진
우주선 브랜드		스페이스십투 (SpaceShipTwo)	뉴 셰퍼드 (New Shepherd)
비행 방식	조종사	2명	자율비행모드
	이륙	공중발사	로켓발사
	착륙	활주로 이용	낙하산 이용
	미국 연방항공청(FAA) 라이선스 취득	O	O
탑승 방식	우주여행 시간	90분(우주 무중력 체험 3~4분)	11분 (우주 무중력 체험 3~4분)
	사전 훈련 기간	4일	1일
	티켓 가격	25만 달러	20만 달러
	좌석수	6명	3명 이상

우주항공 시장의 현황과 전망

1969년 7월 20일, 미국의 우주선인 아폴로11호가 수천 년간 인류에게

동경의 대상이었던 달에 인류의 첫 발자국을 찍었던 날입니다. 인류 최초로 달에 발걸음을 내디딘 닐 암스트롱은 "이것은 한 인간에게는 한 걸음이지만, 인류에게는 위대한 도약이다"라는 한마디를 남기기도 했죠. 시간이 흘러 38여 년 후 2007년에는 대부분의 국가가 정부 주도로 우주 경쟁을 벌여왔습니다. 정부가 주도하는 이 시기를 '올드 스페이스Old Space'라고 부릅니다. 그리고 2010년대 들어 IT기술로 무장한 스타트업들이 우주 경쟁에 뛰어들면서 우주 산업의 패러다임이 변하기 시작했습니다. 바야흐로 '뉴 스페이스New Space' 시대가 찾아온 것이죠.

우주 개발 패러다임 변화

Old 패러다임	군사·안보 영역 (1950~1990년)	냉전시대. 미국과 구소련은 체제 우월성 증명 수단으로 우주 개발에 집중
New 패러다임	신성장 산업 (2000~2040년)	국가에서 민간으로 중심축 이동. 우주공간의 경제적 활용에 초점을 맞춘 민간 기업의 등장
Next 패러다임	인류 문제 해결 (2040~2100년)	루나 골드러시, 외계 행성(골디락스존) 탐사 등 인류 문제 해결을 위한 우주 개발

　　미국 정부는 NASA의 낮은 생산성을 높이고자 우주항공 관련 프로젝트를 민간 우주항공 기업으로 이전하고 있습니다. 미국 연방정부 예산 중, NASA의 예산이 차지하는 비중은 1965년 4.31%를 정점으로 감소하기 시작해 1994년 이후부터는 1% 이하로 낮아졌습니다. 예산이 낮아지는 것은 민간 우주항공 기업의 권한이 커진다는 의미겠지요?

　　1986년 NASA의 챌린저 우주왕복선의 폭발사고로 군사 위성 확보에 어려움을 겪게 된 미국공군우주사령부는 '발전형 소모성 우주 발사체’ 프로젝트를 자체적으로 추진하게 됩니다. 우주왕복선 대신, 일회용 발사체를 민간 주도로 개발해 군사위성을 궤도에 올리겠다는 계획이었죠. 이를 놓칠 리 없는 전통적인 군수 기업인 록히드 마틴과 보잉은 ‘유나이티드 론치 얼라이언스United Launch Alliance’라는 조인트 벤처를 설립해, 민간 우주항공 시장에 첫발을 내딛게 됩니다.

그 이후 우주 산업에 도전장을 내민 스타트업은 우주 산업과 전혀 상관없는 기업들로, 도전 정신만으로 전통적인 군수 우주항공 기업들과 경쟁하게 됩니다. 대표적으로 제프 베이조스의 블루 오리진과 일론 머스크의 스페이스엑스가 IT 기술력과 혁신적인 아이디어를 결합해 새로운 발사체, 인공위성 프로젝트를 내놓고 있습니다.

블루 오리진은 제프 베이조스가 2000년에 창업한 스타트업입니다. 2015년에는 궤도에 진입하지 않고 관광 목적으로 우주를 탐험하는 발사체인 뉴 셰퍼드New Shepard를 개발했습니다. 현재 블루 오리진은 스페이스엑스처럼 1단 로켓을 재사용할 수 있는 뉴 글렌New Glenn 프로젝트를 진행하고 있습니다.

스페이스엑스는 테슬라 CEO인 일론 머스크가 2002년 국제우주정거장 보급과 상업용 인공위성 발사를 목적으로 설립한 스타트업입니다. 로켓을 회수해 다시 사용하면 발사 비용을 10분의 1로 줄일 수 있다는 아이디어를 통해, 빠른 속도로 우주 산업 시장에 침투했습니다. 2006년에 NASA와 국제우주정거장의 화물 운송계약을 맺었고, 2012년에는 세계 최초로 상업용 우주선을 발사해 국제우주정거장에 도킹시켰습니다. 2015년에는 펠컨9이라는 로켓을 발사한 뒤 회수해 재활용하는 데 성공했고, 스타링크라는 위성 네트워크망 사업에도 진출했습니다. 2019년 11월에는 팰컨9을 통해 스타링크 위성 60대를 발사하는 데도 성공했습니다. 또한 달과 화성 여행을 목적으로 하는 스타호퍼Starhopper도 개발하여 길이 118m에 폭 9m인 '빅 팰컨 헤비 로켓BFR'을 제작해 그 위에 우주 왕복선을 부착하려고 구상 중입니다.

인공위성도 IT 기술력과 혁신적인 아이디어가 결합해 큐브위성을 활용한 스타트업이 나타나고 있습니다. 큐브위성은 가로·세로·높이 10센티미터의 작은 크기에 오픈소스Open Source 방식으로 소프트웨어를 개발해 탑재할 수 있습니다. 또한 대량생산이 가능해 상업적으로도 인기가 높습니다. 대표적인 스타트업이 플래닛 랩스Planet Labs입니다. 플래닛 랩스는 수백 개의 큐브위성을 500~630킬로미터 상공의 지구 저궤도에 올려놓고, 지상 3미터에서 근접 촬영이 가능한 해상도로 지구 표면을 촬영해 맞춤형 정보를 제공하고자 합니다.

올드 스페이스와 뉴 스페이스 비교

구분	올드 스페이스	뉴 스페이스
목표	군사, 안보 등 국가적 목표	시장 개척 등 상업적 목표
기간	장기	단기
주체	국가기관(정부 주도)	민간 기업(자율경쟁)
특징	보수적, 위험 회피	혁신성, 위험 감수
	고비용	저비용
주요 시장	우주 인프라	우주관광, 재활용 로켓, 우주광물 채굴
대표 사례	아폴로 프로젝트, 우주왕복선	팰컨 헤비(스페이스엑스), 뉴 셰퍼드(블루 오리진)

우주 산업의 주도권이 정부에서 민간으로 옮겨지면서 스페이스엑스, 블루 오리진, 버진 갤럭틱 등 민간 우주항공 기업이 주도하는 상업적 우주 개발로 우주 산업 규모가 빠르게 성장하고 있습니다. 미국의 권위 있는 비영리 우주기구인 스페이스 파운데이션은 2020년 전 세계 우주 산업의 전체 규모는 4,470억 달러로 전년 대비 4.4% 성장했다고 밝혔습니다. 이 가운데 민간부문이 주도하는 우주 산업 규모는 전년 대비 6.6% 성장한 3,566억 달러로 전체 규모의 79%를 차지합니다. 민간 우주 산업 시장에서 발생하는 매출의 62%에 해당하는 2,196억 달러는 위성통신, 위성TV, 위성라디오 등 인공위성을 기반으로 하는 상품과 서비스에서 발생했고, 나머지 1,370억 달러는 인공위성 및 발사체 제작과 같은 우주 인프라와 지원 사업 부문에서 발생했습니다.

우주 산업은 앞으로 발사 비용이 급격히 하락하면서 더 빠르게 발전할 것으로 전망됩니다. 2015년 유나이티드 론치 얼라이언스의 우주 로켓인 아틀라스V는 1킬로그램의 화물을 우주로 보내는 데 약 2만 200달러라는 비용을 내야 했습니다. 하지만 스페이스엑스가 제작한 팰컨 헤비는 화물 1킬로그램당 수송비를 2,200달러까지 낮췄고 재활용 로켓을 활용할 경우 이보다 30% 낮은 금액을 제시하고 있습니다. 발사 비용이 5년이 채 되지 않아, 10분의 1 이하의 수준으로 내려온 거죠. 우주 산업의 시장규모는 2020년 4천억 달러 수준에서 향후 연평균 성장률 4.3~9.5%로 성장하며 2040년 최소 9천억 달러에서 최대 30조 달러 수준에 이를 것으로 전망돼, 새로운 성장 동력이 될 것입니다.

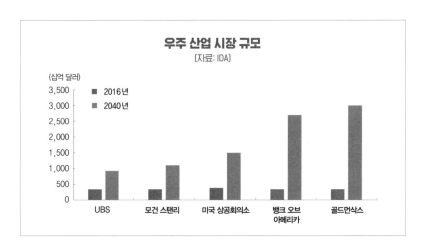

우주 산업 시장 규모
(자료: IDA)

(십억 달러)
- 2016년
- 2040년

우주항공
핵심 포인트

뉴 스페이스가 가져온 큰 변화는 저비용으로 우주에 접근할 수 있는 기술을 개발한 것입니다. 가장 가깝게는 우주여행이 대표적이라고 볼 수 있어요. 이와 같은 개념을 우주항공의 일반적인 밸류체인으로 구분한다면 우주관광, 위성정보 등 전방 산업과 위성, 로켓 등 후방 산업으로 나눌 수도 있으나, 지구 안이 아닌 지구 밖으로 새로운 과학 연구와 기술 개발을 통해 확장해나간다는 측면에서 우주과학적 층위를 나눠 구분해볼 필요가 있습니다.

크게 준궤도권 우주, 궤도권 우주, 심우주의 3개로 나눌 수 있는데요. 먼저 준궤도권 우주에 대해 알아볼까요? 지상으로부터 80~100킬로미터 떨어진 카르만 라인에 진입한 후 이탈을 위한 우주선을 제조하고, 우주관광을 목적으로 합니다. 준궤도 우주비행은 백만장자들의 전유물로 여겨졌던 우주정거장을 통한 우주관광을 대체할 수 있는 상품으로 미국의 민간 기업이 주도하고 있습니다.

밸류체인이라고 할 수 있는 우주선 제조는 버진 갤럭틱의 100% 자회사인 더 스페이스십 컴퍼니The Spaceship Company와 블루 오리진이 우주관광을 목적으로 개발과 테스트를 진행하고 있습니다. 2인이 탑승하는 발사체 링스Lynx를 개발한 미국의 엑스코XCOR는 2016년 5월 구조조정을 진행한 후, 링스의 진행 상황에 대한 소식을 거의 발표하지 않고 있습니다. 우주관광은 버진 갤럭틱, 블루 오리진 그리고 중국 기업인 아이스페이스iSPACE가 상품을 계획하고 있습니다.

궤도권 우주는 지상으로부터 180~36,000킬로미터 궤도에서 사용될 인공위성과 우주정거장을 만들고, 관련된 서비스를 제공하는 범주에 속합니다. 발사체부터 시작해 인공위성의 고성능화를 위한 연구개발 지속과 우주정거장을 통해 인간이 장기간 체류할 수 있는 여건을 만드는 거죠. 궤도권 우주의 밸류체인은 크게 3가지로 구분할 수 있습니다.

먼저 위성 산업을 살펴보면 말 그대로 인공위성의 제조와 발사, 인공위성을 활용할 수 있는 지상장비 제조, 브로드밴드 인터넷 서비스, 지리정보 서비스, 안보정보 서비스 등이 포함됩니다. 두 번째는 우주운송과 체류를 위한 우주정거장 제조, 우주정거장에서의 관광, 물품보급이 해당되고, 세 번째는 우주작업, 즉 무중력 3D 프린팅 제조, 로봇 작업, 우주자원활용 등이 해당됩니다.

심우주는 우주개척과 자원탐사가 주를 이룹니다. 우주개척과 관련해서는 달, 화성, 소행성, 성간 우주까지 우주공간에서의 달 궤도 관광, 자원 탐사 및 채굴, 인류거주지 개척, 우주의 시공간 차원의 탐사 등을 아우르고 있습니다. 자원탐사 측면에서 달 얘기를 빼놓을 수 없는데요. 1969년 인류 최초로 달에 착륙했던 아폴로11호 이후, 달 착륙 프로그램인 아르테미스 프로그램을 진행하며 달 탐사 경쟁이 새로운 국면을 맞이하고 있습니다.

달이 다시 주목받는 이유는 경제적으로 이용할 수 있는 자원 확보와 함께 심우주 탐사를 위한 중간 기착지로 활용될 수 있다는 점이죠. 그동안 유인·무인 탐사를 통해 달에는 물과 헬륨-3, 우라늄, 희토류 등의 희귀자원이 있는 것으로 확인되고 있습니다. 헬륨-3는 핵융합 에너지원으로 2055년 이후 상용화가 예상되는 핵융합 발전에 이용될 수 있는 만큼, 달 탐사에 대한 동기부여 역할을 하고 있습니다.

뉴 스페이스 시대를 주도하는 민간 기업들은 정부기관에 대한 매출보다 발사체, 우주선, 우주정거장, 소형 위성, 로봇 등을 바탕으로 B2C, B2B, 기업과 정부 간에 이뤄지는 B2G 서비스에 집중하고 있습니다. 향후 3년 내 가시적인 성과가 예상되는 분야는 우주관광과 저궤도 위성군 서비스입니다.

버진 갤럭틱과 블루 오리진이 기폭제로 작용한 우주관광은 그동안 경험하지 못했던 미지의 영역인 만큼, 큰돈을 들여서라도 한 번쯤은 경

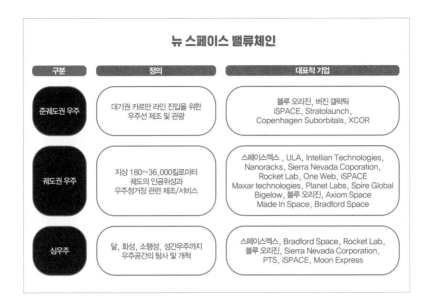

뉴 스페이스 밸류체인

구분	정의	대표적 기업
준궤도권 우주	대기권 카르만 라인 진입을 위한 우주선 제조 및 관광	블루 오리진, 버진 갤럭틱 iSPACE, Stratolaunch, Copenhagen Suborbitals, XCOR
궤도권 우주	지상 180~36,000킬로미터 궤도의 인공위성과 우주정거장 관련 제조/서비스	스페이스엑스 , ULA, Intellian Technologies, Nanoracks, Sierra Nevada Coporation, Rocket Lab, One Web, iSPACE Maxar technologies, Planet Labs, Spire Global Bigelow, 블루 오리진, Axiom Space Made In Space, Bradford Space
심우주	달, 화성, 소행성, 성간우주까지 우주공간의 탐사 및 개척	스페이스엑스, Bradford Space, Rocket Lab, 블루 오리진, Sierra Nevada Corporation, PTS, iSPACE, Moon Express

험하고자 하는 슈퍼리치들의 욕구가 클 수밖에 없습니다. 스페이스엑스는 2021년 9월에 민간인으로 구성된 단체 우주여행에 나섰습니다. '인스피레이션4'로 명명된 우주여행 프로젝트에 탑승하는 민간인은 전자결제 플랫폼인 시프트포페이먼츠Shift4Payments CEO인 재레드 아이삭맨으로 20억 달러 전후의 억만장자입니다. 이번 우주여행을 위해 본인을 포함한 4명의 탑승권을 구매했고 자신과 함께 우주여행을 할 3명을 직접 선정해 이들의 탑승 비용도 부담합니다. 2022년 현재 38세인 아이삭맨은 2004년 첫 비행 훈련을 받은 후 2009년 개인 제트기로 최단시간 세계일주 비행 기록을 세운 바 있습니다. 당시 비행 시간은 종전 기록을 20시간 단축한 62시간이었습니다.

우주관광 스타트업 기업인 엑시엄 스페이스Axiom Space도 2022년

1월 스페이스엑스의 우주선을 타고 국제우주정거장ISS에 다녀오는 민간인 우주관광 계획을 하고 있습니다. NASA가 2019년 일정한 비용을 받고 ISS를 민간인의 우주관광용으로 개방하는 정책을 확정하면서, 엑시엄 스페이스가 ISS에 다녀오는 관광을 계획할 수 있었던 거죠. 모두 4명이 탑승하는데, 1명의 우주비행사를 제외하면 나머지 3명은 1인당 5,500만 달러를 지불하게 됩니다. 엑시엄 스페이스 부사장이 동행하며, 오하이오주 부동산 투자회사 임원, 이스라엘 출신 사업가, 캐나다 투자회사 매브릭의 CEO 모두 슈퍼리치입니다.

우주항공 경쟁력 평가 전문기관인 퓨트론Futron에 따르면 슈퍼리치는 순자산의 1.0~1.5% 정도는 일회성으로 소비할 의사가 있다고 밝히고 있습니다. 버진 갤럭틱의 우주여행 사전 예약자의 70%가 2,000만 달러 이상의 순자산을 가지고 있고 순자산의 1.25%에 해당하는 25만 달러 티켓을 구매했습니다. 이처럼 새로운 관광상품인 우주여행이 그동안 슈퍼리치가 주로 이용했던 요트 대여, 섬 대여 등을 대체할 겁니다. 특히 버진 갤럭틱의 우주관광 탑승권이 25만 달러인데 반해, 요트 대여는 50만 달러, 섬 대여는 23만 달러이기 때문에 슈퍼리치라면 최소 한번은 우주여행을 경험하고 싶지 않을까요?

우주관광에 이어 저궤도 위성군 서비스도 로켓 재활용을 통해 발사 비용이 낮아진 만큼, 빠른 성장이 예상되는 분야입니다. 과거 상업성이 부족해 파산과 투자 중단이 반복된 분야인데 현재는 인공지능과 모빌리티 시장과 연계할 수 있는 만큼 상업성이 높아졌습니다. 저궤도 위성군이 촬영한 영상은 인공지능을 통해 위성정보로 변환해 국방, 농업, 제조업 등에 맞춰 맞춤형 정보분석 서비스를 제공합니다. 예를 들면 미국 싱크탱크 전략국제문제연구소CSIS는 맥사테크놀로지스Maxar Technologies가 촬영한 위성 영상을 통해 북한의 군사 동향을 파악합니다. 가마바Gamava 사는 농작물 상태, 해충 피해 등을 파악하는 농지 진단 서비스를 제공하고 있습니다. 또한 저궤도 위성군에서 수집되는 데이터에 대한 기업들의 활용도가 높아지면서 이를 처리·저장·분석할 수 있는, 우주에 특화된 클라우드 시장도 성장할 겁니다. 마이크로소프트는 애저 오르비탈Azure Orbital, AWS는 그라운드 스테이션Ground Station이라는 우주 클라우드 서비스를 출시했습니다. 지상국의 인프라 없이 지상국을 가상화하여 위성데이터를 관리하고 디지털 플랫폼으로 활용하고 있습니다.

우주항공 대표 종목

우주항공 산업을 선점하기 위해 각축전을 벌이고 있는 미국 기업들에 대해 궁금할 수밖에 없겠죠? 우리 귀에 익숙한 우주여행 기업들은 분명 있지만, 버진 갤럭틱을 제외한 스페이스엑스, 블루 오리진은 아직 비상장이라 투자에 제한이 있습니다. 다만 미리 기업에 대해 공부해둔다면, 상장된 이후에 누구보다 빠르게 투자 기회를 잡을 수 있겠죠? 지금부터 우주항공을 대표하는 기업들을 만나보겠습니다.

SPACEX　먼저 만나볼 기업은 스페이스엑스입니다. 테슬라 창업자 일론 머스크가 2002년 설립한 민간 우주 기업으로 더 유명해지기도 했죠. 민간 우주 기업으로서 처음으로 유인우주선을 발사하고 화성 이주를 계획하는 등 다양한 프로젝트를 통해 뉴 스페이스 시대를 열었습니다. 2015년 구글과 피델리티가 10억 달러를 투자한 만큼, 향후 성장성에 대해 투자자 사이에서도 어느 정도 공감대가 형성되었습니다.

사업 분야는 위성인터넷, 우주수송 서비스, 로켓 개발, 심우주 탐사로 다양한 프로젝트가 진행 중입니다.

팰컨9는 재사용이 가능한 화물용 중형발사체입니다. 2010년 6월 4일 최초로 발사되었고 우주 개발 역사상 재사용이라는 개념을 최초로 도입한 발사체입니다. 민간 기업이 우주 개발에 주도적으로 참여할 수 있다는 점을 각인시켜준 계기가 되었습니다.

팰컨 헤비는 팰컨9보다 화물 적재 능력을 3배로 키운 발사체로 2024년까지 화성에 인류를 보내겠다는 머스크의 꿈을 실현하기 위해 개발한 대형 발사체입니다. 드래곤은 승객과 화물을 수송하는 캡슐우주선으로 민간 유인우주선 최초로 궤도에 진입했습니다. 2020년 5월 NASA 우주비행사 2명을 태우고 궤도에 진입해 유인 임무를 시작하게 해준 유인우주선이 스페이스엑스에서 개발한 드래곤 2호였습니다. 스타십은 화성 등 심우주 탐사를 위한 중대형 유인우주선으로 2026년 첫 비행을 목표로 하고 있습니다. 스타링크는 저궤도 인공위성 사업을 위한 프로젝트로 저고도에 인공위성을 띄워 지구를 아우르는 초고속 통신망을 구축하려는 계획을 가지고 있습니다.

 투자 포인트

스페이스엑스의 스타링크 프로젝트는 2020년 12월 미연방통신위원회FCC로부터 광대역 인터넷 서비스 보급을 위해 8억9,000만 달러 규모의 보조금을 지급받아 저궤도 인공위성 사업으로 자리 잡아가고 있습니다. 2020년 미국 북부 시골 지역을 중심으로 베타 테스트를 실시한 이후 2021년 1월부터 캐나다와 영국으로 서비스를 확대했습니다. 또한 17개국에 지사를 설립해 서비스 지역의 글로벌 확장을 노리고 있습니다.

이와 함께 주목할 사업은 '트랜스포터-2'로 불리는 소형 위성 승차 공유 프로그램입니다. 스타링크 위성 발사시, 다른 민간 기업이나 정부 소속의 위성을 지구 궤도에 함께 운반해주는 서비스입니다. 이로써 로켓 합승 시대가 열리게 된 것이죠. 2021년 1월 24일 우주발사체인 팰컨9에 실린 143개의 위성 가운데, 스타링크 위성은 10개였을 뿐 나머지 133개 위성은 민간 기업과 정부 소속이었습니다. 서비스 이용 가격은 200킬로그램 당 100만 달러 수준이고 팰컨9의 1회 발사 비용은 약 6,200만 달러로 인공위성을 지구 궤도에 올리고자 하는 기업 입장에서 별도의 로켓을 제작할 필요가 없어 적은 비용으로 위성 발사가 가능해진 겁니다. 스타링크와 함께 부수적인 수익을 창출할 수 있는 비즈니스 모델이 되고 있습니다.

스페이스엑스의 또 다른 매력은 NASA의 우주운송 수요가 집중될 수 있다는 점입니다. NASA는 자체 우주왕복선 운행 중단 이후 어쩔 수 없이 러시아 연방우주국 Roscomos에 대한 의존도가 커진 상황이었기 때문에, 이를 줄이고자 민간 우주 기업을 찾는 상황이었습니다. 스페이스엑스는 2012년부터 총 21번 ISS으로 가는 화물 운송을 수행했고 2020년 5월에는 NASA 우주비행사를 ISS에 보내는 데 성공하면서, 향후 NASA와 우주화물 및 우주비행사 수송 관련 체결이 늘어날 가능성이 높습니다.

블루 오리진Blue Origin 비상장

블루 오리진은 아마존 창업자 제프 베이조스가 2000년에 설립한 민간 우주 기업입니다. 스페이스엑스와 함께 뉴 스페이스 시대를 대표하는 기업으로 우주관광, 우주수송 서비스를 영위하고 있습니다. 2021년 제프 베이조스가 아마존 CEO를 사임한 뒤, 블루 오리진에 집중하겠다는 뜻을 밝혔고 우주항공 산업이 새로운 먹거리로 떠오르고 있는 걸 알 수 있습니다. 재밌는 점은 인간의 화성 이주를 목표로 하는 스페이스엑스와 달리 블루 오리진의 목표는 인간이 우주에서 거주할 수 있는 인프라 구축이라는 점입니다.

블루 오리진은 준궤도권 우주부터 궤도권 우주, 심우주에 이르는 전 영역에 걸쳐 사업을 영위하고 있습니다. 발사체는 우주관광용으로 사용되는 뉴 세퍼드와 우주화물용으로 개발되고 있는 뉴 글랜이 대표적이고 뉴 글랜은 2022년 첫 시험비행이 예정되어 있습니다. 스페이스엑스의 스타링크처럼 블루 오리진도 아마존과 함께 카이퍼 프로젝트를 추진하고 있죠. 카이퍼 프로젝트는 광대역 인터넷 접근이 어려운 수천만 명의 사람들에게 인공위성을 이용하여 인터넷 서비스를 제공하는 장기 프로젝트로 아마존이 100억 달러를 투자한 위성 인터넷 사업입니다.

블루 오리진과 스페이스엑스가 뉴 스페이스 시대에 서로 경합하고 있는 기업이라는 점은 앞서 설명했습니다. 블루 오리진이 가진 차별점을 알기 위해서는 두 기업 간 차이점을 꼽아야겠죠? 바로 심우주를 개척하려는 목적입니다.

블루 오리진은 지구를 보호하기 위해 달을 활용하고자 합니다. 달은 24시간 태양광 발전이 가능하고 표면 아래 물과 희귀자원 그리고 토양이 존재한다는 점에서 달을 통해 태양계로 확장하려고 하는 겁니다. 이를 위해 달 착륙선인 블루문Blue Moon을 개발하고 있습니다. 2024년까지 달 남쪽 극점인 얼음층에 무사히 착륙해 탐사하고 최종적으로는 우주비행사와 우주관광객을 탑승시켜 운반하는 것을 목표로 하고 있죠. 블루문에는 달 표면 탐사용 자율주행 차량 4대가 실리고 화물은 최대 3.6톤까지 운반할 수 있고 우주비행사는 최대 6명까지 탑승할 수 있습니다. 블루문에 장착되는 BE-7 엔진은 달 표면에서 쉽게 구할 수 있는 산소와 수소로 작동하도록 설계되었습니다.

NASA도 현재 장기적 관점에서 달 탐사 계획과 화성 탐사 계획을 추진하는 아르테미스 미션을 진행중에 있습니다. 크게 3가지 미션으로 구성되어 있는데 1단계는 2021년 비행체의 성능을 시험하는 무인 미션, 2단계는 2023년 통신과 운항 시스템을 시험하는 유인 미션, 3단계는 2024년 우주선을 달 표면에 보내는 것입니다. 2024년이 되면 1972년 아폴로17호 미션을 마지막으로 한동안 달에 발을 딛지 못했던 인류의 발자국이 달 표면에 닿게 될 가능성이 커지는 만큼, 블루 오리진이 개발하고 있는 달 착륙선 블루문에 대한 관심도 커질 전망입니다.

메이드 인 스페이스Made In Space 〔비상장〕

메이드 인 스페이스는 우주공간에서 3D 프린팅을 구현할 수 있는 기술을 보유한 기업으로 2001년 설립되었습니다. 3D 프린터는 원료를 적층하거나 액체성 원료를 한층씩 고체화하는 방식으로 제작되는데, 무중력 공간에서 3D 프린팅을 구현한다는 것 자체만으로도 보통의 기술력 가지고는 안 되겠다는 생각이 들죠? 사업 모델은 3D 프린터를 이용해 국제우주정거장에서 부품 출력을 돕고, 우주공간에서 미세중력을 활용해 첨단 광섬유 지블란 ZBLAN을 생산하게 해줍니다. 또한 국제우주정거장 밖에서 출력할 수 있는 3D 프린터를 통해 부품을 생산하게 합니다.

투자 포인트

우주공간에서 필요한 물품들은 모두 지구에서 공급받아야 한다는 한계가 있을 수밖에 없습니다. 시간도 많이 걸리겠지만 비용 또한 만만치 않겠죠? 그래서 우주공간에서 3D 프린팅을 통해 필요한 부품을 조달하게 된다면 시간, 비용 등 비효율적인 면이 많이 개선되게 됩니다. 메이드 인 스페이스의 3D 프린팅 기술이 불가능했던 일을 가능하게 만들어주고 장기적으로 우주비행사가 우주공간에서 체류할 수 있는 시간을 늘려줄 수 있는 만큼 우주 개척에 꼭 필요한 기술입니다.

메이드 인 스페이스는 우주공간에서 위성 제조에 필요한 부품을 생산하고 조립하는 아키넛 원 프로젝트를 진행하고 있습니다. 지구에서 제작된 위성을 우주로 실어나르는 것이 아니라 우주공간에서 위성을 제작하겠다는 취지인거죠. 망원경이나 그 밖의 대형 구조물을 3D 프린팅 기술을 통해 구현할 경우, 완성품을 우주로 옮길 때 드는 천문학적 수송 비용을 줄이고 장기적으로 달 표면에 기지를 건설하는 데 예상했던 완공 기간을 줄일 수 있어 여러모로 효율성이 높아질 겁니다.

로켓 랩은 '큐브샛'이라 불리는 초소형 위성을 중심으로 2006년 설립된 발사 서비스 제공과 위성 제작 기업입니다. 경쟁 업체인 스페이스엑스, 블루 오리진과 다른 점은 초소형 위성을 중심으로 낮은 비용에 발사체를 이용할 수 있다는 점이죠. 낮은 비용을 위해 기체에 탄소섬유를 사용하고 로켓 재활용 등 새로운 기술을 접목하는 시도를 꾸준히 해왔습니다. 또한 초소형이라는 강점을 살려서 준궤도권 우주에 위성을 띄우는 것은 물론이거니와 향후 심우주권 내 금성까지 위성과 탐사선을 보낼 계획을 하고 있습니다. 로켓 랩이 만드는 대표적 발사체는 일렉트론으로 길이 18미터와 지름 1.2미터의 크기로 최대 300킬로그램을 적재할 수 있습니다. 포톤은 사용 용도에 따라 맞춤 제작이 가능한 인공위성으로 다양한 형태로 제작할 수 있습니다.

투자 포인트

경쟁 업체가 가질 수 없는 로켓 랩의 최대 강점은 낮은 발사 비용입니다. 1회 발사에 소용되는 비용은 500만 달러 수준으로 스페이스엑스의 발사체인 팰컨9의 10% 수준이고, 발사체 재활용시 제작비용의 70%를 회수할 수 있습니다. 이렇게 낮은 발사 비용이 가능했던 것은 무게를 줄이기 위해 경량화와 소재 혁신에 공을 들였기 때문입니다. 기존 발사체는 가스펌프를 사용한 엔진을 장착했지만 로켓 랩은 배터리로 작동하는 전기모터로 펌프를 작동시켜 연료를 주입하는 엔진을 장착해 경량화를 이뤘습니다. 또한 동체 소재로 일반적으로 사용되는 알루미늄, 스테인리스강 대신 탄소섬유를 사용해 발사체 무게를 최대 40% 줄였습니다. 여기서 그치지 않고 엔진 제작에 필요한 부품을 3D 프린팅을 통해 생산해, 엔진 제작에 소요되는 시간을 하루로 단축시킴에 따라 전체적으로 발사체 생산에 소요되는 시간과 비용을 줄일 수 있었습니다.

로켓랩은 스페이스엑스처럼 위성 운반 공유 서비스를 통해 고객의 위성을 궤도에 진입시키고 있습니다. 발사 비용이 낮은 만큼, 저비용 발사체의 이점을 살려서 스페이스엑스보다 자주 발사할 수 있어 부가적인 수익 창출의 기회도 있습니다.

문 익스프레스Moon Express   (비상장)

문 익스프레스는 2016년 민간 우주 기업 최초로 달 탐사 승인을 받은 기업입니다. 전설적인 천문학자 칼 세이건의 제자 밥 리차즈가 설립한 회사로 더 유명해졌죠. CEO인 밥 리차즈의 목표는 명확합니다. 달에 있는 자원을 채굴하여 돈을 버는 것이죠. 달 탐사용 착륙선인 MX-1, MX-2, MX-5, MX-9을 개발 중이고, NASA의 민간 달착륙선 사업인 CLPS에 참여하여 연구 보조금을 받고 있습니다.

투자 포인트

문 익스프레스는 달의 희귀자원과 수자원을 이용해 달을 우주로 향하는 길목으로 활용하려고 합니다. 이를 위해 착륙, 연구, 채굴로 이어지는 3가지 프로젝트를 진행 중입니다. 착륙은 달 탐사에 필요한 장비들을 탑재하여 달 남극 지점에 착륙하는 것으로 달 물리학, 일반 상대성 이론 등의 연구를 진전시킬 것으로 기대하고 있습니다. 연구는 달 남극 지점에 매장된 헬륨-3, 희토류 등 경제적으로 효용가치가 높은 자원을 채굴하고, 말 그대로 달 연구의 전초기지를 세우는 프로젝트입니다. 채굴은 달에서 채굴한 자원을 지구로 가져오는 것입니다. 이러한 프로젝트를 위해 연구개발은 하고 있지만, 아직은 뚜렷한 결과물은 없는 상태입니다. 2017년까지 MX-1 착륙선을 통해 달 탐사를 진행하려고 했지만 2020년으로 1차 연기한 이후 재차 연기를 하고 있습니다. 문 익스프레스에 대한 관심이 있다면 앞으로 연구개발하고 있는 프로젝트가 실제 이행되는지 여부를 확인해야 하는 숙제가 남습니다.

시에라 네바다 Sierra Nevada Corporation (비상장)

 시에라 네바다는 뛰어난 기술력을 바탕으로 한 민간 우주항공, 방산 업체입니다. NASA는 물론 민간 기업을 여럿 보유한 기업으로 미국, 영국, 독일, 터키에 생산시설을 두고 우주선, 항법 장치, 감시통신 장치, 원격의료 장비, 전자전 장비 등을 제작하고 있습니다. 사업 분야는 우주, 방위, 민간항공으로 우주에서는 NASA의 국제우주정거장 우주왕복선, 심우주 탐사 프로그램에 참여하고 있으며 방위에서는 항공 전자기기, 레이더 장치, 무인항공 시스템 등 관련 서비스를 제공하고 있습니다. 민간항공에서는 항공기 부품 제작과 사이버보안, 네트워크 솔루션 등의 소프트웨어를 제공하고 있습니다.

시에라 네바다는 NASA와 돈독한 파트너십을 유지하는 게 강점 아닌 강점입니다. 2016년 NASA의 우주정거장 화물수송임무를 담당하는 3개 기업에 선정되었습니다. 2022년부터 드림체이서 우주왕복선을 통해 6회 이상 우주정거장과 지구를 왕복하며 화물을 보급할 예정인데요. 드림체이서의 특징은 일반 활주로에 착륙할 수 있는 유일한 우주왕복선이라는 점입니다. 특히 지구 대기권 재진입시 화물 탑재칸을 태워 쓰레기 등을 소각할 수 있어 활용가치가 높습니다. 발사체는 유나이티드 론치 얼라이언스의 벌칸을 사용할 예정입니다.

또한 NASA의 우주 거주공간 개발 프로젝트인 넥스트스텝-2에 참여해 1년 이상 장거리 우주 탐사가 가능한 거주 공간을 설계 중입니다. 2020년 7월에는 화성 탐사 미션에도 참여해 화성 탐사 로봇인 퍼시비어런스에 탑재되는 8가지 부품을 생산하고 있습니다.

막서 테크놀로지스Maxar Technologies　　(MAXR)

MAXAR 드디어 미국 증시에 상장된 기업이 나왔네요. 막서 테크놀로지스는 지구의 98%를 커버할 수 있는 위성 인프라와 시스템을 보유한 위성 솔루션 분야의 선도 기업입니다. 2017년 MDA홀딩스와 디지털 글로브가 합병해 탄생했고 사업부는 크게 2개로 나뉩니다. 데이터 분석과 플랫폼 그리고 데이터 처리가 포함되는 어스 인텔리전스Earth Intelligence와 위성 제조와 우주 탐사, 로봇이 포함되는 우주 기반 시설Space Infrastructure로, 2021년 기준 매출 비중은 61.75%, 41.81%를 차지하고 있습니다. 막서 테크놀로지스는 4개의 자회사를 가지고 있습니다. 2020년에 1억 4,000만 달러에 인수한 브리콘은 위성 3D 데이터 서비스를 제공합니다. 디지털글로브는 초고해상도 위성 영상 테이터를 판매하고 있고, 2016년에 인수한 레디언트 솔루션즈Radiant Solutions는 위성 데이터 모델링 및 데이터 분석 사업을 맡고 있습니다. SSL은 위성을 제조합니다.

투자 포인트

위성 산업이 성장하는 만큼, 위성을 통해 창출되는 방대한 양의 데이터를 처리하는 것도 쉽지 않겠죠? 막서 테크놀로지스는 위성 영상을 판매하는 디지털글로브에 머무르지 않고 2016년 레디언트 솔루션즈 인수를 통해 위성 데이터 모델링과 데이터 분석 영역으로 확장하고, 2020년 위성 3D 데이터 서비스를 제공하는 브리콘을 인수하면서 종합 위성 솔루션 업체로 우뚝 섰습니다. 일본 도요타 자동차와 손잡고 인공지능을 위성데이터에 적용해, 자율주행용 HD맵을 구현하고 있고, 자체 제작한 고해상도 위성인 월드뷰-3에 합성곱 신경망CNN 기술을 결합해 멸종위기 동물을 포착해 관리할 수 있는 시스템도 개발했습니다.

막서 테크놀로지스는 자회사 SSL을 통해 지구 관측위성을 제조하고 있습니다. 다수의 고해상도 위성을 개발했고 자회사 디지털글로브를 통해 고해상도 위성 영상을 촬영해 구글, 마이크로소프트 등의 빅테크 기업에 판매하고 있습니다. 최근에는 하루 2번만 촬영이 가능했던 기존 위성의 단점을 개선해 최대 15번 촬영이 가능한 월드뷰 리전을 2022년 우주 궤도에 올려 군사 작전에 활용한다는 계획도 세우고 있습니다.

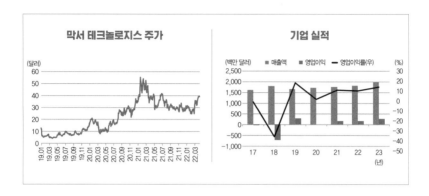

| 막서 테크놀로지스 주가 | 기업 실적 |

버진 갤럭틱Virgin Galactic Holdings (SPCE)

 이제는 익숙한 기업을 살펴볼 수 있겠네요. 버진 갤럭틱은 영국 버진그룹의 리처드 브랜슨 CEO 가 2004년 설립한 민간 우주 기업입니다. 스페이스엑스, 블루 오리진과 함께 유명한 CEO 덕분에 우리에게 널리 알려진 회사죠. 현재 증시에 상장되어 있어서 당장 투자할 수 있습니다. 2019년 10월, 지분 49%를 약 8억 달러에 인수하는 스팩 합병을 통해 뉴욕증권거래소에 상장되었습니다.

버진그룹은 우주 사업의 전문성을 위해 사업 부문별로 3개의 회사로 나눠 운영하고 있습니다. 유인 우주여행 사업을 진행하는 버진 갤럭틱과, 버진 갤럭틱의 자회사로 우주선 스페이스십2SS2와 모선Motership, 화이트나이트2WK2의 설계 및 생산을 담당하는 더 스페이스십 컴퍼니, 그리고 2017년 버진 갤럭틱에서 분사된 초소형 인공위성과 발사체 사

업을 진행하는 버진 오르빗입니다. 버진 갤럭틱의 우주선은 뉴멕시코에 위치한 스페이스포트에서 운항됩니다.

버진 갤럭틱은 낮은 티켓 가격을 바탕으로 우주여행의 대중화를 앞당길 잠재력이 큽니다. 티켓당 가격은 25만 달러로 현재 약 600여 명의 예비 승객을 모집했고 약 1,000명은 다음 티켓이 판매될 때를 위해 1,000달러의 보증금을 예치했습니다. 경쟁사인 블루 오리진의 티켓 가격은 20~30만 달러, 스페이스엑스는 5,500만 달러로 상품 구성에 차이가 있는 만큼 절대적인 비교는 되지 않겠지만, 버진 갤럭틱이 추진하는 우주여행 방식이 지상발사가 아닌 공중발사 방식인 만큼 앞으로 티켓 가격은 더 낮아질 것입니다. 버진 갤럭틱은 향후 10년 내로 티켓 가격을 4만 달러까지 낮출 수 있을 것으로 예상하고 있습니다. 버진 갤럭틱이 공중발사를 택했기 때문에, 지구 중력과 날씨에 구애받지 않아 비용이 적게 들 수밖에 없는 거죠. '블루 오리진의 티켓 가격이 20만 달러에서 시작되니까 더 싼 거 아니야?'라고 생각이 들 수 있겠지만 버진 갤럭틱은 우주여행에 90분이 소요되지만 블루 오리진은 발사체 엔진 점화에서 지구 귀환까지 11분이 소요되기 때문에 시간당 비용만 높고 따진다면 버진 갤럭틱의 티켓 비용이 저렴하는 생각이 들 거예요.

버진 갤럭틱은 2021년 7월 11일, 인류 최초로 관광을 목적으로 한 우주여행에 성공했습니다. 우주관광 산업이 상용화되는 첫 신호탄이 되었다는 점에서 앞으로 상업적 운행이 본격화될 경우 이익 성장 국면에 빠르게 진입할 것입니다. 운항 1회당 탑승인원이 6명일 경우, 매출은 150만 달러로 발사체 엔진과 연료비 12만1,000달러, 보험 및 훈련 등 고객 부대 비용 19만3,000달러, 유지보수비 등 운영비 11만8,000달러를 제외시 106만8,000달러 전후의 공헌이익이 발생하게 됩니다. 버진 갤럭틱은 1년에 약 400번의 비행을 목표로 하는 만큼, 이를 달성할 경우 연간 4억3,000달러에 달하는 공헌이익을 창출할 수 있습니다. 현재는 우주항공 산업의 성장성에만 주목해 관련 기업들에 대한 관심이 높아지는 단계이지만, 우주여행의 상업화가 본격화될 경우 수익창출 관점에서 버진 갤럭틱의 매력이 높아질 것입니다.

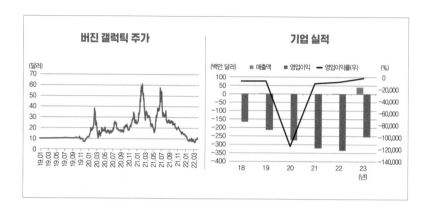

록히드 마틴 Lockheed Martin LMT

록히드 마틴은 세계 최대 방위 산업체이자 우주항공 업체로 1995년 록히드 사와 마틴 메리에타 사가 합병하면서 탄생되었습니다. 합병 이전에 록히드는 F16, F22, C130, A4AR 같은 전투기와 DSCS-3 위성을 생산했습니다. 마틴 메리에타는 타이탄로켓, 샌디아국립연구소 설비, 우주왕복선 외부연료탱크, 바이킹 1호와 2호의 착륙장치, 궤도변환장치를 생산했던 기업입니다. 합병 이전 GE의 항공우주 사업 부문을 인수하고 제너럴 다이내믹스 General Dynamics와 합병을 통해 우주 산업에 진출했죠. 현재 자체적인 우주 사업 부문과 보잉과 함께 설립한 ULA를 통해 우주 관련 사

업을 진행하고 있습니다. 2021년 매출액은 670억 달러로 사업 부문별 매출 비중은 항공기 39.9%, RMS 25.0%, 우주 17.62%, MFC 17.4%입니다. 지역별 매출 비중은 미국이 72.50%로 가장 크고 유럽 10.08%, 아시아 태평양 9.11%, 중동 6.34%, 그 외 2.0% 순입니다.

투자 포인트

록히드 마틴이 내세울 수 있는 최대 강점은 오랫동안 견조한 실적 성장을 보여왔다는 점입니다. 믿고 투자할 수 있다는 점이죠. 특히 우리가 관심있게 살펴보고 있는 우주 사업 역시 견조한 실적을 보이고 있다는 점입니다. 2021년 기준 전체 매출액 가운데 우주 사업 부문이 차지하는 비중은 17.62%로 차세대 공중 지속 적외선 체계OPIR 프로젝트를 수주했고, 차세대 OPIR 프로젝트는 우주에서 대륙간탄도미사일을 감시하는 정찰위성체계인 기존 우주 적외선 시스템SBIRS을 대체하는 것으로 신규 수주가 지속되고 있습니다. 2020년 12월 우주 사업을 강화하는 목적으로 로켓 엔진을 만드는 에어로젯 로켓다인AJRD을 44억 달러에 인수하는 등 우주 사업에 대한 투자는 지속되고 있습니다.

우주 사업과 관련해서 보잉과 2006년 합작 투자하여 설립한 ULA에 대해 살펴봅시다. 스페이스엑스와 블루 오리진 등 민간 우주 기업이 등장하기 전까지 미 공군과 NASA의 민간 파트너사로서 발사체 프로젝트를 독점했으나 민간 우주 기업들이 막강한 자본력을 바탕으로 뛰어들면서 현재 시장 지배력은 점차 약화되고 있습니다. ULA가 보유하고 있는 로켓 기종은 아틀라스V, 센토, 델타IV의 3가지입니다. 아틀라스V와 델타IV의 후속 기종으로 벌칸 로켓의 개발을 진행하고 있고 2022년 하반기에 발사를 예정하고 있습니다. 벌칸 로켓은 재사용이 가능한 로켓으로 블루 오리진의 BE-4엔진을 사용해, 러시아 엔진 RD-180을 사용한 기존 로켓인 아틀라스V와 델타IV의 단점을 보완했습니다.

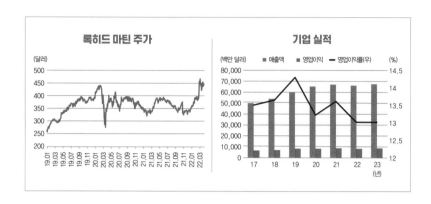

록히드 마틴 주가	기업 실적

이리디움Iridium (IRDM)

iridium 이리디움은 글로벌 위성통신 서비스 업체로 우여곡절이 많은 기업입니다. 설립 초기에는 모토로라로부터 기술과 금융을 지원받았는데 총투자금액은 50억 달러 수준이었습니다. 1998년 11월 시범 서비스를 시작했으나 가입자를 확보하는 데 실패해 1년을 못 채우고 1999년 8월 파산 신청을 하게 됩니다. 그 이후 미 국방부를 거쳐 2001년 보잉 사에 2,500만 달러에 매각되어 현 상호인 'Iridium Satellite'로 새 출발하게 됩니다. 사업 모델은 81기의 저궤도 인공위성을 통해 위성전화, 위성 와이파이 등 위성통신 서비스를 제공하는 것으로 극지방에서도 사각 없는 연결이 가능하다는 강점을 가지고 있습니다. 81기 중 75기는 궤도에 진입했고 나머지 6개는 예비용으로 육지에 보관하고 있습니다. 2021년 지역별 매출 비중은 미국이 53.86%로 가장 크고 해외 46.14% 순입니다.

이리디움은 극궤도 위성 시스템을 바탕으로 지구 전체를 커버할 수 있습니다. 극궤도 위성Polar Orbit은 위성이 북극과 남극을 도는 동안 지구가 자전함에 따라 지구 표면 전체를 관측할 수 있는데요. 어떠한 상황에서도 연결이 가능하기 때문에 군사작전, 해운시장, 극지방지역에서 화상회의, 원격의료 등을 가능하게 해줍니다. 2019년 30억 달러를 투자해 기존 네트워크 대비 데이터 처리 용량과 처리 능력이 증대된 차세대 저궤도 위성네트워크인 이리디움 넥스트 서비스를 출시했습니다.

1999년 8월 파산했던 배경에는 해외출장이 잦은 정부 관계자와 비즈니스맨을 타깃으로 지상의 이동통신을 대체할 수 있을 거라고 판단했지만, 지상 이동통신이 로밍, 단말기 소형화, 비용 혁신을 통해 급격히 성장하면서 상대적으로 높은 비용과 벽돌 휴대폰이라는 불편함에 경쟁력을 상실할 수밖에 없었습니다. 파산 이후 인수합병을 거치는 과정을 통해 극한의 오지, 원양어선, 비행기 등 항상 통신연결이 되어야 하는 정부기관, 해운사, 항공, 극지방 연구소 등으로 타깃을 변경하면서 2001년 이후 가입자 수와 영업이익이 꾸준히 증가하는 추세입니다. 2021년 기준 유료 가입자 수는 172만 명으로 매 분기 가입자 수가 증가하고 있습니다.

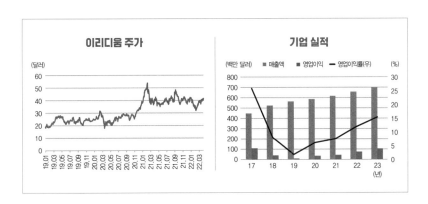

우주항공 관련 미국 주식

[기준일: 2021년 6월 24일]

구분	종목명	티커	시가총액 (백만 달러)	주가 (달러)	EPS (% YoY)		ROE (% YoY)		PER (배)		PBR (배)	
					22E	23F	22E	23F	22E	23F	22E	23F
우주항공	레이테온 테크놀로지스	RTX	140,096	94.2	86.5	21.4	73.1	21.8	19.7	16.3	1.9	1.9
	보잉	BA	83,734	141.5	적지	흑전			-188.2	24.4	-6.9	-10.3
	록히드 마틴	LMT	111,509	419.0	17.9	5.8	-11.6	-14.9	15.6	14.8	10.2	9.4
	제너럴 다이내믹스	GD	61,742	222.3	5.1	16.2	-5.2	8.9	18.3	15.8	3.3	3.2
	텔레다인 테크놀로지	TDY	17,708	378.0	79.4	10.3	30.7	-2.5	21.0	19.0	2.2	2.0
	L3 해리스 테크놀로지	LHX	45,046	233.6	49.7	8.1	42.7	6.1	17.2	15.9	2.3	2.3
	노스롭 그루만	NOC	72,080	463.7	-43.0	10.0	-51.2	0.4	18.7	17.0	5.2	4.7
	트랜스다임 그룹	TDG	29,419	538.8	57.8	35.0		-77.8	32.9	24.3	-10.6	-13.1
	텍스트론	TXT	13,038	60.6	21.9	16.8	7.3	8.9	15.1	12.9	1.9	1.7
	엑슨	AXON	6,828	96.2	흑전	25.6		15.4	51.0	40.6	5.6	5.1
	버진 갤럭틱	SPCE	1,699	6.6	적지	적지			-4.5	-5.6	3.2	5.9

우주항공 관련 ETF 소개

앞으로 무한한 성장이 기대되는 산업인 만큼, 여러 우주항공 기업에 투자할 수 있도록 ETF 상품 출시도 많아질 겁니다. 현재는 2가지 ETF 가 미국 증시에 상장되어 있죠. 가장 대표적인 ETF는 'iShares U.S. Aerospace & Defence ETF^{ITA}'입니다. 순자산 규모가 39억 달러로, 출시된 지 얼마되지 않은 경쟁상품 'ARK Space Exploration and

Innovation ETF^{ARKX}'와는 비교가 되지 않죠. 물론 시간이 지나 순자산 규모의 역전이 일어날 수도 있겠지만 현재로서는 ITA ETF를 투자시 우선순위로 두고 살펴볼 필요가 있습니다.

'iShares U.S. Aerospace & Defence ETF'는 2005년 5월 1일 첫 출시된 이후 2022년 6월 24일 기준 총자산은 36억 달러로 하루 평균 거래금액은 6,438만 달러입니다. 구성 국가 비중은 미국 100%로, 상위 구성 종목은 레이테온 테크놀로지스 22.03%, 록히드 마틴 16.04%, 보잉 6.39%, 노스롭 그루만 4.59%, L3 헤리스 테크놀로지 4.44%, 제너럴 다이내믹스 4.41%, 텍스트론 4.11%, 호멧 에어로스페이스 4.07%, 트랜스다임 4.03%, 뮤추얼 펀드 3.38% 순으로 상위 10개 기업이 전체 ETF 종목 비중의 73.48%를 차지하고 있습니다.

'ARK Space Exploration and Innovation ETF'는 2021년 3월 30일 첫 출시된 이후 2022년 6월 24일 기준 총자산은 2억9,644만 달러로 하루 평균 거래금액은 320만 달러입니다. 구성 국가 비중은 미국 80.33%, 프랑스 6.33%, 일본 5.48%, 홍콩 2.62%, 이스라엘 2.31% 순으로 높습니다. 상위 구성 종목은 트림블 9.46%, 크라토스 디펜스&시큐리티 솔루션스 7.83%, 에어로바이런먼트 6.78%, 이리디움 6.77%, L3 헤리스 테크놀로지 5.95%, 코마츠 5.93%, 3D 프린팅 ETF 5.60%, 블레이드 에어 모빌리티 3.54%, 유아이패스 3.45%, JD 로지스틱스 2.98% 순으로 상위 10개 기업이 전체 ETF 종목 비중의 58.29%를 차지하고 있습니다.

우주항공 관련 ETF

(기준일: 2022년 6월 24일)

구분	ETF명	티커	총자산 (백만 달러)	거래대금 (백만 달러)	운용보수 (%)	분배율 (%)
우주항공	iShares U.S. Aerospace & Defence ETF	ITA	3,600.0	64.4	0.42	1.39
	ARK Space Exploration and Innovation ETF	ARKX	296.4	3.2	0.75	0.56

제2의 테슬라를 찾는다면, 메타버스

중국의 위, 촉, 오 세 나라의 역사를 바탕으로 쓴 역사소설《삼국지연의》를 읽다보면 제갈공명이라는 인물을 만나게 됩니다. 제갈공명이 등장하면서 본격적인 삼국시대가 개막되죠. '무에서 유를 낳다'라는 말은 제갈공명을 통해 나온 얘기죠. 초라하기 짝이 없었던 유비 세력의 한계에도 불구, 조조의 강력한 세력과 손권의 신흥 세력 사이에서 기재를 발휘해 유비의 보금자리를 마련하는 데 결정적인 기여를 했습니다.

투자의 세계에도 제갈공명과 같은 존재가 나타납니다. 전에는 좀처럼 찾아보기도 힘들었고 가끔 들리는 단어였지만, 어느 순간부터 대중에게 알려지기 시작하면서 관심을 갖게 되고 호기심이 발동해 '나중에 한번 경험해볼까'라는 생각으로 이어지는 것이죠.

우리는 지금 미국 주식을 공부하고 있으니 테슬라를 예로 들어볼까요? 전기차 하면 가장 먼저 떠오르는 기업이 테슬라죠. 주가로만 따지면 2010년 6월 29일 상장되고 나서 2019년 10월 중순까지만 해도 증시에서 주목받지 못했습니다. 전기차 사업을 시작하는 회사 정도였죠. 그러나 전기차 시장이 테슬라 같은 신생 기업들의 노력으로 생각보다 빨리 현실화될 가능성이 커지면서, 테슬라 주가는 51달러에서 900달러까지 1년 3개월 만에 18배 가까이 급등했습니다. 이처럼 테슬라에 이어 나타날 또 다른 제갈공명은 무엇이 될까요? 저는 메타버스가 제2의 테슬라를 만들어낼 새로운 투자 분야라고 생각합니다.

로블록스, 메타버스를 대중화시킨 선두 업체

로블록스는 메타버스 생태계의 대표주자로 손꼽힙니다. 2004년 설립된 로블록스는 이용자들이 레고처럼 생긴 아바타가 돼 가상세계에서 활동하는 게임이죠. 예를 들면 애완동물 입양, 스쿠버 다이빙 등의 여러 가지 활동들을 가상세계에서 아바타를 통해 할 수 있습니다.

2020년 코로나19 엄습으로 등교를 못하게 된 미국 초등학생들이 또래 친구들과 소통할 수 있는 공간이 되면서 크게 인기를 얻었습니다. 미국에서 16세 미만 청소년의 55%가 가입했고 하루 평균 접속자만 4,000만 명에 육박했습니다. 2021년 4분기 기준으로 하루 4,950만 명의 활성 이용자를 보유하고 있는데, 미국뿐만 아니라 유럽, 아시아-태평양 등에서도 즐겨하는 게임으로 자리매김했습니다.

로블록스는 이용자들이 직접 게임을 프로그래밍해서 공유하고 다른 이용자들이 만든 게임을 즐길 수도 있어 온라인 게임 플랫폼이자 게임 제작 플랫폼이기도 합니다. 이용자들이 게임을 만드는 데 사용하는 엔진은 로블록스 스튜디오로, 이용자는 이 게임을 수익화할 수 있습니다. 약 1,050만 명에 달하는 개발자를 통해 연간 2,700만 개가 넘는 게임이 제작되고 있습니다.

로블록스는 가상세계를 즐기는 단순한 게임 기업에서 벗어나 메타버스 경제를 구축해 수익화를 높이는 장기 성장 전략을 내세우고 있습니다. 유저 경험과 연동되어 적용될 수 있는 광고와 아바타는 유저의 분신인 만큼 자신의 아바타가 착용한 아이템을 구매해 실물로 받아볼 수 있다면, 새로운 가상세계 경험을 제공하면서 현실과 유사한 경제 생태계가 확장되는 거지요. 실제로 나이키와의 파트너십을 통해 로블록스 내 가상공간인 '나이키 랜드'를 통해 아바타에 나이키 제품을 입혀볼 수 있습니다. 또한 나이키의 미국특허청USPTO 버츄얼 판매 특허 신청과 함께 로블록스 내에서 실제 제품 판매에 대한 기대감은 현실화될 전망입니다.

로블록스는 현실세계와 가상세계를 연결하고 온라인과 오프라인을 대체하는 가상세계 안에서 경제 생태계를 구축하는 플랫폼 가운데, 트렌드를 선도하는 기업인 만큼 성장성에 주목해야 합니다.

메타버스가 생소하다면?

기술이 발전하면 진화를 하는데 가상현실 분야도 진화하고 있습니다. 가상현실virtual reality이란 개념이 처음 등장했을 때와는 비교할 수 없을 정도로 수준이 발전하면서, 이제는 '가상현실'이란 용어조차 시대에 뒤떨어진 것처럼 여겨질 정도가 되었습니다. 실제로 많은 과학자들이 가상현실에 대해 용어부터 개념까지 재정립할 필요가 있다는 의견을 제시하고 있습니다. 현실과 가상의 경계를 무너뜨릴 정도로 발전한 현재의 디지털 기술을 서술할 새로운 정의가 필요하다는 것입니다. 그런 필요성에 의해 탄생한 개념이 바로 메타버스metaverse입니다. 초월이란 의미를 가진 '메타meta'와 현실세계를 뜻하는 '유니버스universe'를 합성한 용어로서 기존의 가상현실보다 확장된 개념으로 주목받고 있습니다.

메타버스라는 개념은 미국의 SF소설가인 닐 스티븐슨이 1992년에 발표한 소설인 《스노 크래시Snow Crash》에서 처음 등장했습니다. '아바타Avatar'라는 용어를 처음 사용해서 더 유명한 이 소설은 메타버스라는 가상의 나라에 들어가기 위해 사람들이 아바타라는 가상의 신체를 빌려 활동한다는 내용으로 구성되어 있습니다. 소설이 발표되었을 당시만 해도 생소한 개념과 글만으로 보여줄 수 있는 상상력의 한계 때문에 반향은 그리 크지 않았습니다. 독자들은 SF소설이 그리는 또 하나의 배경일 뿐이라고 생각하며 별다른 반응을 보이지 않았던 것입니다. 그렇게 사람들의 뇌리에서 서서히 사라져가던 메타버스와 아바타가 다시 재조명되기 시작한 것은 2003년의 일입니다. 미국에서 혜성같이 등장한 가상현실 서비스인 세컨드라이프second life에 의해 메타버스와 아바타에 대한 관심이 고조되었습니다.

세컨드라이프의 메타버스는 소설《스노 크래시》에서 등장하는 메타버스와는 근본적으로 많은 차이를 보였습니다. 우선 메타버스가 무엇인지를 시각적으로 보여주면서, 가상공간이 얼마나 매력적인지 느끼게 해주었죠. 아바타로 변신한 사람들은 다른 아바타들과 사회적 관계를 맺으며 생활했고, 때로는 경제적인 활동까지 수행하며 돈도 벌었습니다. 특히 물리적 한계가 없어서 사람들은 가고 싶은 곳이라면 어디든지 순간적으로 이동하면서 자유를 만끽했습니다. '세컨드라이프'라는 명칭처럼 사람들은 가상공간에서 제2의 인생을 살며, 메타버스라는 공간이 얼마나 매력적인지를 직접 체험하는 기회를 누렸던 겁니다. 당시 불었던 메타버스 열풍의 원인을 분석했던 노무라종합연구소는 "사용자의 분신인 아바타라는 캐릭터의 존재와 쇼핑이나 취미 등 다양한 가상 체험을 펼칠 수 있다는 점 등이 세컨드라이프의 인기 요인이다"라고 진단하기도 했습니다.

2010년 들어 아이폰이 촉발시킨 모바일 혁명으로 세컨드라이프의 인기도 시들어지기 시작했습니다. 사람들이 주로 이용하는 디지털 단말기가 PC에서 스마트폰으로 옮겨가는 과정에서 메타버스에 대한 관심도 같이 멀어졌기 때문입니다. 그러나 차세대 디지털 기술의 총아로 불리는 블록체인과 융합할 수 있는 길이 열리면서, 메타버스는 새로운 형태의 가상현실 서비스로 거듭나고 있습니다.

새로운 메타버스 서비스의 대표주자는 디센트럴랜드Decentraland입니다. 웹 VR 방식의 3차원 가상세계인 디센트럴랜드는 도시국가인 싱가포르의 6배 정도 크기로 설계되었습니다. 부동산과 블록체인을 기반으로 하는 가상현실 서비스인 만큼, 디센트럴랜드의 부동산 거래는 현실세계와 유사합니다. 도심지의 부동산 값은 비싸고, 외곽으로 나갈수록 저렴한 것이 현실세계를 그대로 옮겨 놓은 듯합니다. 실제로 1제곱킬로미터 정도의 땅이 한화로 6,500만 원 정도에 거래된 사례도 있습니다.

디센트럴랜드에서의 부동산 거래는 암호화폐인 '마나'를 통해 거래가 되고 토지소유권도 블록체인에 의해 기록돼 위·변조를 걱정할 필요가 없습니다. 또한 부동산 거래 외에도 가상의 공간에서 이뤄지는 모든 콘텐츠를 제작하는 행위들이 비즈니스로 이어지고 있습니다. 예를 들어 고대 유적을 전시해놓은 박물관이나 어린이들이 즐겨찾는 놀이시설 같은 콘텐츠를 가상공간에 구현하고 입장료를 암호화폐로 받을 수 있는 것이죠. '기존에 선보였던 세컨드라이프의 다음 버전이 아니냐'는 생각이 들 수도 있지만 가장 큰 차이점은 블록체인 시스템을 채택하고 있기 때문에 중앙서버와 관리자가 없다는 점과, 거래와 계약도 이더리움 기반의 암호화폐로 이루어진다는 점입니다.

메타버스 시장의 현황과 전망

2009년부터 증강현실, 가상현실, 가상세계, 메타버스 등의 키워드가 언급되었지만 메타버스는 2020년 하반기부터 언급량이 증가해 2021년 2월부터 급증하는 추세를 보였습니다. 현재 메타버스 가상세계의 플랫폼 발전 단계는 아직 시장과 산업 지형의 구도가 형성되지 못하고 다양한 플레이어들이 등장하고 있는 도입기에 놓여 있습니다. 이는 메타버스 생태계가 디바이스, 네트워크 장비, 하드웨어 및 소프트웨어 플랫폼, 콘텐츠 등 다각적인 시장의 다층적 구도로 이루어져 있어, 이 가운데 어느 한 영역에서 경쟁력을 갖출 경우 시장에 참여할 수 있다는 특수성에 기인합니다. 앞으로도 성장할 수 있는 기회가 많다는 뜻이겠지요? 주 사용자층의 연령이 10~20대로 잠재적 소비집단의 편중성이 높으며 지역별 분포, 활용 분야 등의 확장력이 남아 있어 향후 부문별, 연령별, 지역별로 균형 있는 성장 여력이 높다는 점은 주목할 필요가 있습니다.

데이터 분석 기업 스테티스타에 따르면 현재 성장이 가속화되고 있는 메타버스 시장의 규모는 2021년 기준 307억 달러에서 2024년에는 무려 10배 가까이 성장한 2,969억 달러가 될 것으로 예상됩니다. 엔비디아 같은 제조 기업과 메타 플랫폼스 같은 플랫폼 기업에 이르기까지 글로벌 IT 기업들의 관심이 많습니다. 오죽했으면 페이스북은 창업 후 17년 만에 처음으로 사명을 메타 플랫폼스로 변경했을까요. 메타 플랫폼스는 향후 메타버스를 기반으로한 비즈니스 확장에 초점을 둘 것을 시사하면서 VR, AR 분야의 투자를 확대하고 있습니다.

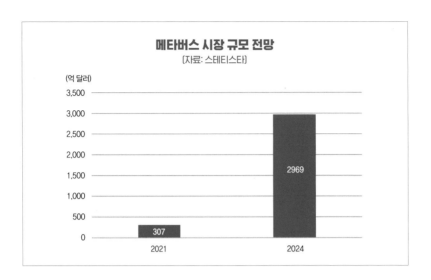

메타버스 시장 규모 전망
[자료: 스테티스타]

(억 달러)

메타버스
핵심 포인트

메타버스 가상세계의 생태계가 사회적 교류를 넘어 비즈니스 산업 영역으로 확장되고 있는 현재의 모습을 보고 있으면, 과거의 잣대로 접근하기에는 한계가 있습니다. 과거의 잣대라고 하면 콘텐츠, 플랫폼, 네트워크, 디바이스를 의미합니다. 아바타 기반의 메타버스 가상세계가 가진 특징적 소통과 폭넓은 사용자 경험 그리고 잠재적 서비스와 경제적 확장성을 설명하기에는 부족하다는 것이죠. 그래서 이러한 문제들을 해결할 수 있도록 메타버스 가상세계의 구현 가치를 반영한 새로운 생태계 분류로 접근할 필요가 있습니다.

메타버스 가상세계의 경제적 확장성을 반영해 인프라, 플랫폼, 콘텐츠, 지식재산권IP이라는 대안적 생태계를 통해 메타버스 내 콘텐츠의 독창성과 경제적 가치에 초점을 둔 영역도 포함한다는 거지요. 최근 메타버스 가상세계에서는 개방형 오픈 플랫폼 게임을 중심으로 사용자가 직접 개발한 수많은 연계 게임과 아이템들이 개발되고 있고, 아바타에 새로운 가치와 개성을 부여하기 위해 외부 IP 사업자들과의 제휴를 통한 서비스가 증가하고 있습니다. 10~20대를 타깃으로 설정한 패션, 엔터테인먼트, 교육, 제조, 공공 부문 등 다양한 분야의 IP 사업자가 참여하고 있으며, 실제로 많은 사람이 의상, 아이템 등 특정 IP 기반의 아이템을 구매하여 자신의 아바타에 착용하거나 현실에서 받아볼 수 있는 제품을 구매하고 있습니다.

궁극적으로는 메타버스 가상세계의 생태계는 이용자가 콘텐츠를 직접 제작하는 도구를 도입하고, 콘텐츠의 수익화를 지원하는 가상화폐 거래 시스템을 구축함으로써 플랫폼 비즈니스로 급속도로 발전해 나갈 것입니다.

메타버스 밸류체인과 주요 기업

현재 메타버스 가상세계 시장은 인프라, 플랫폼, 콘텐츠, IP의 네 영역 중 특히 인프라와 플랫폼을 선점하고 있는 글로벌 빅테크 기업들의 지배력이 두드러지고 있습니다. 메타 플랫폼스와 마이크로소프트가 대표적 예로, 플랫폼의 하드웨어, 소프트웨어뿐만 아니라 서비스 전 분야에서 공격적인 행보를 보이고 있죠. 이처럼 글로벌 빅테크 기업들이 메타버스 생태계를 주도하기 위해 어떤 노력을 하고 있을까요?

메타버스 생태계의 4가지 영역

구분	주요 내용
인프라	초연결 네트워크 환경(5G), 몰입적 경험을 지원하는 실감형 디바이스
플랫폼	실감형 콘텐츠의 개발, 유통, 서비스를 구현하고 경험하게 해주는 운영 기반
콘텐츠	VR, MR, XR 등을 통해 즐길 수 있는 문화, 교육, 의료, 산업 분야 등의 실감형 창작물
지식재산권(IP)	패션, 엔터테인먼트, 게임, 캐릭터 등 독창성과 브랜드 가치를 보유한 IP

메타 플랫폼스는 2014년 VR 제조사 오큘러스를 20억 달러에 인수했고, 가장 먼저 메타버스 시장에 진출해 자체 개발한 킬러앱 '호라이즌Horizon'을 선보였습니다. 그 외 여러 IT 기업이 메타버스 기업으로 확장하여, 기존에 가지고 있던 빅데이터 및 딥러닝 기술을 활용하고 있습니다. 애플은 2020년 AR을 지원하는 라이다 센서를 탑재한 '아이폰 12프로'를 출시했고 2022년 자체 AR기기를 출시할 예정입니다.

마이크로소프트는 콘텐츠 부문에서 2014년 전 세계적으로 가장 많이 팔린 비디오게임인 '마인크래프트'를 개발한 모장 스튜디오를 인수, 2015년에는 HMD 홀로렌즈를 통해 혼합현실 시장에 본격 진출했습니다. 이후 안정적이고 보안성 높은 윈도우 및 클라우드 컴퓨팅 시스템인 애저 등과 연동하여 PC에서의 사용자 경험을 AR로 확장했습니다. 2017년에는 가상현실용 소셜 앱 기업 알트스페이스VR을 인수한 데 이어, 2021년에는 자체 메타버스 개발 툴인 메시Mesh를 발표하면서 가상 오피스 환경 구현에 앞장서고 있습니다.

구글은 2013년 AR기기인 구글 글래스Google Glass를 출시한 이후 2016년 카드보드Cardborad라는 스마트폰 기반 VR툴킷을 선보였고, 2021년 5월에는 3차원 영상대화가 가능한 구글 스타라인Google Starline 을 공개했습니다.

글로벌 빅테크 외에도 유니티는 게임 개발용 소프트웨어 기업으로 글로벌 상위 100개 게임사 중 94개가 고객일 만큼, 세계에서 가장 널리 사용되는 가장 대중적인 서드파티 게임 엔진입니다. 게임뿐만 아니라 모바일, 태블릿, PC, 콘솔, AR·VR기기에 활용되는 3D 콘텐츠 제작용 개발 플랫폼을 제공하고 있으며, 월간 활성 엔드 유저는 27억 명에 달합니다.

메타버스 생태계의 대표 기업

구분		대표 기업
인프라	네트워크	버라이즌(VZ)
	클라우드	아마존(AMZN, 서비스: AWS), 알파벳(GOOGL), 마이크로소프트(MSFT, 서비스: Asure)
	GPU	엔비디아(NVDA)
	실감형 디바이스 (VR·AR 등)	오큘러스(메타 플랫폼스), 구글(GOOGL, 제품: 구글 글래스), 뷰직스(VUZI), 마이크로소프트(MSFT), 메타 플랫폼스(META)
플랫폼	운영, 서비스 기반	마이크로소프트(MSFT), 메타 플랫폼스(META), 스냅챗(SNAP)
	엔진(3D)	유니티(U), 에픽 게임즈(비상장)
콘텐츠	실감형 창작물	포트나이트(에픽 게임즈), 로블록스(RBLX), 애니멀 크로싱(닌텐도)
	게임	메타 플랫폼스(META), 마인크래프트(비상장)
지식재산권 (IP)	브랜드 가치	구찌, 나이키(NKE), DKNY, MLB

메타 플랫폼스 (META)

∞ Meta 메타 플랫폼스는 메타버스로의 사업 확장을 위해 가장 공격적으로 뛰어들고 있는 회사인데요. 사명까지 '페이스북'에서 '메타 플랫폼스'로 바꿀 만큼 열정이 대단하죠. SNS를 통한 소통에 그치지 않고 VR을 활용해 기존의 안드로이드, iOS를 벗어나 독자적인 생태계를 구축하기 시작했습니다. 2014년 VR을 제조하는 오큘러스를 인수한 메타 플랫폼스는 다양한 HMD 라인업을 기반으로 50%라는 높은 시장 점유율을 차지하고 있습니다. 애플의 프라이버시 정책 강화로 메타 플랫폼스와 갈등이 표면화되면서, 자체 OS도 내부적으로 개발 중에 있습니다. 애플과 구글에 이어 단순한 하드웨어 기기를 개발하는 데 그치지 않고 소프트웨어 생태계를 구축하기 위한 노력을 하고 있는 만큼, 추후 메타버스 가상세계를 둔 애플, 구글과의 치열한 경쟁은 불을 보듯 뻔합니다.

투자 포인트

메타 플랫폼스 주가는 2021년 9월 1일, 384.33달러로 사상 최고치를 경신했지만, 그이후로 주가 하락이 2022년 6월까지 지속되었습니다. 여러 가지 이유가 있지만, 페이스북 이용자 증가세가 둔화되고 메타버스에 대한 투자가 계속 적자로 이어지고 있는 점, 그리고 애플의 사용자 보호 정책 변경에 따른 실적 부진으로 요약할 수 있습니다. 애플은 앱에 의한 사용자 데이터 추적을 사용자가 허락해야만 할 수 있도록 방식을 변경해, 페이스북의 타깃형 광고 송출에 어려움을 겪게 된 거죠. 그러나 아직까지 페이스북만큼 효과적이고 믿을 만한 광고 플랫폼은 없다는 평가를 감안하면, 주가도 점차 부진에서 벗어날 가능성이 큽니다.

메타 플랫폼스는 메타버스 가상세계의 확장과 함께, 이미 대중성을 갖춘 VR기기의 대명사로 자리잡았습니다. 오큘러스 퀘스트2의 흥행과 2022년 VR기기 판매량이 플레이스테이션5(450만 대)에 육박할 것으로 예상돼, 주변기기가 아닌 하나의 컴퓨팅 플랫폼으로 거듭났습니다. 또한 안경 형태인 VR용 헤드셋인 아리아는 이탈리아 명품 선글라스 안경 기업인 룩소티카와 함께 2022년 발매를 목표로 개발하고 있습니다.

메타 플랫폼스는 VR 메타버스인 호라이즌, 가상 오피스 환경인 인피니트 오피스 등 다양한 부문으로 생태계를 확장하고 있습니다. 팬데믹 이후, 비대면으로 협업을 위한 가상 오피스 시장에 대한 수요가 커지고 있는 만큼, 메타 플랫폼스는 다중모니터, VR에서 입력 가능한 키보드를 구현해내며 기대감을 높이고 있습니다. VR은 사람의 시선과 동작 등 개인의 고유정보를 만들어내고 활용할 수 있게 해, 데이터로서 높은 가치를 가지고 있습니다. 20분간의 VR시뮬레이션만으로도 약 200만 회에 달하는 보디랭귀지 정보를 습득할 수 있습니다. 메타 플랫폼스는 기존의 페이스북이라는 SNS와 메타버스 가상세계에서 더욱 개인화된 서비스와 광고를 제공할 수 있게 된 만큼, 타 경쟁자들과 차별화할 수 있는 무기를 확보했습니다.

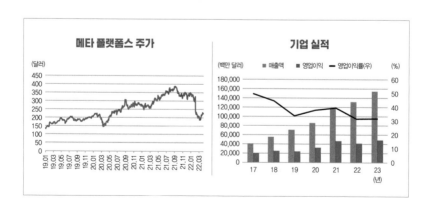

Microsoft 마이크로소프트 하면 가장 먼저 떠오르는 것은 PC 운영체제 '윈도우'입니다. 컴퓨터 운영체제에서 사실상 독점이라고 봐도 무방한 절대적인 점유율을 가지고 있습니다. 이제는 새롭지 않은 제품을 파는 마이크로소프트는 새로운 것만 쫓는 주식시장에서 한동안 잊혀지기도 했습니다. 그러나 2014년 2월, CEO로 등장한 사티아 나델라가 사업 방향을 클라우드로 바꾸면서 다시 예전의 영광을 재연하고 있습니다.

마이크로소프트의 사업 영역은 3개로 나눌 수 있습니다. 이름만 들어도 알 수 있는 오피스365, 링크드인, 아이나믹365, 스카이프 등 생산성 및 비즈니스 프로세스 사업부, 애저로 대표되는 지능형 클라우드 사업부, 그리고 윈도우, 엑스박스 및 콘텐츠 서비스, 서피스, 검색광고 등이 속한 개인 컴퓨팅 사업부입니다. 이 외에도 2021년 4월 임상 인텔리전스의 선구자인 뉴런스를 인수해 의료 산업에 진출했고, 2014년 글로벌 1위 게임 마인크래프트의 개발사 모장과 2022년 1월에는 게임 업체 액티비전 블리자드를 인수해 게임 개발사도 품었습니다. 일상에서 디지털화가 가속화되고 있는 요즘, 마이크로소프트는 메타버스 가상세계와 같은 새롭게 펼쳐질 먼 미래 세상에 대응하기 위한 투자 행보를 펼치고 있습니다.

빅테크 기업들의 메타버스 주도권 경쟁이 치열한 상황에서 마이크로소프트도 가만히 있을리 만무하겠죠? 마이크로소프트는 비즈니스 영역과 라이프스타일 영역 모두에서 메타버스 주도권을 잡는 데 주력하고 있습니다. B2B 영역에 강점이 있는 만큼, 기존 B2B 비즈니스를 기반으로 시장을 선점할 수 있는 역량을 바탕으로 화상 커뮤니케이션 플랫폼 팀즈Teams에서 아바타로 화상회의를 하는 서비스를 2022년 3월부터 시작했습니다. 한 단계 더 나아가 2021년 발표한 가상 공간 플랫폼인 메시Mesh와 팀즈가 통합되어, 메시 공간 안에서 사람들이 회의를 할 수도 있게 했습니다. 또한 오피스365를 포함한 마이크로소프트365의 요금이 10년 만에 처음으로 9~25% 인상되고 메타버스 관련 서비스에 대한 요금을 받기 시작했습니다. 디지털 가속화는 마이크로소프트의 클라우드 사업부 성장에 가장 큰 동력입니다. 코로나19 이후 디지털 트랜스포메이션에 따른 투자가 2020년부터 2023년까지 4년 동안 6조8,000억 달러에 달할 것으로 예상됩니다. 현재 기업의 48%가 디지털 전환에 대한 로드맵을 가지고 있지만 2023년에는 75%까지 늘어날 것으로 봅니다. 따라서 클라우드 컴퓨팅에 대한 의존도는 계속 높아질 수밖에 없고, 그중심에서 클라우드 벤더사들 가운데 가장 빠른 속도로 시장 점유율을 늘려가는 마이크로소프트의 저력이 더욱 강해질 것입니다. 클라우드 컴퓨팅의 과거 5년간 연평균 산업성장률은 21.6%로 과거 성장 속도를 감안했을 때, 마이크로소프트의 애저 성장률은 2022년 50% 가까이 성장할 것으로 예상됩니다. 애저를 통한 클라우드 사업부의 안정적 성장이 지속될 것으로 판단합니다.

이 외에도 2020년 10월 윈도우11이 출시되었고 2022년부터 본격적으로 윈도우 업그레이드 수요가 늘어날 것으로 보입니다. 위드 코로나 시대가 열리면서 디지털 가속화가 더욱 본격화되고 클라우드 및 스트리밍 게이밍 등 다양한 분야에서의 수혜를 예상합니다.

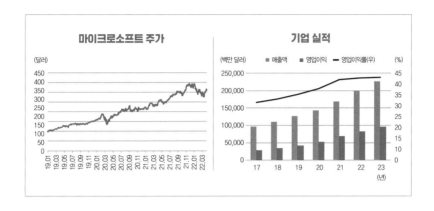

	마이크로소프트 주가		기업 실적

엔비디아 (NVDA)

NVIDIA. 엔비디아는 1993년 설립되어 GPU를 최초로 창안하면서 컴퓨터 그래픽의 힘을 전 세계에 알린 기업입니다. 엔비디아의 프로세서는 스마트폰에서부터 슈퍼컴퓨터에 이르기까지 광범위한 제품군에 탑재되어 활용되고 있습니다.

엔비디아의 모바일 프로세서는 휴대폰, 태블릿, 자동차 인포테인먼트 시스템에 활용되고 있으며, PC용 GPU는 게이머들이 놀라울 정도로 몰입감 넘치는 게임 환경을 만끽할 수 있게 합니다. 전문가들의 경우 영화 속의 창의적인 비주얼 효과 제작뿐만 아니라 골프채에서 점보제트기에 이르기까지 모든 사물의 디자인 작업에 엔비디아 프로세서를 활용하고 있으며, 연구원들은 고성능 컴퓨터 속의 엔비디아 GPU와 함께 과학의 경계를 넓혀가는 놀라운 일을 실현하고 있습니다.

엔비디아는 2020년 실시간 3차원 디자인 협업 플랫폼인 '옴니버스' 오픈베타를 출시했습니다. 그래픽, 시뮬레이션, 인공지능 기능을 집대성한 3D 시뮬레이션 협업툴로서 현실 세계와 가상세계를 융합하는 사실적인 디자인을 설계하고 시뮬레이션할 수 있게 해줬습니다. 메타버스를 위한 3D 시뮬레이션 협업 플랫폼을 만든 것은 엔비디아가 처음으로 메타버스는 엔비디아 같은 반도체 기업에게도 새로운 시장이자 먹거리가 될 것입니다.

투자 포인트

엔비디아는 항상 높은 밸류에이션이라는 부담을 갖고 있지만, GPU 시장에서 70% 내외의 점유율을 유지하며 1등 자리를 고수하고 있다는 점이 원동력이죠.
일인자로 앞으로도 선호될 수 있는 이유는 우선 고사양 GPU와 GPU 가속기를 바탕으로 하드웨어 경쟁력이 높다는 점입니다. 경쟁사 제품들과 클럭 속도, 메모리 용량 등 스펙 차이는 크지 않지만, 엔비디아 제품들은 더 높은 가격에 판매되고 있습니다. 특히 2018년 튜링Turing 아키텍쳐 제품군을 출시하며, 최초로 레이트레이싱을 지원하기 시작했습니다. 레이트레이싱은 가상의 광선이 물체의 표면에서 반사되는 경로를 추적하는 것으로 빛의 반사되는 점들을 하나 하나 계산하여 픽셀을 구현하는 방식인데요. 과거 하드웨어 처리 능력의 한계로 접근하지 못하던 영역이었는데, 엔비디아가 튜링 제품 공개 이후 메이저 퍼블리셔들이 고사양 게임에 본격적으로 레이트레이싱을 도입하기 시작했습니다. 또한 인공지능 등 방대한 데이터 처리에 대한 수요에 대한 대안으로 '범용 GPU'라는 개념을 제시해 GPU 가속기 시장을 개척했습니다.
두 번째는 소프트웨어에서 일어나는 종속 효과입니다. 게임 시장에서 엔비디아 제품이 선호되는 이유는 호환성으로, 여러 게임 개발사들과 파트너십을 맺어 게임 개발 단계부터 출시 단계까지 참여합니다. 이를 통해 그래픽상 오류나 버그를 해결해 안정적 게임 환경을 제공해주고 있습니다. 또한 엔비디아 지포스 익스피리언스는 게임 유저들이 PC 환경에 가장 최적인 그래픽 설정을 찾을 수 있게 도와주고 있어, 고사양 게임을 안정적으로 구동하기 위해 엔비디아 제품을 사용할 수밖에 없게 하고 있습니다.

세 번째는 엔비디아가 다양한 추가 성장 동력을 갖고 있다는 것입니다. 인공지능 추론 시장의 확대가 실적 개선으로 연결될 수 있다는 점이죠. 인공지능 훈련의 목적은 추후 이미지 및 영상 분석, 음성 인식 등의 추론 기능을 수행하기 위해서입니다. 훈련이 계속되어 온 만큼 추론 적용 사례가 늘면서 자연어 처리, 대화형 인공지능, 검색엔진 강화 등 추론 영역 확대로 인공지능 수요가 빠르게 증가하고 있습니다. 인텔은 2018년 40억 달러에 불과했던 데이터센터 내 인공지능 시장의 규모가 2023년 100억 달러까지 성장할 것으로 예상하고 있습니다.

또한 전장 시장에서 자율주행 기술의 고도화와 함께 고성능 프로세서가 요구되기 시작했습니다. 엔비디아의 자율주행 플랫폼 하나가 기존 4개의 칩이 수행할 수 있는 업무를 모두 처리할 수 있게 하고, 자율주행시장에서 중요한 경쟁력이 연산력인 만큼 엔비디아의 Drive AGX Pegassus 컴퓨터는 현존하는 자율주행 솔루션 중 가장 높은 연산 속도를 가졌습니다. 테슬라와 웨이모(알파벳의 자회사)를 제외한 자동차 회사들이 엔비디아를 선택할 수밖에 없는 이유입니다.

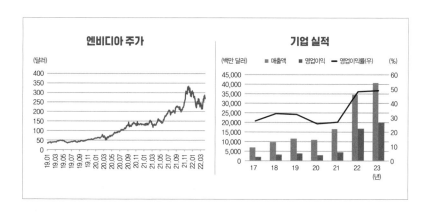

그 외 기업들

메타버스 가상세계는 최근 VR, XR 기술의 빠른 성장 속도와 보급, 신개념 서비스와의 연계에 따라 혁신동력 창출 공간으로서 많은 기업이 관심을 갖고 실제 참여하고 있습니다. 메타버스 밸류체인의 대표적 기업으로 메타 플랫폼스, 마이크로소프트, 엔비디아를 설명했지만, 그 외 여러 기업이 어떤 사업 영역을 갖추고 메타머스 가상세계에 참여하고 있는지 알아볼까요?

인프라, 플랫폼, 콘텐츠, IP라는 밸류체인 가운데, 인프라 내 네트워크와 연계되는 버라이즌**VZ**은 메타버스가 5G를 기반으로 움직이는 서비스라는 점에서 5G 대장주 역할을 수행할 가능성이 높습니다. 실감형 디바이스(VR, AR 등) 영역에 속하는 회사 뷰직스**VUZI**는 VR·AR 웨어러블 기기를 만듭니다. 이 회사가 사람들의 관심을 받게 된 것은 '돈나무 언니'로 알려진 캐서린 우드 아크자산운용 대표가 운용하는 'ARK Autonomous Technology & Robotics ETF**ARKQ**'가 이 회사 주식을 사들이면서였습니다. 뷰직스의 주력 제품은 AR 스마트 글라스로 약 210개가 넘는 특허를 가지고 있고, 조업, 의류, 물류 등 특정 산업에 집중되어 있습니다.

플랫폼 내 운영, 서비스를 기반으로 하는 기업에 스냅**SNAP**이 있습니다. 스냅은 카메라를 통한 사람들 간의 소통을 중시하는 기업인데요. MZ세대가 주 고객으로, 영상이나 사진 등을 송수신할 수 있는 카메라 애플리케이션 및 서비스를 제공합니다. 스냅챗, 스펙터클, 비트모지가 대표적 서비스로 메신저인 스냅챗은 수신인이 내용을 확인하고 나면 최대 10초 내에 사라지는 독특한 시스템으로, 이미지와 동영상이 업로드 후 24시간 내에 없어지는 스냅챗 스토리 서비스도 있습니다. 이런 휘발성이 MZ세대에게 뜨거운 호응을 얻었습니다. 스펙터클은 카메라가 달린 선글라스로, 3D 사진 촬영 및 동영상 녹화가 가능하며 자동으로 스냅챗에 업로드됩니다. 비트모지는 사용자의 이모티콘을 직접 만들수 있는 무료 프로그램으로, 사용자가 만든 이모티콘 또는 아바타가 새겨진 굿즈를 판매하며 수익을 내고 있습니다.

스냅챗은 하루 평균 활성 이용자 수가 2억6,500만 명으로, 미국의 13~24세의 90%이상, 13~34세의 75% 이상이 스냅챗을 사용합니다. 미국 외에도 영국, 프랑스, 캐나다, 호주 등에서 13~24세의 80% 이상, 13~34세의 60% 이상이 이용할 만큼, MZ세대가 좋아하는 SNS입니다.

플랫폼 내 3D 엔진과 관련된 기업으로 유니티U가 있습니다. 유니티는 3D 물리엔진을 구현하는 소프트웨어 업체로 잘 알려진 회사입니다. 물리엔진은 물체가 충돌하고 이동하고 추락하는 등의 물리 현상을 가상 현실 내에서 만들어주는 기능을 하는데요. 글로벌 상위 100개 게임사 중 94개가 고객일 만큼, 널리 사용되는 '리얼타임 3DRT3D' 개발 플랫폼으로 에픽게임즈가 보유한 언리얼 엔진과 더불어 가장 많이 활용되고 있습니다. 언리얼 엔진이 PC용 3D 게임을 만드는 데 사용된다면, 유니티 엔진은 가볍고 캐주얼한 모바일 게임을 개발하는 데 많이 활용됩니다.

메타버스 관련 미국 주식

[기준일: 2022년 6월 24일]

구분			종목명	티커	시가총액 (백만 달러)	주가 (달러)	EPS (% YoY)		ROE (% YoY)		PER (배)		PER (배)	
							22E	23F	22E	23F	22E	23F	22E	23F
메타버스	플랫폼	게임	로블록스	RBLX	21,604	36.4	적지	적지			-36.2	-33.0	38.2	45.0
		소셜 미디어	스냅	SNAP	24,054	14.7	흑전	197.1		61.8	70.0	23.6	6.2	5.5
	3D엔진		유니티 소프트웨어	U	13,856	46.8	적지	흑전			-174.7	349.3	7.1	7.5
	VR·AR기기		오토데스크	ADSK	41,821	192.5	192.4	20.9	0.0	0.0	29.4	24.3	42.0	26.2
			뷰직스	VUZI	450	7.1	적지	적지			-11.4	-11.8		
			코핀	KOPN	120	1.3	적지				-10.5			
			메타 플랫폼스	META	460,508	170.2	-14.8	18.0	0.0	0.0	14.5	12.3	3.2	2.6
			알파벳A	GOOGL	814,319	2,359.5	-1.1	18.6	-16.3	4.7	21.3	17.9	5.5	4.7
			애플	AAPL	2,292,793	141.7	9.3	6.8	6.0	-5.7	23.1	21.6	36.6	32.3
	인프라	데이터 센터	이퀴닉스	EQIX	62,730	689.2	29.4	28.5	0.0	0.0	96.2	74.9	5.7	5.7
		GPU	엔비디아	NVDA	428,150	171.3	41.2	18.8	0.0	0.0	31.5	26.6	12.8	9.8
		통신	버라이즌	VZ	214,014	51.0	1.7	2.5	0.0	0.0	9.4	9.2	2.3	2.0
		클라우드	아마존	AMZN	1,184,912	116.5	-76.0	248.7	-61.8	64.3	150.1	43.0	7.2	5.6
			마이크로 소프트	MSFT	2,002,137	267.7	15.5	15.5	-3.4	-16.4	28.8	24.9	10.9	8.0

메타버스 관련 ETF 소개

팬데믹 이후, 메타버스 생태계가 조성되기 시작했지만 초창기다보
니 관련 기업들에 대한 정보도 부재하고, 실제 수혜를 받을 수 있는
지 여부를 검증하는 절차를 거치느라 메타버스 ETF는 상장이 늦었습
니다. 2021년 6월 30일, 처음으로 미국의 자산운용사인 라운드힐 인

베스트먼트가 메타버스 가상세계의 성장성을 믿고 'Roundhill Ball Metaverse ETF**METV**'를 출시했습니다. 출시된 지 1년이 채 안 되어 아직은 총자산 규모가 4억7,000만 달러 전후로 작지만, 메타버스 생태계가 빠르게 구축되고 있는 만큼 총자산도 지속적으로 증가할 것입니다.

2022년 6월 24일 기준 METV ETF의 총자산은 4억7,992만 달러로 하루 평균 거래금액은 506만 달러입니다. 상위 국가 구성은 미국 80.67%, 한국 4.04%, 싱가포르 4.02%, 홍콩 3.71% 순이며, 상위 구성 종목은 로블록스 9.70%, 엔비디아 7.72%, 유니티 소프트웨어 7.45%, 애플 7.09%, 마이크로소프트 6.45%, 메타 플랫폼스 6.17%, 스냅 4.93%, SEA 3.76%, 아마존 3.70%, TSMC 3.31% 순으로 상위 10개 기업이 전체 ETF 종목 비중의 60.27%를 차지하고 있습니다.

메타버스 관련 미국 ETF

기준일: 2022년 6월 22일

구분	ETF명	티커	총자산 (백만 달러)	거래대금 (백만 달러)	운용보수 (%)	분배율 (%)
메타버스	Roundhill Ball Metaverse ETF	METV	479.9	5.1	0.59	0.51

NFT는 무엇일까?

대체불가토큰Non-Fungible Token, NFT이 가상자산 시장에서 화두가 되고 있습니다. 일론 머스크 테슬라 CEO의 아내인 그라임스가 디지털 작품 NFT를 만들어 한화로 65억 원을 벌어들이는 등 예상치 못한 아이템이 판매되면서 2021년 3월 이후 대중에게 알려지기 시작했습니다.

NFT는 토큰마다 별도의 고유한 인식값을 부여하여 상호교환이 불가능한 가상자산을 말합니다. 이러한 특성으로 미술품, 수집품, 한정판 등 고유의 가치를 가지는 디지털 자산이 NFT가 될 수 있습니다. NFT가 논란이 많을 수밖에 없는 것은 값을 지불하지 않아도 인터넷상에서 쉽게 복사할 수 있고, 이미지를 다운받을 수 있기 때문입니다.

NFT 조사기관인 논펀저블NonFungible에 따르면 NFT 거래금액은 2019년 약 6,200만 달러에서 2020년 약 2억5,000만 달러로 4배 증가했고, 2021년에는 NFT에 대한 관심도가 크게 높아져 3분기에는 100억 달러 이상의 거래가 이루어지는 시장으로 성장했습니다. 가장 대표적인 NFT 마켓플레이스인 오픈씨의 거래대금은 2021년 8월 34.3억 달러로 사상 최고치를 기록했습니다.

NFT는 물건과 물건을 구분해주고 부여된 희소성에 따라 가치가 달라져 경제를 이루는 핵심 요소가 됩니다. 디지털 자산은 실물이 아니기 때문에 현실 세계에서 쓸모가 없다는 생각에서 벗어나 메타버스 생태계에서 사용되는 모습을 떠올려볼까요? 메타버스 안에서 소비와 생산, 투자 등 경제활동이 일어나면서 NFT가 근간이 될 것입니다.

메타버스가 발전하고 가상세계에서 보내는 시간이 많아질수록 아바타를 통해 자신을 부각시키기 위한 소비는 동반되기 때문에, 관련 NFT의 수요는 꾸준할 것입니다. NFT에 대한 가치가 형성되기 시작한 초기 시장이라는 점에서 향후 NFT 기술과 이를 활용하는 산업적 시도는 계속될 것입니다.

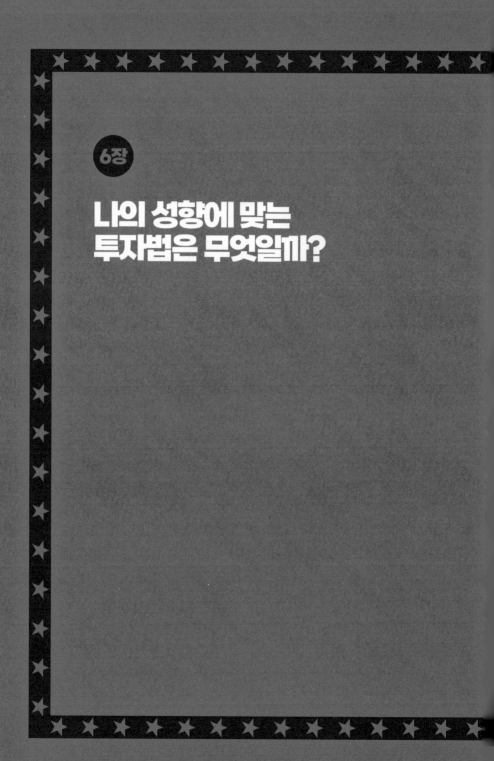

6장

나의 성향에 맞는
투자법은 무엇일까?

대가들의
투자 포트폴리오는?

주식 투자를 시작하려고 마음을 먹는 순간, 그동안 누가 투자를 해서 돈을 많이 벌었는지 궁금할 수밖에 없습니다. 왜? 나도 그렇게 되고 싶은 마음이 굴뚝같기 때문이죠. 설령 투자는 안 하더라도 알고 싶은 마음은 누구나 들 것입니다.

투자라고 하면 가장 먼저 떠오르는 인물은 '투자의 귀재'로 알려진 워런 버핏입니다. 2022년 1월, 미국 증시가 예상 외로 큰 조정을 받으면서 갈피 잃은 월가 투자가들은 워런 버핏이 어떤 종목을 사고 팔았는지 먼저 살폈습니다. 워런 버핏, 조지 소로스, 빌 애크먼, 레이 달리오 등 세계적으로 알려진 투자자들은 2021년 4분기에 어떤 투자 전략을

구사했을까요? 이들은 기술주 대신 소비재 위주로 포트폴리오를 정비해 인플레이션 방어에 주력했습니다. 1월 미국 증시에 소나기가 올 줄 미리 알고 대비했던 걸까요? 왜 투자 대가들의 말에 귀 기울여야 하는지 알 수 있는 대목입니다.

그렇다면 투자 대가들의 포트폴리오를 확인할 수 있는 사이트가 있다면 유용하겠지요? 투자 대가들의 포트폴리오를 감안해 매매에 참고할 수 있는 사이트는 릴레이셔널 스탁(relationalstocks.com)입니다. 워런 버핏 같은 투자 대가들의 포트폴리오와 기관 투자자와 유명 펀드의 포트폴리오를 참고할 수 있습니다. 다만 업데이트가 늦다는 아쉬운 점은 있어, 최신자로 확인하고 싶다면 미국 증권거래위원회SEC 사이트를 통해 투자 대가들이 운용하는 펀드별로 확인하면 됩니다.

워런 버핏의 포트폴리오

먼저 투자의 귀재, 워런 버핏의 주식 쇼핑 목록을 볼까요? '가치 투자가'라는 얘기가 당연할 정도로 코카콜라, GM, 쉐브론 등 전통적인 산업에 대한 투자 비중이 높습니다. 기술주를 선호하지 않는 투자 성향을 가지고 있지만 전체 포트폴리오 가운데 40.07%를 애플이 차지하는 것을 보면, 시대의 변화에 발맞춰 종목 선정에 변화를 주고 있습니다. 2021년 4분기에 게임 업체 액티비전 블리자드를 10억 달러 상당 사들였고 정유 업체 셰브론도 11억 달러 추가 매수했습니다. 장기투자를 선호하는 워런 버핏의 특성상 상위 종목의 순위 변동은 없습니다. 애플, 뱅크오브아메리카, 아메리칸 익스프레스, 코카콜라, 크래프트 하인즈 5개 종목이 전체 포트폴리오의 79.9%를 차지합니다.

INSTITUTION : Warren Buffett (BERKSHIRE HATHAWAY INC)

Buffett is chairman and chief executive officer of Berkshire Hathaway. The publicly traded holding company operates a broad collection of businesses, including insurance (Geico), manufacturing (Clayton Homes), energy (MidAmerican Energy, Lubrizol) and service (NetJets). It also owns stakes in Coca-Cola, American Express, Procter & Gamble and Wells Fargo.

Warren Buffett Latest Top 20 Portfolio Holdings: (Filing Date: 2021-05-17) — full portfolio

Company (links to holding history)	Ticker	Value On 2021-03-31	No of Shares	% of portfolio
APPLE INC (COM)	AAPL	108,363,609,000	887,135,554	40.07%
BANK AMER CORP (COM)	BAC	39,080,793,000	1,010,100,605	14.45%
AMERICAN EXPRESS CO (COM)	AXP	21,443,817,000	151,610,700	7.92%
COCA COLA CO (COM)	KO	21,083,999,000	400,000,000	7.79%
KRAFT HEINZ CO (COM)	KHC	13,025,393,000	325,634,818	4.81%
VERIZON COMMUNICATIONS INC (COM)	VZ	9,235,649,000	158,824,575	3.41%
MOODYS CORP (COM)	MCO	7,366,643,000	24,669,778	2.72%
US BANCORP DEL (COM NEW)	USB	7,172,993,000	129,687,084	2.65%
DAVITA INC (COM)	DVA	3,890,020,000	36,095,570	1.43%
GENERAL MTRS CO (COM)	GM	3,849,820,000	67,000,000	1.42%
BANK OF NEW YORK MELLON CORP (COM)	BK	3,421,785,000	72,357,453	1.26%
CHARTER COMMUNICATIONS INC N (CL A)	CHTR	3,216,810,000	5,213,461	1.18%
VERISIGN INC (COM)	VRSN	2,547,231,000	12,815,613	0.94%
CHEVRON CORP NEW (COM)	CVX	2,480,617,000	23,672,271	0.91%
ABBVIE INC (COM)	ABBV	2,474,794,000	22,868,176	0.91%
VISA INC (COM CL A)	V	2,114,645,000	9,987,460	0.78%
BRISTOL-MYERS SQUIBB CO (COM)	BMY	1,959,064,000	31,032,227	0.72%
LIBERTY MEDIA CORP DELAWARE (COM C SIRIUSXM)	LSXMK	1,905,918,000	43,208,291	0.70%
KROGER CO (COM)	KR	1,837,660,000	51,060,296	0.67%
AMAZON COM INC (COM)	AMZN	1,650,073,000	533,300	0.61%

조지 소로스의 포트폴리오

미국의 억만장자 투자자 조지 소로스는 워런 버핏과 달리 성장주에 활발하게 투자합니다. 아마존, 알파벳, 액티비전 블리자드 등 개별 종목과 함께 나스닥100 지수를 추종하는 ETF에도 투자하고 있고, 2021년 4분기에는 미국 전기차 업체 리비안을 20억 달러어치 사들였습니다. 물론 2022년 1월, 미국 증시 하락에 대비해 나스닥100 지수를 추종하는 '인베스코 QQQ Trust ETF'를 매도하고 나스닥100 지수가 하락하면 이익을 낼 수 있는 풋옵션을 사들여 투자 대가로서의 면모를 보여주었습니다. 상위 종목 순위를 살펴보면 리비안, 리버티 브로드밴드, 디알 호턴, IHS마킷, QQQ(풋옵션) 5개 종목이 전체 포트폴리오의 49.9%를 차지합니다.

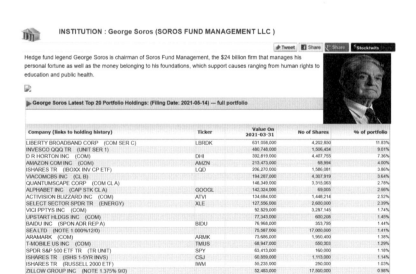

INSTITUTION : George Soros (SOROS FUND MANAGEMENT LLC)

Hedge fund legend George Soros is chairman of Soros Fund Management, the $24 billion firm that manages his personal fortune as well as the money belonging to his foundations, which support causes ranging from human rights to education and public health.

George Soros Latest Top 20 Portfolio Holdings: (Filing Date: 2021-05-14) --- full portfolio

Company (links to holding history)	Ticker	Value On 2021-03-31	No of Shares	% of portfolio
LIBERTY BROADBAND CORP (COM SER C)	LBRDK	631,058,000	4,202,850	11.83%
INVESCO QQQ TR (UNIT SER 1)		480,748,000	1,506,434	9.01%
D R HORTON INC (COM)	DHI	392,619,000	4,407,755	7.36%
AMAZON COM INC (COM)	AMZN	213,473,000	68,994	4.00%
ISHARES TR (IBOXX INV CP ETF)	LQD	206,270,000	1,586,081	3.86%
VIACOMCBS INC (CL B)		194,287,000	4,307,919	3.64%
QUANTUMSCAPE CORP (COM CL A)		148,349,000	3,315,063	2.78%
ALPHABET INC (CAP STK CL A)	GOOGL	142,324,000	69,005	2.66%
ACTIVISION BLIZZARD INC (COM)	ATVI	134,684,000	1,448,214	2.52%
SELECT SECTOR SPDR TR (ENERGY)	XLE	127,556,000	2,600,000	2.39%
VICI PPTYS INC (COM)		92,829,000	3,287,145	1.74%
UPSTART HLDGS INC (COM)		77,343,000	600,208	1.45%
BAIDU INC (SPON ADR REP A)	BIDU	76,968,000	353,795	1.44%
SEA LTD (NOTE 1.000%12/0)		75,587,000	17,000,000	1.41%
ARAMARK (COM)	ARMK	73,686,000	1,950,400	1.38%
T-MOBILE US INC (COM)	TMUS	68,947,000	550,303	1.29%
SPDR S&P 500 ETF TR (TR UNIT)	SPY	63,413,000	160,000	1.18%
ISHARES TR (ISHS 1-5YR INVS)	CSJ	60,859,000	1,113,000	1.14%
ISHARES TR (RUSSELL 2000 ETF)	IWM	55,235,000	250,000	1.03%
ZILLOW GROUP INC (NOTE 1.375% 9/0)		52,483,000	17,500,000	0.98%

빌 애크먼의 포트폴리오

'리틀 버핏'으로 불리기도 하는 미국 헤지펀드 거물인 빌 애크먼은 대부분 소비재 기업을 보유하고 있습니다. 미국의 건축자재 판매 업체인 로우스, 힐튼 호텔 체인을 거느린 힐튼 월드와이드 홀딩스, 미국 멕시칸 패스트푸드 체인인 치포틀레 멕시칸 그릴, 버거킹과 파파이스 브랜드가 속해 있는 레스토랑 브랜드 인터내셔널, 부동산 개발 업체인 하워드 휴즈로 인플레이션 시기에 가격 전가가 가능한 독점력 높은 소비재 기업만 구성해놨다는 점에서 투자 대가로서의 면모를 다시 한번 확인할 수 있습니다.

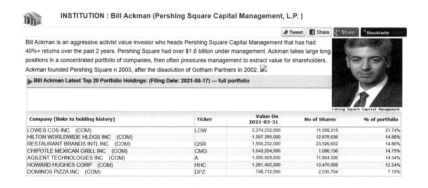

INSTITUTION : Bill Ackman (Pershing Square Capital Management, L.P.)

Bill Ackman is an aggressive activist value investor who heads Pershing Square Capital Management that has had 40%+ returns over the past 2 years. Pershing Square had over $1.6 billion under management. Ackman takes large long positions in a concentrated portfolio of companies, then often pressures management to extract value for shareholders. Ackman founded Pershing Square n 2003, after the dissolution of Gotham Partners in 2002.

Bill Ackman Latest Top 20 Portfolio Holdings: (Filing Date: 2021-05-17) --- full portfolio

Company (links to holding history)	Ticker	Value On 2021-03-31	No of Shares	% of portfolio
LOWES COS INC (COM)	LOW	2,274,232,000	11,958,315	21.74%
HILTON WORLDWIDE HLDGS INC (COM)		1,557,265,000	12,878,636	14.88%
RESTAURANT BRANDS INTL INC (COM)	QSR	1,555,232,000	23,926,652	14.86%
CHIPOTLE MEXICAN GRILL INC (COM)	CMG	1,543,204,000	1,086,136	14.75%
AGILENT TECHNOLOGIES INC (COM)	A	1,500,829,000	11,804,536	14.34%
HOWARD HUGHES CORP (COM)	HHC	1,281,402,000	13,470,008	12.24%
DOMINOS PIZZA INC (COM)	DPZ	748,712,000	2,035,704	7.15%

레이 달리오의 포트폴리오

세계 최대 헤지펀드인 브리지워터 어소시에이츠의 CEO 레이 달리오는 '21세기의 워런 버핏', '금융계의 스티브 잡스'라고 불립니다. 2000년 닷컴버블, 2008년 금융위기를 예측했고 시장 상황이 좋든 나쁘든 수익을 낼 수 있도록 고안한 '올웨더 포트폴리오'를 창안했습니다.

2021년 4분기에 레이 달리오도 소비재 기업 위주로 투자 비중을 늘렸습니다. 미국의 생활용품 업체인 P&G를 50만 주 추가 매입했고, 그 외에도 코스트코, 펩시, 맥도날드, 존슨앤드존슨도 쇼핑 목록에 담았습니다. 인플레이션 시기, 물가 상승에 따른 비용 상승을 가격을 전가해서 방어할 수 있는 기업들이죠. 상위 종목 순위를 보면, SPY 5.20%, P&G 4.93%, '뱅가드 이머징마켓 스톡 인덱스 펀드 ETF' 4.83%, 펩시 3.08%, 존슨앤드존슨 3.08%로, 전체 포트폴리오의 20.94%를 차지하고 있습니다.

올웨더 포트폴리오는 경제상황을 4가지로 분류한 뒤 투자하는 기법으로 경제성장과 물가가 예상보다 상승 또는 하락할 때, 어떤 투자 자산들로 구성해야 수익이 나고 위험을 분산할 수 있는지 알려줍니다. 4개의 경제상황은 시장의 기대보다 성장률이 클 때, 시장의 기대보다 성장률이 작을 때, 시장의 기대보다 인플레이션이 클 때, 시장의 기대보다 인플레이션이 작을 때입니다. 레이 달리오가 소개하는 올웨더 포트폴리오의 비율은 주식 30%, 채권 55%(장기채 40%, 중기채 50%), 원자재 7.5%, 금 7.5%로 알려져 있습니다.

다음 그림의 'RPAR ETF'는 ARIS라는 자산운용사가 올웨더 포트폴리오를 구현해 운용하는 내용입니다. 일반 투자자들이 현 경제상황을 파악한다는 게 쉽지 않은 만큼, 'RPAR ETF'를 참고하면 올웨더 포트

올웨더 포트폴리오를 구현하고 있는 RPAR ETF

(자료: ARIS 자산운용사)

목표 자산 배분	
RPAR 리스크 패리티 ETF 장기 목표 자산 배분	
리스크 패리티 ETF	120%
글로벌 주식	25%
원자재	15%
금	10%
국채	35%
물가연동채권	35%

폴리오를 따라할 수 있는 거죠. 2022년 3월 기준, 글로벌 주식 25%, 원
자재 15%, 금 10%, 국채 35%, 물가연동채권 35%에 자산 배분을 하고
있습니다.

나의 성향에 맞는
투자 목표 설정하기

라디오를 듣다보면, 전화 연결이 된 청취자에게 진행자가 자기소개를 해달라고 부탁하죠? 그때마다 청취자는 "저는 ○○○에 사는 아무개입니다"라고 말합니다. 그렇게 얘기하라고 정해놓은 것도 아닌데 사람들은 '어느 시에 사는', '어느 동에 사는', '어느 회사에 다니는'이라는 수식어를 이름 앞에 붙입니다. 미국 주식도 눈에 보이지 않을 뿐 어디에 속해 있는지 꼬리표가 붙습니다.

지수를 기준으로 한다면 미국 증시의 3대 지수인 S&P500 지수, 나스닥100 지수, 다우존스30 산업평균지수 또는 중소형주의 집합인 러셀2000 지수에 속하게 되는 거죠. 섹터로 보면 글로벌산업분류기준

GICS에 의해 IT, 커뮤니케이션 서비스, 헬스케어, 금융, 산업재, 에너지, 소재, 유틸리티, 부동산, 임의소비재, 필수소비재 이렇게 11개 섹터 가운데 하나로 분류될 것입니다.

시가총액에 따라서는 대형주, 중형주, 소형주로 분류하고 테마는 시대상을 반영해 형성됩니다. 2021년 바이든 대통령이 당선되면서 팬데믹 극복을 위해 꺼내든 그린 뉴딜로 전기차, 탄소중립 등에 해당하는 미국 주식들을 찾느라 분주했죠. 또한 주가수익비율, 주가순자산비율 등을 기준으로 가치주인지 판단하죠. 매출액 증가율, 순이익 증가율 등을 기준으로 성장주인지도 판단해 성격이 유사한 기업끼리 묶어서 얘기하게 됩니다.

기준에 따라서는 미국 주식 한 종목이 여러 개의 영역에 속할 수 있겠죠? 애플은 지수로 보면 나스닥100 지수, 섹터로 보면 IT, 스타일로 보면 대형주, 테마로 보면 ESG, 메타버스 등 여러 영역에 발을 걸치게 됩니다.

미국 주식의 구분

구분	1차 분류	2차 분류
미국 주식	지수	S&P500, 나스닥100, 다우존스30 산업평균, 러셀2000 등
	섹터	에너지, 소재, 산업재, 경기소비재, 필수소비재, 헬스케어, 금융, IT, 커뮤니케이션, 유틸리티, 부동산
	시가총액	대형, 중형, 소형
	스타일	가치, 성장
	테마	대체에너지, 풍력, 태양광(열), 바이오연료, 탄소배출권, 지구온난화, 자사주매입, IPO, 인프라, 신흥시장 소비 등

성장주에 투자할까, 가치주에 투자할까?

미국 주식에 투자하려고 할 때, 가장 많이 들려오는 소리는 '워런 버핏'과 '가치투자'일 것입니다. 그만큼 미국 주식에 성공하기 위해서는 투자 대가처럼 가치투자를 해야 한다고 사람들이 얘기하지만, 팬데믹 이후 비대면 산업 개화와 함께 MAGAT에 속하는 기업들의 주가는 실로 놀라울 정도로 올랐던 만큼, 성장주 투자를 해야 하는 것 아니냐는 생각도 들 수밖에 없습니다. 그렇다면 가치주와 성장주 투자에는 어떤 차이점이 있을까요?

가치주 투자 대 성장주 투자

	가치주	성장주
캐치프레이즈	Buy Low, Sell High	Long-Term Buy & Hold
투자 대상	저평가 종목	고성장 종목
투자 리턴	기업의 현재가치-기업의 현재주가	기업의 미래가치-기업의 현재주가
종목 선정 포인트	기업의 현재주가	기업의 성장률
투자 기업	· 저평가 기업 · 검증된 우량 기업	· 미래 산업군 시장 점유율 1등 기업 · 신생 성장 기업
매수 타이밍	시장의 회복이 시작될 때	기업의 성장이 시작될 때
매도 타이밍	주가가 기업의 가치까지 올라올 때	기업의 성장 동력이 떨어질 때
투자 기간	중기	장기
투자 적기	경기 정체기	경제 성장기
관심 키워드	백신	4차 산업혁명
장점	· 검증된 기업에 투자(낮은 위험성) · 안정적인 수익(배당)	· 이론상 제한이 없는 리턴 · 종목 선정이 쉬움
단점	· 투자 리턴의 제한 · 주가 상승의 시기를 알 수 없음 · 따분한 투자가 될 수 있음	· 높은 변동성, 버블 리스크 · 주주 환원 약함 · 스트레스가 많은 투자
문제점	투자 종목 선정이 어렵다	투자 시기 선정이 어렵다
리스크 지표	기업가치 산정의 정확성	성장률 지표의 정확성

가치주는 코카콜라, 존슨앤드존슨, P&G처럼 오랜 역사와 전통을 자랑하며 철저한 검증을 거쳐 이미 우량 기업으로 자리 잡은 기업의 주식들을 지칭하는 단어입니다. 성장주는 다가오는 미래 또는 전망이 밝은 산업 분야에서 눈부신 성장을 보여주는 테슬라, 스퀘어, 쇼피파이와 같은 종목을 일컫는 말입니다. 가치주 투자와 성장주 투자에 대한 논쟁은 오래되었고 코로나19로 뒤죽박죽된 경제상황이 시간이 흘러 회복되는 국면에서도 현재 진행 중입니다.

다음 그림은 S&P500에 편입된 500개 기업을 크게 성장주와 가치주로 나누고, 두 그룹의 주가가 지난 18여 년 동안 어떻게 변해왔는지를 나타내는 차트입니다. 국면에 따라 성장주가 앞서갈 때도 있었고, 2008년 이전에는 상당히 오랜 시간 동안 가치주의 약진이 돋보이던 시

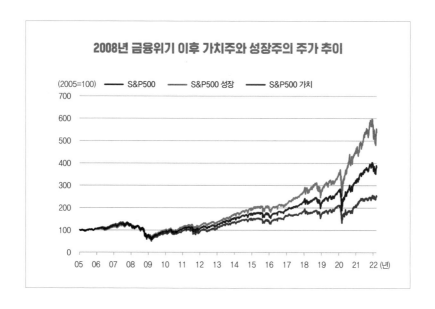

기도 있었습니다. 2008년 이후부터 가치주의 주가 상승이 성장주를 따라가지 못한다는 것을 알 수 있습니다. 또한 2020년 팬데믹 이후 가치주와 성장주 간의 격차가 크게 벌어진 것을 확인할 수 있습니다.

공모주 청약, 해외는 어떻게 할까?

공모주가 인기를 끈다면, 그만큼 증시가 좋다는 것을 반증해주는 대목인데요. 미국 증시는 팬데믹을 겪은 2020년 한 해 수익률이 16.3%, 그 다음 연도인 2021년은 26.9% 오를 정도로 강세장이 나타나 공모주에 대한 관심은 뜨거울 수밖에 없었습니다.

한국 투자자가 미국 증시에서 공모주에 참여할 수 있을까요? 아쉽지만 할 수 있는 것은 IPO 당일 거래 시작 이후 사는 방법뿐입니다. 개별 공모주에 베팅하기에는 리스크가 부담스럽고, 전반적인 미국 IPO에 관심이 있고 향후 성장성에 기대치가 있어 투자 의향이 있다면 공모주에 투자하는 인덱스 펀드를 선택하는 것도 고려해볼 수 있습니다.

대표적으로 'FirstTrust US Equity Opportunities ETF^{FPX}'와 'The Renaissance IPO ETF^{IPO}'가 있습니다. 자산운용사 퍼스트 트러스트가 운용하는 FPX ETF는 공모주를 직접 매입하는 구조는 아니지만 최근 3년간 미국 증시에 상장한 가장 큰 규모의 IPO 주식을 추종합니다. 반대로 공모주를 IPO 시점에 매입하고 보유하고 싶다면 르네상스 캐피털의 IPO ETF를 선택하면 됩니다. 상장 이후 5거래일부터 매수에 들어가 약 2년간 보유하는 형식의 ETF입니다. 여기에는 세컨더리 마켓에서의 IPO 주식 매입도 포함됩니다.

한국에서 로켓배송으로 유명한 쿠팡CPNG은 한국 증시가 아닌 미국 증시에 상장했는데, 이유가 궁금하지 않나요? 쿠팡은 한국 증시 상장을 진지하게 검토했으나 한국 상법에 차등의결권이 허용돼 있지 않아 김범석 의장이 경영권을 잃을 수밖에 없는 IPO가 무의미하다는 결론을 내렸습니다.

쿠팡의 모회사인 쿠팡LLC의 최대 주주는 손정의 회장이 운영하는 소프트뱅크비전펀드(33.1%)입니다. 손 회장은 쿠팡에 2015년 소프트뱅크로 10억 달러, 2018년 소프트뱅크 비전펀드SVF로 20억 달러를 추가로 투자하며 최대주주로 올라섰습니다. 최대주주는 소프트뱅크이지만 창업자인 김범석 의장은 경영권 방어를 위한 지분을 확보했습니다. 상장 당시, 김 의장의 지분율은 10.2%지만 의결권은 76.7%를 보유했습니다. 김 의장이 가진 약 1억7,000만 주는 모두 클래스B입니다. 클래스B 주식은 1주당 1표의 의결권을 가지는 클래스A 주식과는 달리, 1주당 29표를 가지는 차등의결권이 부여되었습니다. 또한 클래스B 주식은 클래스A 주식으로 전환이 가능합니다. 클래스A와 클래스B 주식을 모두 고려한 쿠팡의 상장 당시 지분율은 소프트뱅크 비전펀드 33.1%, 그린옥스 캐피털 16.6%, 닐 메타 그린옥스 창업자 16.6%, 김 의장 10.2% 순이었습니다.

쿠팡, 상장 이후 주가 추이

(P)　　　━━ S&P500　━━ 쿠팡(우)　　　(달러)

차등의결권은 창업주, 경영자 등 회사에 기여한 사람의 주식에 일반
주식보다 많은 의결권을 부여하는 제도입니다. 현재 한국 상법은 1개
의 주식은 1개의 의결권을 가지는 것을 원칙으로 규정하고 있지만, 차
등의결권은 '1주 1의결권' 원칙의 예외를 인정해 보통주보다 경영권
을 보유한 대주주의 주식에 더 많은 의결권을 부여하는 제도를 말합니
다. 한국에서는 상장과 함께 차등의결권이 소멸되지만 미국에서는 증
권 시장에 신규로 상장할 경우 창업주에게 차등의결권을 허용하고 있
습니다. 국내 기업이 미국 증시에 상장하는 경우가 드문데 쿠팡은 이러
한 속내를 바탕으로 미국행을 선택한 겁니다.

미국 주식,
직접 따라해보자

국내 주식을 매매해본 분이라면 미국 주식에 투자하기 위한 사전 절차가 동일하다는 것을 실감할 수 있습니다. 우선 해외증권 거래가 가능한 국내 증권사를 선택한 후 종합계좌를 개설합니다. 종합계좌를 개설할 때는 해외증권 계좌 개설을 추가로 신청해야 개설 후 MTS 또는 HTS를 통해 매매가 가능합니다.

1. 장단점은 있다! 온라인 증권사 또는 오프라인 증권사 선택하기

크레온, 키움증권같이 온라인에 특화된 증권사가 해외증권 거래시 거래 수수료가 저렴합니다. 물론 수수료만 따지기보다는 MTS 및 HTS

편의성, 해외 투자 정보가 충실히 제공되는지 여부, 해외증권을 매매하는 만큼 환전시 번거로움은 없는지 등을 확인하면 좋습니다.

2. 미국 주식 사려면, 해외증권 계좌 개설은 필수

증권사를 선택했다면, 증권사의 영업점을 방문하거나, MTS를 통해 비대면 계좌 개설을 신청하여 계좌를 만들 수 있습니다. 물론 증권사와 연계된 은행을 방문해도 계좌 개설이 가능합니다. 중요한 점은 어디서 계좌를 개설하느냐가 아니라 개설시 꼭 해외증권 상품을 등록해야 한다는 점입니다.

3. 간편한 매매, MTS 설치하기

휴대폰으로 선택한 증권사의 MTS를 다운로드 받거나 증권사의 홈페이지에서 HTS 프로그램을 다운로드받아 설치하면 됩니다. 연계은행에서 해외계좌를 개설했다면 증권사 홈페이지에서 회원가입 후 HTS에 로그인합니다. 로그인 시에는 아이디, 패스워드, 공인인증서가 필요합니다. 공인인증서가 없을 경우는 홈페이지에 있는 공인인증센터에서 공인인증서를 발급받으면 됩니다.

HTS 샅샅이 파헤치기

해외증권 개설을 하고 MTS 또는 HTS 설치를 마쳤다면 사용법을 배워

보겠습니다. 요즘은 각 증권사에서 MTS, HTS를 쉽게 배울 수 있도록 각종 영상을 제공하고 있습니다. 이 책에서는 대신증권 'CYBOS5'를 사용해 설명하겠습니다.

내가 사용하는 HTS, 장악하자

MTS는 휴대폰에서 보여줄 수 있는 화면 사이즈의 한계로 HTS보다는 간단하게 표출되는 편입니다. 그래서 처음에는 HTS에 접속해 해외주식 종합화면을 확인하는 것이 도움이 됩니다. 대신증권의 CYBOS5에서 해외주식 종합화면을 찾는 TR코드는 '2436'입니다.

해외주식 종합화면, 구석구석 살펴보기

해외주식 종합화면은 미국 주식 관련 화면 가운데, 투자자들의 사용도
가 높은 개별화면들을 한곳에 모아 편의성과 함께 활용도를 높일 수 있
도록 했습니다. HTS 사용이 익숙해져 개별 화면 조회가 능숙하게 될
때까지 이용하면 좋습니다.

종목조회 영역

투자하고자 하는 미국 주식을 검색해볼 수 있습니다.

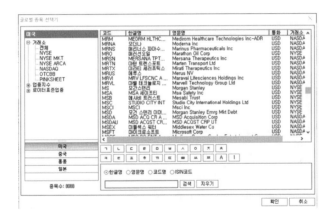

시세정보 영역

선택한 미국 주식의 5단계 호가 및 실시간 체결 현황을 확인할 수 있
습니다.

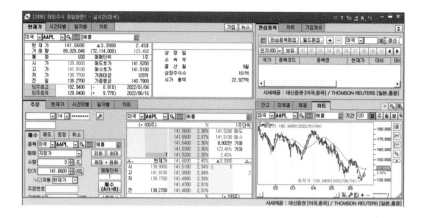

차트 영역

선택한 미국 주식에 대한 차트와 거래량 등 관련된 기술적 지표를
확인할 수 있습니다.

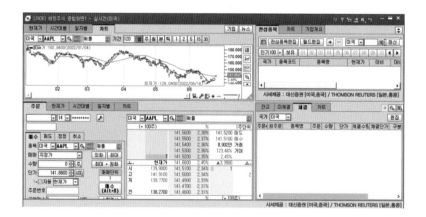

종목정보 영역

선택한 미국 주식의 개요와 자세한 정보를 조회할 수 있습니다.

내가 투자할 미국 주식 고르기

실전 매매에 나서기 위해 MTS(또는 HTS) 사용법을 익혔지만, 막상 매매를 하려고 하면 무엇을 사야 하는지 고민하게 됩니다. 미국 주식을 선택할 때 몇 가지 기준을 정해놓는다면, 고민하는 시간을 줄이고 쉽게 미국 주식을 매매할 수 있습니다.

1. 자기만의 투자 전략을 세우자

투자를 할 때는 남의 말만 들어서는 안 되고 본인만의 투자 원칙을 세우는 게 좋습니다. 그래야 성공의 보람도 실패의 반성도 스스로 할 수 있게 되면서 조금씩 성숙된 투자 사고를 바탕으로 성공 확률을 높일 수 있습니다.

미국 주식 투자의 원칙

- 이익보다 손실을 먼저 생각합니다.
- 투자 판단은 스스로의 몫입니다.
- 틀릴 수도, 흔들릴 수도 있습니다
- 투자를 하기로 마음먹었다면 투자의 불확실성과 투자자로서의 한계를 인정해야 합니다.

2. 투자 대상을 명확히 하고, 매매 가능한 미국 주식을 파악해보자

미국 주식인 만큼 어떤 지수와 섹터에 속하는지, 스타일(성장주, 가치주)은 어떤지, 시가총액(대형, 중형, 소형)은 큰지, 어떤 테마에 속하는지 등 구분할 수 있는 영역별로 정리해놓으면, 투자를 해야 할 시점에 정리해놓은 미국 주식 리스트를 보고 신속하게 대응할 수 있습니다. 이 책은 블루칩에 속하는 미국 기업부터 신산업에 속하는 미국 기업까지 질서정연하게 정리해놓았기 때문에, 책상 한켠에 두고 필요할 때마다 꺼내보면 도움이 될 것입니다.

3. 시가총액이 크고, 거래량이 많은 종목을 골라라

미국 주식도 시가총액이 되도록 큰 종목을 선택해야 합니다. 시가총액이 크다는 것은 많은 투자자가 이미 투자하고 있다는 의미로 해당 주식에 대해 검증 절차가 끝났다는 것을 말해 줍니다. 유동성이 높다는 것은 사고자 할 때 살 수 있고 팔고자 할 때 팔 수 있다는 이야기입니다.

이제 실제로 사보기

이제는 실제로 매매하는 단계만 남았습니다. 미국 주식시장은 한국시간으로 밤 11시 30분부터 익일 6시까지입니다. 써머타임이 적용되는 경우는 밤 10시 30분부터 익일 5시까지 거래가 됩니다. 미국 증시가 개장을 하고 MTS(또는 HTS)에 로그인했다면 우선은 원화를 달러로 환전했는지 확인해봅니다.

1. 미국 주식에 투자한다면, 달러로 환전부터 하자(TR코드: 2227)

미국 주식을 주문하기 위해서는 먼저 달러로 환전을 해야 합니다. MTS(또는 HTS)에서 환전 서비스를 제공합니다. 다만 환전 시간은 한국시간으로 오전 9시부터 오후 4시까지라는 점에서 매매 당일 이전에 미리 환전을 신청해야 합니다.

2. 내가 투자할 미국 주식 매수 주문하기(TR코드: 2251)

주문정보 영역에서 매수 탭을 클릭 후, 내가 매수하려는 미국 주식의 티커, 수량, 단가를 정확하게 입력합니다.

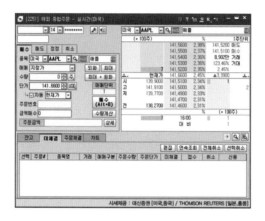

3. 내가 보유하고 있는 미국 주식 매도 주문하기(TR코드: 2251)

매도 주문은 매수 주문과 동일합니다. 매도 탭을 클릭하고 내가 매도하려는 미국 주식의 티커, 수량, 단가를 정확하게 입력합니다. 초기 화면에는 매수 탭으로 자동 설정되어 있어 매도시에는 꼭 매도 탭을 선택해 혹시 모를 주문 실수를 조심해야 합니다.

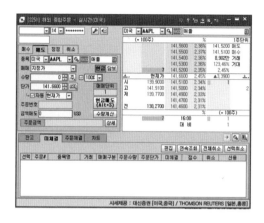

4. 매매주문 체결 확인하기(TR코드: 2272)

미국 주식을 주문한 후 체결 여부를 확인합니다. 혹시 주문을 정정하려면 정정 또는 취소를 클릭하고 원주문을 정정, 취소합니다.

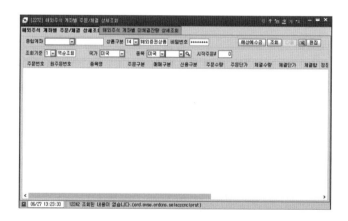

5. 나의 해외 주식 잔고 확인하기 (TR코드: 2283)

해외잔고 메뉴를 클릭하면 종목별 잔고와 평가금액, 총예수금 등을
확인할 수 있습니다.

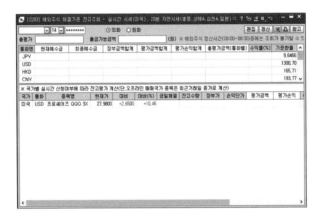

6. 현금화하고 싶다면, 원화로 환전하기 (TR코드: 2228, 2229)

앞서 원화를 달러로 환전하는 부분에서 설명했지만 MTS(또는 HTS)
에서 환전 서비스가 가능합니다. 환전 시간은 한국시간으로 오전 9시
부터 오후 4시까지라는 점을 잊지 마세요.

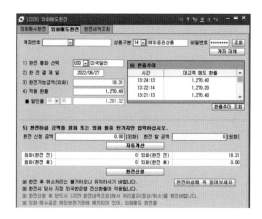

7장

앞으로 10년 동안
돈 버는 사이클 투자

어떤 상황에서도
살아남는 사이클 투자

사이클 투자는 경기순환과 주식시장의 전개 과정을 분석해, 경기 국면별로 주식시장에서 유망한 투자 대상을 찾아 투자하는 방법입니다. 경기가 일정한 주기를 두고 상승과 하락을 반복하는 것을 경기순환이라고 하는데요. 경기순환은 국가 경제의 총체적인 활동에서 나타나는 변동을 의미합니다. 통상적으로 자본주의 경제체제에서 생산과 소비, 교환을 통해 경제활동이 활발해지면 호황이라 표현하고 반대로 침체되기 시작하면 불황이 왔다고 합니다. 이처럼 경기는 호황과 불황을 반복하는데 일반적으로 경기순환은 회복기(회복), 활황기(확장), 후퇴기(둔화), 침체기(위축)의 4단계로 구분하고 각 시기별 특징은 다음과 같습니다.

회복기에는 고용, 소비, 생산 등 경제활동이 긍정적으로 개선됩니다. 기업들의 투자 심리 회복과 생산량이 점진적으로 증가하고 금융시장의 자금 수요 또한 증가하게 됩니다. 주식시장은 실물경제에 선행하는 경향이 있어 경기가 활황기에 접어들기 이전인 회복기에 큰 성과를 보이게 됩니다. 주식시장과 실물경제의 경기는 보통 1년 정도의 격차가 있습니다.

활황기에는 투자, 생산, 소비가 모두 증가합니다. 재고와 판매가 모두 증가하여 서로 평형상태를 이루고 성장률 자체는 회복기보다 저조하나 꾸준한 성장을 보이는 시기입니다. 경기순환 사이클 중 가장 긴 시기로 보통 3년에서 3년 반 정도 유지됩니다.

후퇴기에는 과잉 생산과 과잉 투자로 인한 기업 재고량이 증가하게 됩니다. 통화 정책의 제한, 기업 이익 악화로 인해 일자리 감소, 소득 감소, 물가 하락이 일어나는 시기입니다. 보통은 1년에서 1년 반 정도 진행됩니다.

침체기에는 경제활동이 수축됩니다. 생산량 급감, 실업 급증, 기업 이윤 감소 등 모든 경제적 요인이 부정적인 상황에 놓이게 되는 시기입니다. 경기를 부양하기 위해 금리를 낮추고 재정 정책을 동반하는 시기로 보통 1년 미만입니다.

사이클 투자, 왜 해야 할까?

'과거는 미래의 거울이다'라는 말처럼, 경기순환은 반복됩니다. 글로벌 위기가 발생하면, 원인은 각기 다르지만 위기 극복을 위한 각국의 정책 대응을 바탕으로 경기순환과 주식시장 전개 과정이 유사하게 진행됩니다. 1990년대 이후 발생한 글로벌 위기는 총 6번입니다. 1929년 대공황, 1973년과 1978년에 일어난 오일쇼크(1차, 2차), 1990년 저축대부조합 사태, 2000년 닷컴버블, 2008년 금융위기, 2020년 코로나19 엄습입니다. 코로나19를 제외한 진원지는 모두 미국이었습니다.

일반적으로 위기 발생의 파급 효과는 먼저 금융 부문에 충격을 미치고 실물 부문으로 전파됩니다. 급격한 경기침체에 대응하는 정부 정책을 바탕으로 불황기를 벗어나고, 정책 효과가 점진적으로 확인되는 국면은 회복기로, 재정과 통화 정책의 연속성이 관건입니다. 회복기를 거쳐 활황기를 포함한 경기의 확장 국면에서는 소비, 투자, 고용 등이 증가하며 이에 따라 수요, 공급의 압력 확대로 물가가 오르고 금융시장에서는 경기 낙관론이 확대되며 금리와 주가가 상승하는 경향을 보입니다. 후퇴기와 침체기를 포함하는 경기수축 국면에서는 반대 현상이 나타납니다.

따라서 단계별로 구분되는 경기순환을 파악하면 현재 경기가 경기순환 국면에서 어디에 있는지를 확인할 수 있고 이를 통해 향후 경제 및 금융시장에서 어떤 현상이 나타날 것인지 대략 예상해볼 수 있습니다.

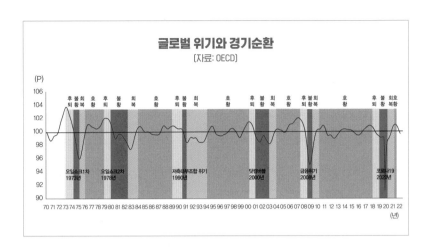

글로벌 위기와 경기순환

[자료: OECD]

미국 경기 사이클을 주도하는 것들

미국 경기는 현재 어디쯤에 와 있을까요? 2022년 4월 기준, 발표된 3월 OECD 미국 경기선행지수The amplitude adjusted CLI는 100.1p로 경기호황 국면에 있습니다. 코로나19 충격으로 2020년 4월 경기 저점을 확인했지만, 바이든 행정부의 과감한 재정과 통화 정책을 바탕으로 2020년 5월부터 2021년 2월까지 10개월간 경기회복 경로를 보였습니다. 2021년 3월 이후 나타난 경기호황 국면은 기존 정책 효과가 점진적으로 반영되는 시기입니다. 위에서 언급했지만, 분석에 필요한 데이터가 존재하는 과거 4번의 위기 국면(1978년 오일쇼크 2차, 1990년 저축대부조합 사태, 2000년 닷컴버블, 2008년 금융위기)에서 경기호황 국면이 평균 5년 6개월 지속된 것을 참고한다면, 코로나19 이후의 경기호황 국면은 최소한 2026년 9월까지 지속될 가능성이 있습니다.

주식시장에서 경기순환이 다른 국면으로 진입할 때 섹터 간 성과 차이가 나타나게 됩니다. 물론 기술과 산업의 변화로 인해 과거의 성과가 미래의 결과를 보장해주지는 않습니다. 다만 투자시 현재 경기 사이클에서 어떤 섹터에 더 큰 비중을 싣고 어떤 섹터에서 비중을 줄일지 결정할 때, 각각의 경기순환에서 성과가 좋았던 섹터를 알아두는 건 꼭 필요합니다.

경기회복기에는 경기침체기 때 낮아진 금리로 인해 금리에 민감한 섹터인 경기소비재, 부동산, 금융, IT섹터가 좋은 성과를 보입니다. 기업의 생산 증가로 산업재 섹터의 실적이 좋아지는 경향도 있습니다. 반면 상대적으로 경기에 영향을 받지 않은 헬스케어, 유틸리티 섹터와 경기침체기에 하락한 유가로 인해 에너지 섹터는 시장 대비 낮은 실적을 보이는 경향이 있습니다.

경기활황기에는 섹터 로테이션이 자주 일어납니다. 각각의 섹터들이 3분기 이상 뚜렷한 상승세와 하락세를 이어가지 않는 특징이 있습니다. IT와 커뮤니케이션 섹터가 좋은 실적을 보이고, 소재, 유틸리티 섹터의 경우는 부진한 실적을 보이는 경향이 있습니다.

경기후퇴기에는 경기가 성숙해지면서 원자재 가격과 밀접한 관련이 있는 에너지 및 소재 섹터의 성과가 좋아집니다. 인플레이션과 후반기 경제 확장으로 인한 수요 증가로 자연스럽게 상승하는 거죠. 한편 경기 둔화를 감지한 투자자들이 방어적인 섹터를 선호하는 경향이 나타면서 헬스케어, 필수소비재 섹터 또한 좋은 성과를 거둡니다. 반면 경기소비재 섹터의 경우 직전 시기인 경기활황기에 몰렸던 자금이 경기 변화에 따라 안전한 섹터로 이동하려는 성향 때문에 낮은 성과를 보이게 됩니다.

경기침체기에는 전체적으로 실적이 좋지 않기 때문에 가장 방어적인 섹터에 집중해서 투자해야 합니다. 경기와 상관없이 사용되는 필수소비적인 아이템과 연관된 섹터가 좋은 성과를 보이는 거죠. 필수소비재, 유틸리티, 헬스케어와 같은 방어주가 큰 힘을 발휘합니다. 다만 경기의 영향을 많이 받는 산업재, 리츠, IT 섹터는 부진한 성과를 보이게 됩니다.

코로나19 이후 미국 경기와 주식시장 전개 과정을 전망해볼까요? 과거 4번의 글로벌 위기 사례를 검토해, 경기 국면별로 유망한 투자자산을 제시하겠습니다. 해당 경기 국면에서 아웃퍼폼할 개연성이 큰 투자 대상을 편입한다면 도움이 될 것입니다. 향후 미국의 경기호황 국면(2021년 3월부터)에서 성장주가 유망한 구간이고 경기소비재, IT, 산업재, 헬스케어 섹터가 성과 면에서 승자가 될 가능성이 큽니다.

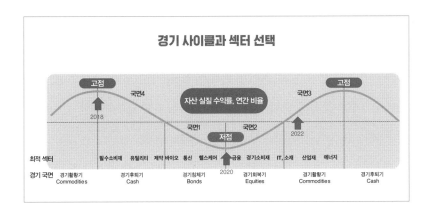

미국의 금리가 오르면 증시도 상승한다

코로나19만 잘 극복해나가면, 더 이상 증시의 앞길을 훼방 놓을 변수는 없을 줄 알았는데, 참 마음대로 되지 않지요? 2022년 들어서 미국의 중앙은행인 연준이 금리를 올린다고 하니 '추풍낙엽'처럼 떨어지는 미국 증시를 보면서 불안감이 드는 게 사람 마음입니다. 물론 러시아의 우크라이나 침공으로 촉발된 원자재 가격 상승과 중국의 '칭링(제로 코로나) 정책' 고수로 높아진 공급망 병목 재연 가능성도 물가 부담의 요인이 되면서, 미국 증시가 하락하는 데 일조를 했죠. 2022년 상반기 증시가 변동성이 컸던 데는 불가피한 요인이 많았습니다.

하지만 너무 걱정하지 마세요. 기준금리를 올리기 전에는 얼마만큼,

304

얼마나 빨리 올릴지 알 수 없으니 증시가 흔들릴 수밖에 없습니다. 그러나 막상 기준금리를 올리기 시작하면 시차를 두고 금리를 올리는 이유에 대한 해석이 커지면서 증시가 오히려 상승하게 됩니다. 기준금리는 경기에 대한 자신감이 바탕이 되어야 올릴 수 있는 것이니, 2022년 3월 첫 금리 인상 이후 긴축 통화 정책을 수행하는 연준의 속내를 시장은 점차 이해하게 될 것입니다.

과거 금리 인상기를 돌아보자

코로나19 발생 이후, 기준금리를 내리기만 하던 연준이 2022년 3월 기준금리 인상을 통해 통화 정책 정상화를 본격화했습니다. 유동성 회수를 알리는 신호탄이지요. 하지만 과거 4차례의 금리 인상기에 미국 증시가 보여준 행적을 살펴본다면, 곧 안심할 수 있게 될 것입니다. 먼저 기준금리를 올리던 당시의 투자 환경을 살펴볼까요?

1990년 이후 연준의 금리 인상기는 총 4번이었습니다. 1차 금리 인상기(1994년 2월~1995년 2월)에는 1990년대 초반의 경기 확장을 바탕으로 13개월 동안 7번에 걸쳐 3%에서 6%로 3%p 인상했습니다. 금리를 급격하게 인상하면서 1994년 4%에 달했던 경제성장률은 1995년 2.7%로 떨어졌으나 1996년부터 회복세를 보였습니다.

2차 금리 인상기(1999년 6월~2000년 5월)에는 1990년대 후반 저유가가 사라지고 컴퓨터·반도체 가격 하락이 멈추면서 물가 불안 우려와 주식시장 급등 등의 원인으로 기준금리를 12개월 동안 6번에 걸쳐 4.75%에서 6.50%로 1.75%p 인상했습니다.

3차 금리 인상기(2004년 6월~2006년 6월)에는 2000년대 중반 부동산 가격 급등과 물가 불안의 원인으로 기준금리를 25개월 동안 17번에 걸쳐 1.00%에서 5.25%로 4.25%p 인상했습니다. 2003년 이후, 세계 경기 상승과 함께 미국 경제 역시 양호한 성장세를 유지했고 미국의 금융완화 정책으로 풀린 유동성이 부동산 시장에 유입되며 주택 가격이 크게 올랐습니다. 원유 등 국제 원자개 가격 급등과 중국 경제의 수요 확대로 물가 불안에 대한 우려가 확산됐습니다.

4차 금리 인상기(2015년 12월~2018년 12월)에는 미국의 견조한 성장세(2% 중반)를 배경으로 기준금리를 37개월 동안 9번에 걸쳐 0.25%에서 2.50%로 2.25%p 인상하였습니다. 물가는 연준 목표치인 2%에 미달하

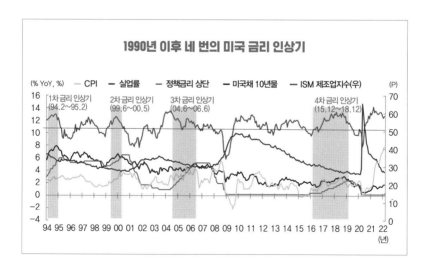

는 수준이었지만 가계 지출과 투자, 고용지표가 꾸준히 개선됐습니다.

교훈: 성장주 투자는 유효하다

4번의 미국 금리 인상기 동안 S&P500 지수는 평균 21.9% 상승했습니다. 1차 금리 인상기부터 4차 금리 인상기까지의 기간 동안 S&P500 지수의 평균 수익률은 각각 13.1%, 1.4%, 31.5%, 41.4%를 기록했죠. 4번의 금리 인상 시기에 주가 상승을 주도했던 섹터들이 궁금하시겠죠? 그 주인공은 IT(41.3%), 에너지(34.7%), 유틸리티(31.9%), 헬스케어(26.1%)입니다. 여기서 우리가 배울 수 있는 교훈은 2가지 입니다. 성장주는 할인율 상승의 부정적 여파에 휘둘리지 않았고, 'g(성장률) > i(이자율)' 환경하에 고밸류에이션을 정당화했습니다. 미국의 금리 인상기가 미국 증시와 성장주 상승을 저해하는 요인이 아니라는 점을 확인시켜준 것이죠.

2022년 6월 현재, 아직 시장은 금리 인상 행위에만 주목하고 있지만 점차 금리를 인상하게 된 배경에 주목할 것입니다. 2022년 3월 연방공개시장위원회FOMC에서 파월 연준의장은 향후 미국 경제의 견고함(2022년 경제성장률 2.8% > 잠재성장률 1.75%)을 우회적으로 내비치면서 금리 인상의 부담을 털어내고, 증시가 상승할 수 있는 시그널을 내비쳤습니다. 금리 인상을 경기회복의 자신감으로 해석할 수 있는 시장 조성자 역할을 하기 시작한 것이죠. 실제 3월 FOMC 이후 미국 증시는 반등에 나셨습니다. 물론 그 이후에는 우크라이나 사태의 장기화, 중국의 '칭링 정책' 고수라는 변수가 가져온 물가의 고착화 가능성에 3월 FOMC가 힘을 쓰지 못하며, 미국 증시는 다시 하락 압력을 받기 시작했습니다. 그러나 여기서 구분해야 할 점은 FOMC 결과는 증시에 부정적 요인이 아니었다는 점입니다.

우리는 지금 연준의 금리 인상이 경기 회복의 자신감으로 비춰질 수 있는 시점 앞에 와 있습니다. 그 시점은 2022년 3/4분기 이후로, 과거보다 선제적으로 금융시장 불안을 잠재우고 있는 파월 연준 의장의 다음 행보는 미국의 견고한 성장을 바탕으로 금리 인상 부담을 증시가 짊어지지 않도록 하는 것입니다. 이것이 바로 우리가 미국 증시에 투자해야 하는 이유입니다.

2022년 상반기, 성장주 투자 기회로 삼아야 할 것

시작일	금리하단	금리상단	종료일	금리하단	금리상단	인상횟수
94.02.04	3.00	3.25	95.02.01	5.57	6.00	7
99.06.30	4.75	5.00	00.05.16	6.25	6.50	6
04.06.30	1.00	1.25	06.06.29	5.00	5.25	17
15.12.16	0.25	0.50	18.12.19	2.25	2.50	9

수익률 (%)	미국 금리 인상기				
	평균	1차	2차	3차	4차
S&P500	21.9	13.1	1.4	31.5	41.4
나스닥	26.0	16.6	0.0	30.7	56.7
다우	24.5	14.5	2.2	31.1	50.1

미국 금리 인상기 평균 수익률

항목	수익률(%)
나스닥	26.0
다우	24.5
S&P500	21.9
IT	41.3
에너지	34.7
유틸리티	31.9
헬스케어	26.1
산업재	25.7
임의소비재	21.4
소재	20.5
필수소비재	16.5
금융	13.9
커뮤니케이션	7.1

결국 물가는 잡힌다

2022년 5월, 미국 소비자물가^{CPI}의 전년 동월 대비 증가율은 8.6%입니다. 코로나19 발생 이전인 2020년 2월의 소비자물가가 2.3%라는 점에서 팬데믹 이후 전세계 공급망 병목 현상이 가져온 물가 상승세는 상당히 가팔랐다고 볼 수 있죠. 연준의 고민이 시작될 수 밖에 없는 환경이 된 것입니다. 위기 극복을 위한 전례 없는 통화·재정 정책으로 실물경제가 개선되면서, 이제는 반대로 실물경제에 충격을 주지 않고 출구 전략을 써야 하는 상황에 맞닥뜨린 것이죠.

그런데 문제는 물가 수준이 너무 높아져버렸다는 점입니다. 고물가 우려가 없는 상황에서 연준의 금리 인상은 베이비스텝(0.25%p)을 통해 금융시장의 충격 없이 서서히 올리는 게 목표였지만, 상식을 벗어난 물가를 통제하기 위해서는 공격적인 금리 인상이 수반된다는 점에서 금융시장은 미리 걱정하기 시작한 겁니다.

2022년 물가 상승을 높였던 원인에 유가 상승이 있었던 만큼, 공급 충격을 완화시키기 위한 정부의 총수요 관리로는 한계가 있습니다. 물가 상승을 억제하는 긴축 통화 정책은 경기침체를 야기하고 침체를 막으려는 확장 통화 정책은 추가적인 물가 상승을 유발해 신중한 접근을 필요하게 만드는 거지요.

다행인 것은 연준이 높은 물가를 잡기 위해 금리 인상을 본격적으로 단행하기 시작한 2022년 5월 이전부터 물가가 고점을 통과하고 있다는 시그널이 나타나고 있어, 금리 인상 효과가 배가될 수 있는 시점에 위치했다는 사실입니다. 2022년 4월에 발표된 미국의 3월 근원 CPI 와 근원 PCE의 전월 대비 증가율이 둔화되고, 5월에 발표된 4월 CPI는 전월과 비교했을 때 전년 동월 대비 증가율이 낮아지기 시작했습니다. 또한 뉴욕연방은행이 발표하는 글로벌공급망압력지수도 2022년 들어 감소세로 전환되고 있어, 미국의 물가 상승세는 둔화되는 양상입니다.

이런 상황에서 연준이 2022년 5~7월 FOMC에서 빅스텝 이상을 연속해 단행할 경우, 물가 통제 효과는 극대화되게 됩니다. 5월과 6월, 2번의 빅스텝 이상의 단행은 물가 통제 효과가 있고, 만약 7월까지 빅스텝 이상을 단행할 경우에는 향후 물가 상승이라는 싹을 도려내는 효과가 있습니다. 상반기에 물가를 강력하게 통제해야, 하반기에 미국 증시가 상승하는 데 물가가 부담이 되지 않습니다.

약 49년 전에 미국은 1, 2차 오일쇼크를 겪으면서 2가지 교훈을 얻었습니다. 첫 번째는 일관된 긴축 통화 정책의 수행 여부가 '스태그플레이션' 시기의 물가 안정을 좌우한다는 점입니다. 두 번째는 경기 후퇴를 우려해 완화적 통화 정책을 시행할 경우, 고인플레이션이 장기화되고 추후에 더 강한 긴축 통화 정책을 펼치게 만들어 경기가 다시 후퇴하는 더블딥이 발생하게 된다는 것이죠. 2022년 이후 일관된 긴축 통화 정책을 수행하고, 높은 물가에 합당하는 금리 인상폭을 단행할 연준의 행보를 감안하면, 미국 증시는 물가 우려에서 벗어나며 상승할 것입니다.

미국 주식 투자의
필승 마인드

우리는 태어나는 순간부터 선택에 부딪칩니다. 선택할 수 있는 가짓수가 많아질수록, 고심하는 시간도 덩달아 늘어나죠. 내가 원하는 결과보다 더 나은 결과가 매번의 선택으로 이루어진다면, 우리는 선택 앞에서 자유로워질 것입니다. 그런데 현실은 그렇지 않죠? 선택을 했는데 의도치 않을 결과로 이어지는 경우도 있으니, 미리미리 현명하게 선택하는 방법을 강구하는 노력이 필요한 이유입니다.

주식시장에 발을 들여 놓는 순간, 매번 찾아오는 선택의 순간은 주식을 사고파는 것입니다. '팔고 나면 더 올라가는 것 아닐까?' 혹은 '지금보다 더 싸게 살 수 있지 않을까?' 또는 올라가는 주가를 보고 덜컥 매수했는데, 갑자기 주가가 떨어지기 시작한다면 '잘못 샀다'는 생각에 갑자기 매도하는 경우도 있습니다. 흔히 뇌동매매라고도 하지요. 결국 주식시장에서 자신이 세운 목표를 달성하기 위해서는 언제나 흔들리지 않도록 자기만의 투자 원칙과 철학을 세워야 합니다.

나만의 투자 원칙과 철학 세우기

주식시장에서 기준을 세운다는 것은, 주식 투자를 하기 위해 꼭 지켜야 하는 자기와의 약속을 만든다는 것입니다. 투자를 위한 원칙, 수익을 내기 위한 원칙, 투자 기회를 얻기 위한 원칙의 3가지만 알아둬도 도움이 됩니다.

투자를 위한 원칙입니다.

첫째, 이익보다 손실을 먼저 생각합니다. "투자의 첫 번째 규칙은 돈을 잃지 않는 것이고 두 번째 규칙은 첫 번째 규칙을 잊지 않는 것"이라고 워런 버핏도 강조했습니다.

둘째, 투자 판단은 자기 몫입니다. "우리는 우리가 내린 선택의 결과물"이라고 아마존 창업자 제프 베이조스도 언급했습니다.

셋째, 틀릴 수도 흔들릴 수도 있습니다. 처음에 생각했던 목표 가격을 넘어서 주식을 팔았더라도 판 가격보다 오르면 아쉽게 마련입니다. 반대로 주식을 가지고 있는데, 생각과 반대로 주가가 매수 가격 아래에서 움직이는 것을 보고 있으면 후회가 되고, 연속되는 손실에 공포를 느낍니다. 결국 투자를 하기로 마음먹었다면 투자의 불확실성과 투자자로서 한계를 인정해야 합니다.

주식 투자에서 수익을 내는 원칙입니다.

첫째, '싸게 사서, 비싸게 팔아라'입니다. 수익이 커질 수 있는 '좋은 기업'을 실제 가치보다 '좋은 가격'에 사서 가격이 상승했을 때 팔라는 의미입니다.

둘째, 좋은 가격에 사려면 기업의 실제 가치를 알아야 합니다. 실제 가치보다 현재 가격이 낮은 주식을 사는 겁니다. 문제는 기업의 실제 가치를 평가하는 절대적 기준이 없다는 점입니다. 가치평가지표(주가 수준)와 가격결정모형(적정 주가)이 아주 다양하므로, PER, PBR, ROE 같은 기본적 평가지표를 이해하고 어떻게 활용할지 고민해야 합니다.

셋째, 싸게 거래될 때를 기다려야 합니다. 기업이 일시적으로 힘들어지는 시기가 있습니다. 가끔 시장에 비관주의가 팽배해 주식을 헐값에 파는 바겐세일 기간이 찾아옵니다.

다음은 투자 기회를 얻기 위한 원칙입니다.

갑작스럽게 찾아오는 위기나 부정적 뉴스에 놀라 모두가 주식을 팔아치울 때가 최고의 기회입니다. 이러한 시점을 매수 시점으로 삼아, 꾸준히 적립식으로 투자하고 장기적 관점에서 투자해야 합니다. 또한 한 종목에 올인하기보다는 많지 않은 종목에 분산하여 투자하고, 항상 과거의 교훈을 벗삼을 필요가 있습니다.

투자시 이것을 경계하라!

'옆집 누구는 주식 투자를 얼마 한다더라' 혹은 '작년에 주식 투자해서 얼마를 벌었다더라' 같은 얘기가 자연스럽게 들려올 겁니다. 남과 비교하는 것은 경쟁심리를 유도해 지금도 잘하고 있지만 더 잘하려는 좋은 자극도 분명 되지만, 자칫하면 무리한 욕심이 잦은 매매로 이어져 투자했던 원금이 점점 없어지기도 합니다.

투자자가 가장 경계해야 하는 것이 비교심리인 만큼, 주식 투자를 할 때 남과 비교하지 않으면 제법 많은 것을 얻을 수가 있습니다. 부를 축적해가는 시간은 느릴 수는 있어도 잃지 않으면서 꾸준히 쌓아가게 될 가능성이 큰 만큼, 내가 목표로 하는 부의 기준에 결국 도달할 수 있을 것입니다.

우리는 라이프사이클을 항상 머릿속에 그려야 합니다. '주식 투자해서 단순히 얼마를 벌었다'가 끝이 아니라, 그 돈을 번 것처럼 앞으로도 동일하게 돈을 벌어 나가야 한다는 것이죠. 살면서 가장 위험한 게 무엇일까요? 여러 가지가 있겠지만, 아무래도 오래 사는 게 가장 큰 위험 아닐까요? 통계청에 따르면 2011년 한국인의 평균 수명은 80.6세(남자는 평균 77.3세, 여자는 평균 84세)였지만, 2020년에는 83.5세(남자는 평균 80.5세, 여자는 평균 86.5세)로 늘어났습니다.

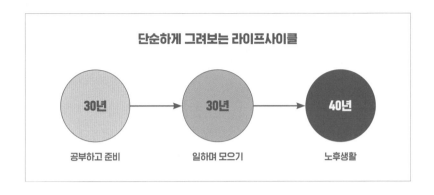

평균 수명이 늘어나는 것이 문제가 아닙니다. 우리는 태어나서 30년 가까이 유치원, 초등학교, 고등학교, 대학교에서 공부하며 사회에 나갈 준비를 합니다. 그리고 사회에 나와 30년이 채 못되는 기간 동안 일을 하며 돈을 모읍니다. 그러나 사랑하는 사람을 만나 가정을 이뤄 아이를 낳게 되고 그 아이가 성장할 수 있도록 뒷바라지 하다 보면 모을 수 있는 돈은 거의 없습니다.

결국 아이가 성장해 성인이 되어 사회에 첫발을 내딛고 나면, 40년이 넘는 기간 동안 노후 생활을 유지해야 하는데 문제는 돈이 부족하다는 것입니다. 지금부터라도 인생이라는 거대한 파고에 맞서 헤쳐나가기 위해서 나무가 아닌 숲을 보려고 노력하며 꾸준히 돈을 늘려가는 방법을 고민해야 할 것입니다. 다행스러운 점은 지금 시작해도 늦지 않다는 것입니다.

10년이 든든한
미국 주식 투자 전략

미국 주식을 통해 새로운 10년을 준비해야 합니다. 우리가 축복받은 것은 과거의 교훈으로부터 미래를 대비해갈 수 있게 된 점입니다. 가까이는 2008년 세계 금융 위기를 겪었고 미국 경제는 위기를 극복하며 미국 증시도 장기간 우상향하는 모습을 우리는 지켜봤습니다. 12년 가까이 지난 2020년에 발생한 코로나19는 원인은 다르지만 결과적으로 미국 경제와 증시에 동일한 영향을 끼치고 있습니다.

예전에는 미국 주식에 투자하고 싶어도 투자 정보도 부족했거니와 매매할 수 있는 인프라가 미흡했습니다. 이제는 유튜브를 통해 검색만 하면 다양한 미국 주식 정보를 얻을 수 있게 되었고, 국내 증권사들이 치열하게 경쟁해준 결과 손쉽게 미국 주식을 매매할 수 있게 되었습니다. 마음만 먹으면 향후 성장할 미국 경제와 수혜받을 수 있는 기업을 선점할 수 있는 기회를 얻게 된 것입니다.

2020년 발생한 코로나19는 세계인의 삶에 일상을 빼앗긴 상실감을 가져다준 원흉이기도 했지만, 동일한 출발선상에서 투자를 할 수 있는 계기가 되었습니다. 갑작스러운 위기에 손실을 봤더라도 버틸 수 있는 용기가 있고, 미국 주식이라는 새로운 투자의 여정을 시작하기로 마음먹기만 하면 부의 목적지까지 빠르게 도달하게 될 것입니다.

지금부터 소개하는 2가지 투자 방향성을 바탕으로 출발선상에 섭시다. 미국 주식을 무기로 앞으로의 시간에 투자한다면, 10년 뒤 경제적 자유를 쟁취하는 골인 지점에 모두 들어와 있을 것입니다.

그러기 위해서는 앞서 강조한 사이클 투자를 머릿속에 그려 놓아야겠지요? 과거 4번의 글로벌 위기 국면을 통해 미국 경제가 경기호황에 진입하게 된다면, 평균적으로 5년 6개월 정도 지속된다고 말씀드렸습니다. 2021년 3월부터 미국이 경기호황에 진입한 것을 감안하면 최소 2026년 9월까지는 투자의 여정을 지속해야 합니다. 그때쯤이면 경제적 자유를 넘어 훨씬 값진 삶을 사는 주인이 되어 있지 않을까요?

일상을 지배하는 미국 주식에 투자하기

미국 주식에 투자하는 것을 어렵게 생각하지 않으면 좋겠습니다. 우리가 매일 밥을 먹고 차를 마시는 것처럼, 아침에 눈을 떠서 잠자리에 들기 전까지 매일 경험하는 일상 속에서 미국 주식을 찾았으면 합니다. 기업을 선택하는 것은 어찌보면 단순합니다. 남들이 쫓아오지 못하는 차별성을 바탕으로, 오랫동안 영속할 수 있는 체력을 가진 기업이라면 더 없이 좋습니다. 우리의 하루 일과를 생각해보면 이미 답이 있습니다. 그동안 생각을 못하고 있었을 뿐이지요.

명불허전은 '명성이 널리 알려진 데는 그럴 만한 까닭이 있음'을 이르는 말입니다. 우리 일상에서 미국 주식을 선택하는 방법은 각 사업 분야에서 기업명이 사업 자체를 가리키는 기업을 찾는 것입니다.

출근 전 따뜻한 커피 한 잔이 생각날 때 가장 먼저 떠오르는 스타벅스, 커피를 주문하고 결제를 하기 위해 건네는 비자카드, 출근 후 컴퓨터를 켜면 가장 먼저 반겨주는 마이크로소프트의 윈도우와 클라우드로 연결되는 회사 사내망, 업무 중 검색이 필요하면 가장 먼저 찾는 알파벳의 구글, 구글의 서비스를 사용하게 해주는 이퀴닉스의 데이터센터, 퇴근 후 피자와 함께 먹으면 더 맛있는 코카콜라, 하루의 피로를 재미로 바꿔주는 월트 디즈니의 애니메이션은 이미 우리 일상에 스며들어 있습니다.

명불허전에 속하는 미국 주식을 통해, 투자의 여정을 시작해봅시다.

지금까지 언급한 미국 주식을 모두 매수할 필요는 없습니다. 내가 평소 잘 이용하는 기업, 그래서 누구보다 잘 아는 기업이 있다면, 딱 한 종목이라도 선택하면 됩니다.

일상을 지배하는 미국 주식
(기준일: 2022년 6월 24일)

구분	종목명	티커	시가총액 (백만 달러)	주가 (달러)	EPS (% YoY)		ROE (% YoY)		PER (배)		PER (배)	
					22E	23F	22E	23F	22E	23F	22E	23F
일상생활	아마존	AMZN	1,184,912	116.5	-76.0	248.7	-61.8	64.3	150.1	43.0	7.2	5.6
	알파벳	GOOGL	814,319	2,359.5	-1.1	18.6	-16.3	4.7	21.3	17.9	5.5	4.7
	마이크로소프트	MSFT	2,002,137	267.7	15.5	15.5	-3.4	-16.4	28.8	24.9	10.9	8.0
	애플	AAPL	2,292,793	141.7	9.3	6.8	6.0	-5.7	23.1	21.6	36.6	32.3
	이쿼닉스	EQIX	62,730	689.2	29.4	28.5	0.0	0.0	96.2	74.9	5.7	5.7
	엔비디아	NVDA	428,150	171.3	41.2	18.8	0.0	0.0	31.5	26.6	12.8	9.8
	스타벅스	SBUX	89,584	78.1	-19.1	20.5	0.0	0.0	27.3	22.6	-11.0	-11.3
	비자	V	428,111	205.5	52.7	17.3	0.0	0.0	28.7	24.5	11.0	10.1
	월트디즈니	DIS	178,105	97.8	267.3	39.9	0.0	0.0	24.4	17.4	1.9	1.8
	나이키	NKE	177,694	112.9	20.0	18.2	0.0	0.0	25.4	21.5	12.6	11.8
	코카콜라	KO	273,280	63.0	9.6	7.2	0.0	0.0	25.5	23.8	10.1	10.2

일상을 지배하는 미국 ETF
(기준일: 2022년 6월 24일)

구분	ETF명	티커	총자산 (백만 달러)	거래대금 (백만 달러)	운용보수 (%)	분배율 (%)
일상생활	Vanguard ESG U.S. Stock ESG ETF	ESGV	5,430.0	33.8	0.09	1.28
	Consumer Discretionary Select Sector SPDR Fund	XLY	14,310.0	1,330.0	0.10	0.74
	ETFMG Travel Tech ETF	AWAY	223.2	3.3	0.75	0.01
	Invesco Dynamic Leisure and Entertainment ETF	PEJ	1,050.0	14.7	0.55	0.66
	Global X U.S. Infrastructure Development ETF	PAVE	3,590.0	29.1	0.47	1.11

미래를 대비하는 미국 주식에 투자하기

2018년 개봉한 〈레디 플레이어 원〉은 SF계의 거장 스티븐 스필버그가 감독을 맡아 화제를 모았지만, '메타버스'라는 용어가 생소할 2018년에 만들어진 영화라는 점에서 더욱 놀랍습니다.

때는 2045년, 가상현실 '오아시스'에서는 누구든 원하는 캐릭터로 어디든지 갈 수 있고, 뭐든지 상상하는 대로 할 수 있습니다. 주인공 웨이드 와츠의 유일한 낙은 대부분의 사람들이 하루를 보내는 오아시스에 접속하는 것이죠. 현실세계의 주인공이 점차 가상현실의 아바타가 되어 만들어가는 이야기를 담고 있습니다.

영화 속 얘기이긴 하지만, SF계의 고전이라고 할 수 있는 1985년 개봉한 〈백 투 더 퓨쳐〉라는 영화에서 선보인 신기술 아이템들이 현실화되었던 것을 감안하면 영화에서 보여주는 미래가 실제 현실로 다가오는 겁니다. 이러한 신기술이 점차 대중화되면서 새로운 산업 생태계를 생성하고, 생태계를 더욱 확장시키는 새로운 기업이 나타나 새로운 부의 창출로 연결되는 고리를 만들게 됩니다. 현재 미국 IT 업계의 공룡이 되버린 마이크로소프트, 애플, 구글, 아마존도 10년 전에는 당시 낯선 기술들을 선보이며, 새로운 산업 생태계를 조성해가는 개척자였지만 현재는 2조 달러가 넘은 시가총액을 가진 선점자가 되었습니다. 당연히 새로운 산업에 대한 관심과 해당 기업에 대한 투자를 빨리 시작하면 좋겠죠?

전기차, 우주항공, 디지털 헬스케어, 메타버스 분야에서 미국의 빅테크들과 현대판《삼국지연의》의 제갈공명들이 만나 무에서 유를 창조해가고 있습니다. 유비를 만나기 전 청년 제갈공명은 숨어 살지만 현상에 만족하지 않는 비판 정신을 감추고 실력을 쌓아서 세상에 나아갈 기회를 엿보고 있었던 인물이었습니다. 현대판 제갈공명들도 비슷하겠죠? 기존에 없었던 새로운 산업을 만들어가는 만큼, 산업 성장과 함께 생태계를 구성해가고 있는 기업들은 주가 상승이라는 과실로 귀결될 것입니다.

2022년 현재, 전기차, 우주항공, 디지털 헬스케어, 메타버스는 이제 막 생태계가 조성되는 진입기에 들어선 만큼, 투자 적기로서 늦지 않았습니다. 일상에 스며든 미국 주식을 선택하는 기준이 내가 평소 잘 이용했던 기업이라면, 미래를 현실로 만들어가는 기업의 경우 내가 흥미를 느끼는 미래 산업을 택해 투자를 시작하면 됩니다.

미국 주식을 투자할 때 꼭 기억해야 하는 점은 미국 주식 선정과 함께 앞으로의 시간에 투자를 하는 인내심을 감수해야 한다는 것입니다. 일상생활을 지배할 기업과 미래사회를 대비할 수 있는 기업의 조합으로 향후 미국 경기호황 국면이 끝나는 시점까지 투자 여정에서 이탈하지 않기를 당부합니다.

독자들에게 전하는 마지막 조언은, 투자는 스포츠와 달리 나이가 들수록 더욱 현명하게 잘 할 수 있다는 것입니다. 준비가 되어 있다면, 기회는 항상 있습니다. 현재보다 더 나아질 내일을 위해, 오늘도 매 순간을 배움의 시간으로 생각하고 최고의 순간으로 만듭시다. 지금까지 '미국 주식으로 살아남기'라는 긴 여정을 함께 해주셔서 감사합니다.

미래를 대비하는 미국 주식

[기준일: 2022년 6월 24일]

구분		종목명	티커	시가총액 (백만 달러)	주가 (달러)	EPS (% YoY)		ROE (% YoY)		PER (배)		PER (배)	
						22E	23F	22E	23F	22E	23F	22E	23F
미래사회	전기차	테슬라	TSLA	763,944	737.1	146.5	32.0	59.8	-4.3	61.0	46.2	18.3	12.9
		리비안	RIVN	26,569	29.5	적자	적자			-4.7	-5.5	1.9	2.3
	메타버스	로블록스	RBLX	21,604	36.4	적자	적자			-36.2	-33.0	38.2	45.0
		메타 플랫폼스	META	460,508	170.2	-14.8	18.0	0.0	0.0	14.5	12.3	3.2	2.6
	우주항공	버진 갤럭틱	SPCE	1,699	6.6	적자	적자			-4.5	-5.6	3.2	5.9
		록히드 마틴	LMT	111,509	419.0	17.9	5.8	-11.6	-14.9	15.6	14.8	10.2	9.4
	디지털 헬스케어	텔라닥 헬스	TDOC	5,991	37.2	적자	적자			-0.9	-23.4	0.7	0.7
		비바 시스템즈	VEEV	32,060	207.0	37.6	15.4	17.4	-5.6	49.8	43.2	9.0	7.2

미래를 대비하는 미국 ETF

[기준일: 2022년 6월 24일]

구분		ETF명	티커	총자산 (백만 달러)	거래대금 (백만 달러)	운용보수 (%)	분배율 (%)
미래사회	전기차	Global X Autonomous & Electric Vehicles ETF	DRIV	928.2	5.2	0.68	1.13
	메타버스	Roundhill Ball Metaverse ETF	METV	479.9	5.1	0.59	0.51
	우주항공	iShares U.S. Aerospace&Defence ETF	ITA	3,600.0	64.4	0.42	1.39
	디지털 헬스케어	Global X Telemedicine & Digtal Health	EDOC	161.5	0.6	0.68	0.22

미국 주식 유니버스

[기준일: 2022년 6월 21일]

테마	종목명	티커	시가총액 (백만 달러)	주가 (달러)	EPS (% YoY)		PER (배)	
					22E	23F	22E	23F
IT	마이크로소프트	MSFT	1,897,730	253.7	15.5	15.5	27.3	23.6
	애플	AAPL	2,199,081	135.9	9.3	6.8	22.1	20.7
	퀄컴	QCOM	139,317	124.4	59.4	5.0	9.9	9.5
헬스케어	존슨앤존슨	JNJ	455,259	173.0	31.6	6.0	16.8	15.9
	유나이티드 헬스그룹	UNH	450,623	480.3	19.9	14.2	22.2	19.4
	화이자	PFE	269,940	48.1	76.1	−19.0	7.1	8.8
	머크	MRK	222,611	88.0	42.8	0.5	12.0	11.9
	인튜이티브 서지컬	ISRG	69,752	194.3	5.7	18.0	39.5	33.4
	인사이트	INCY	16,201	73.1	−24.8	41.7	22.8	16.1
	버텍스파마수티컬	VRTX	69,098	270.2	57.5	8.7	19.0	17.5
	일루미나	ILMN	28,787	183.2	−18.1	25.9	44.4	35.2
	얼라인테크놀로지	ALGN	18,150	230.3	3.1	25.5	23.1	18.4
	보스턴사이언티픽	BSX	51,893	36.3	157.2	13.9	20.5	18.0
금융	JP모건체이스	JPM	340,199	115.8	−25.7	12.6	10.2	9.0
	BOA	BAC	264,669	32.9	−6.6	17.6	9.9	8.4
	버크셔 헤서웨이	BRK	349,429	271.8	−100.0	10.2	20.6	18.7
	비자	V	404,947	194.4	52.6	17.1	27.2	23.2
	마스터카드	MA	308,717	317.4	20.4	20.4	30.1	25.0
	아메리프라이즈	AMP	26,663	242.6	9.5	18.5	9.6	8.1
커뮤니케이션	알파벳	GOOGL	769,929	2,230.9	−0.8	18.5	20.0	16.9
	메타 플랫폼스	META	425,028	157.1	−14.8	18.1	13.4	11.3
	버라이즌	VZ	212,712	50.7	1.7	2.9	9.4	9.1
	넷플릭스	NFLX	75,931	170.9	−3.0	9.6	15.7	14.3
	세일스포스닷컴	CRM	165,996	166.8	221.0	22.7	35.1	28.6
	서비스나우	NOW	91,263	455.3	548.4	27.5	62.0	48.6
경기소비재	아마존	AMZN	1,105,755	108.7	−76.5	256.1	143.0	40.2
	홈디포	HD	276,672	269.2	6.5	5.7	16.3	15.4
	맥도날드	MCD	177,188	239.6	−1.6	8.9	24.3	22.3
	델타항공	DAL	19,264	30.1	622.0	101.5	9.5	4.7
	테슬라	TSLA	736,717	711.1	147.1	31.7	58.7	44.6
	익스피디아그룹	EXPE	15,518	98.8	흑전	38.7	13.8	9.9

필수 소비재	월마트	WMT	334,886	122.2	31.8	8.6	19.0	17.5
	P&G	PG	327,192	136.4	6.2	6.3	23.3	22.0
	코카콜라	KO	263,136	60.7	9.7	7.1	24.6	22.9
	나이키	NKE	171,037	108.7	21.9	18.0	23.9	20.3
	에스티 로더	EL	88,179	246.8	-8.3	13.6	34.5	30.4
	비욘드미트	BYND	1,615	25.4	적지	적지	-5.7	-8.1
	룰루레몬	LULU	33,848	276.5	26.7	17.9	29.1	24.7
	필립모리스	PM	155,166	100.1	-5.2	9.5	18.1	16.6
	컨스텔레이션 브랜즈	STZ	37,833	234.9	흑전	14.6	20.9	18.3
	몬델레즈인터내셔널	MDLZ	82,786	59.8	-3.2	7.9	20.3	18.8
산업재	보잉	BA	80,906	136.8	적지	흑전	-181.9	23.6
	유니언 퍼시픽	UNP	131,552	209.5	17.3	10.5	17.9	16.2
	3M	MMM	73,983	130.0	6.8	5.2	12.0	11.4
	록히드 마틴	LMT	111,488	419.0	17.9	5.8	15.6	14.8
	프리포트 맥모란	FCX	49,318	34.0	34.4	-22.2	8.7	11.2
	캐터필러	CAT	104,739	196.4	5.4	16.3	15.8	13.5
	노스롭 그루만	NOC	72,091	463.8	-43.0	10.0	18.7	17.0
	로퍼 테크놀로지	ROP	40,525	382.6	44.9	6.2	24.4	23.0
	플리트코어 테크놀로지스	FLT	16,720	216.2	57.1	13.8	13.8	12.1
에너지	엑슨모빌	XOM	385,424	91.5	92.6	-13.2	8.8	10.2
	쉐브론	CVX	303,741	154.6	109.2	-13.2	9.1	10.5
	코노코 필립스	COP	128,414	99.3	142.7	-15.7	6.7	8.0
유틸리티	넥스테라에너지	NEE	142,878	72.7	56.7	8.0	25.6	23.7
	듀크 에너지	DUK	76,382	99.2	10.4	5.7	18.2	17.2
부동산	아메리칸타워	AMT	114,711	246.9	-20.2	8.2	54.6	50.4
	시몬 부동산 그룹	SPG	31,743	96.6	-18.3	4.9	17.3	16.5
원자재	다우듀폰	DWDP	28,915	56.9	-71.5	20.6	16.8	13.9
	에코랩	ECL	42,446	148.6	31.3	18.9	29.0	24.4

미국 주식 이슈·테마 존

[기준일: 2022년 6월 21일]

테마	투자 대상	종목명	티커	시가총액 (백만 달러)	주가 (달러)	EPS (% YoY)		PER (배)	
						22E	23F	22E	23F
미국 산업 1등 기업	IT	애플	AAPL	2,199,081	135.9	9.3	6.8	22.1	20.7
	인터넷	알파벳A	GOOGL	769,929	2,230.9	-0.8	18.5	20.0	16.9
	금융	JP모건체이스	JPM	340,199	115.8	-25.7	12.6	10.2	9.0
	통신	AT&T	T	142,894	20.0	-6.5	-1.7	7.7	7.9
	정유	엑슨모빌	XOM	385,424	91.5	92.6	-13.2	8.8	10.2
	제약	머크	MRK	222,611	88.0	42.8	0.5	12.0	11.9
	의류	나이키	NKE	171,037	108.7	21.9	18.0	23.9	20.3
	기계	록히드 마틴	LMT	111,488	419.0	17.9	5.8	15.6	14.8
	반도체	퀄컴	QCOM	139,317	124.4	59.4	5.0	9.9	9.5
	화장품	에스티 로더	EL	88,179	246.8	-8.3	13.6	34.5	30.4
	의료장비	일루미나	ILMN	28,787	183.2	-18.1	25.9	44.4	35.2
	항공	델타항공	DAL	19,264	30.1	622.0	101.5	9.5	4.7
	철강	프리포트 맥모란	FCX	49,318	34.0	34.4	-22.2	8.7	11.2
	소몰캡	비욘드미트	BYND	1,615	25.4	적지	적지	-5.7	-8.1
MAGAT		마이크로소프트	MSFT	1,897,730	253.7	15.5	15.5	27.3	23.6
		아마존	AMZN	1,105,755	108.7	-76.5	256.1	143.0	40.2
		구글	GOOGL	769,929	2,230.9	-0.8	18.5	20.0	16.9
		애플	AAPL	2,199,081	135.9	9.3	6.8	22.1	20.7
		테슬라	TSLA	736,717	711.1	147.1	31.7	58.7	44.6
바이드 노믹스	태양광	인페이즈에너지	ENPH	26,100	193.3	242.5	23.0	55.4	45.1
		퍼스트솔라	FSLR	7,269	68.2	적전	흑전	-1,286.8	33.4
		솔라엣지	SEDG	15,680	283.1	119.0	44.4	42.2	29.3
		선노바	NOVA	2,186	19.1	적지	적지	-23.5	-45.2
		선파워	SPWR	3,006	17.3	흑전	119.3	55.6	25.4
		하논 암스트롱	HASI	3,159	36.3	32.9	9.3	18.2	16.6
	풍력	넥스테라에너지	NEE	142,878	72.7	56.7	8.0	25.6	23.7
	전기차	테슬라	TSLA	736,717	711.1	147.1	31.7	58.7	44.6
		GM	GM	47,597	32.6	4.4	-4.7	4.7	4.9
		워크호스그룹	WKHS	473	2.9	적지	적지	-5.8	-8.4

바이드 노믹스	전기차	블링크 차징	BLNK	698	16.4	적지	적지	−10.8	−11.3
		차지 포인트	CHPT	4,862	14.4	적지	적지	−18.6	−25.7
	2차전지	퀀텀스케이프	QS	3,908	9.1	적지	적지	−11.4	−10.9
	마리화나	크로노스	CRON	1,048	2.8	적지	적지	−11.4	−14.4
		캐노피	CGC	1,402	3.5	적지	적지	−4.7	−7.2
		틸레이	TLRY	1,459	3.3	흑전		32.7	
	수소차	플러그파워	PLUG	9,585	16.6	적지	적지	−24.0	−52.8
		블룸에너지	BE	3,079	17.3	적지	흑전	−46.8	74.2
		퓨얼셀에너지	FCEL	1,423	3.7	적지	적지	−15.2	−16.7
	헬스케어	텔라닥 헬스	TDOC	5,079	31.5	적지	적지	−0.7	−19.8
		덱스콤	DXCM	27,656	70.5	112.0	42.9	86.0	60.2
		벡톤 디킨슨	BDX	67,426	236.5	65.1	8.6	20.9	19.2
		유나이티드 헬스그룹	UNH	450,623	480.3	19.9	14.2	22.2	19.4
		버텍스 파마슈티컬	VRTX	69,098	270.2	57.5	8.7	19.0	17.5
코로나19 백신		화이자	PFE	269,940	48.1	76.1	−19.0	7.1	8.8
		모더나	MRNA	51,705	130.0	−1.3	−69.0	4.7	15.0
		노바백스	NVAX	3,232	41.4	흑전	−60.5	1.7	4.2
		존슨앤드존슨	JNJ	455,259	173.0	31.6	6.0	16.8	15.9
ESG		클린 하버스	CLH	4,577	84.1	23.7	8.3	18.3	16.9
		세일스포스닷컴	CRM	165,996	166.8	221.0	22.7	35.1	28.6
		코카콜라	KO	263,136	60.7	9.7	7.1	24.6	22.9
		비자	V	404,947	194.4	52.6	17.1	27.2	23.2
		월트디즈니	DIS	169,926	93.3	267.7	40.1	23.3	16.6
		JP 모건	JPM	340,199	115.8	−25.7	12.6	10.2	9.0
		존슨앤드존슨	JNJ	455,259	173.0	31.6	6.0	16.8	15.9
IPO		우버	UBER	42,729	21.8	적지	적지	−6.8	−272.0
		펠로톤 인터랙티브	PTON	3,272	9.7	적지	적지	−1.8	−6.0
		줌 비디오	ZM	33,961	113.8	−17.5	8.3	30.7	28.3
		크라우드 스트라이크	CRWD	38,208	164.6	흑전	46.9	136.5	92.9
		핀터레스트	PINS	12,221	18.4	85.6	19.0	19.3	16.2
		어밴터	AVTR	20,090	29.8	79.4	15.1	19.6	17.1
		팔란티어 테크놀로지스	PLTR	17,817	8.7	흑전	46.1	52.2	35.7
		리프트	LYFT	5,105	14.7	흑전	260.8	48.7	13.5

			레이테온 테크놀로지스	RTX	138,192	92.9	86.5	21.4	19.5	16.0
우주 항공			보잉	BA	80,906	136.8	적지	흑전	−181.9	23.6
			록히드 마틴	LMT	111,488	419.0	17.9	5.8	15.6	14.8
			제너럴다이내믹스	GD	60,137	216.6	5.2	16.1	17.8	15.4
			텔레다인 테크놀로지	TDY	17,061	364.2	79.4	10.3	20.2	18.3
			L3 해리스 테크놀로지	LHX	44,284	229.6	49.7	8.1	16.9	15.6
			노스롭 그루만	NOC	72,091	463.8	−43.0	10.0	18.7	17.0
			트랜스다임그룹	TDG	28,595	523.7	57.7	35.1	32.0	23.7
			텍스트론	TXT	12,832	59.7	21.9	16.8	14.9	12.7
			엑슨	AXON	5,996	84.4	흑전	25.6	44.8	35.7
			버진 갤럭틱	SPCE	1,572	6.1	적지	적지	−4.2	−5.4
메타 버스	플 랫 폼	게임	로블록스	RBLX	17,582	29.6	적지	적지	−29.2	−26.6
		소셜 미디어	스냅	SNAP	21,027	12.9	흑전	193.0	59.8	20.4
	3D엔진		유니티소프트웨어	U	11,086	37.5	적지	적지	−110.5	−6,241.7
			오토데스크	ADSK	36,258	166.9	192.4	20.9	25.5	21.1
	VR/ AR기기		뷰직스	VUZI	427	6.7	적지	적지	−10.9	−11.2
			코핀	KOPN	109	1.2	적지		−9.5	
			메타 플랫폼스	META	425,028	157.1	−14.8	18.1	13.4	11.3
			알파벳A	GOOGL	769,929	2,230.9	−0.8	18.5	20.0	16.9
			애플	AAPL	2,199,081	135.9	9.3	6.8	22.1	20.7
	인 프 라	데이터 센터	이퀴닉스	EQIX	58,270	640.2	29.4	28.5	89.4	69.6
		GPU	엔비디아	NVDA	414,150	165.7	41.2	18.8	30.5	25.7
		통신	버라이즌	VZ	212,712	50.7	1.7	2.9	9.4	9.1
		클라 우드	아마존	AMZN	1,105,755	108.7	−76.5	256.1	143.0	40.2
			마이크로소프트	MSFT	1,897,730	253.7	15.5	15.5	27.3	23.6

지금껏 한번도 경험해보지 못한 고금리·고물가·저성장 시대

미국 주식으로 살아남기

1판 1쇄 인쇄 2022년 7월 13일
1판 1쇄 발행 2022년 7월 20일

지은이 문남중
펴낸이 고병욱

기획편집실장 윤현주 **책임편집** 유나경 **기획편집** 장지연 조은서
마케팅 이일권 김윤성 김도연 김재욱 이애주 오정민
디자인 공희 진미나 백은주 **외서기획** 김혜은
제작 김기창 **관리** 주동은 조재언 **총무** 문준기 노재경 송민진

펴낸곳 청림출판(주)
등록 제1989-000026호

본사 06048 서울시 강남구 도산대로 38길 11 청림출판(주) (논현동 63)
제2사옥 10881 경기도 파주시 회동길 173 청림아트스페이스 (문발동 518-6)
전화 02-546-4341 **팩스** 02-546-8053
홈페이지 www.chungrim.com
이메일 cr1@chungrim.com
블로그 blog.naver.com/chungrimpub
페이스북 www.facebook.com/chungrimpub

ISBN 978-89-352-1385-6 (03320)